음양오행 이야기

음양오행 이야기

초판 인쇄 / 2014년 4월 15일
3 판 발행 / 2025년 5월 20일

지은이 / 김석택
펴낸이 / 김경옥
편집 / 이진만 염민정
펴낸곳 / 도서출판 온북스
등록번호 / 제 300-2011-38호
등록년월일 / 2003년 8월 14일
주소 / 서울특별시 종로구 수표로 83
전화 / 02) 2273-4602, 303-0762
팩스 / 02) 2274-4602, 303-2010
전자우편 / bjs4602@hanmail.net

ISBN 978-89-92364-72-0 (93180)
* 잘못된 책은 바꾸어 드립니다.

김석택 지음

음양오행 이야기

온북스
onbooks

머리글

이 글은 어느 개인의 창작한 글이며 절대적이라고 생각은 하지 않는다. 하지만 오랜 수련을 통하여 자연을 보고 흐름을 이야기한 글이다. 나는 전문 역학인도 아니고 과학자는 더욱 아니다. 언제부터인지 정확히 알 수는 없으나 허공(虛空)이라는 것이 궁금하고 태극(太極)이 궁금해서 역학에 관련된 서적을 한권 구입한 것을 시작으로 입문을 하게 되었다. 오랜 시간은 아니지만 역(易)이라는 것을 알고 공부를 시작하였는데 참으로 애석한 마음이 많았다. 왜냐하면 사람들이 음양오행(陰陽五行)을 제대로 이해를 하지 못하고 있다는 것이다.

음양오행에 관련된 서적들을 읽어 보면 비슷비슷하다는 것을 알 수 있는데 자연을 이해하는 것과 자연과 인간관계, 자연의 이치를 깊이 있게 또는 자신 있게 펴낸 서적이 없다는 것이다. 다만 고전을 해석하고 이에 자신의 생각을 조금 더하여 학문적으로 다양하게 이야기를 꾸며낸 것 들 뿐이다.

"자연에서 많은 것을 터득하고 이를 문자화한 것이 학문이다." 하지만 지금의 사람들은 학문으로 자연을 증명하려하니 참으로 어리석음이라고 생각한다. 무지랭이인 내가 음양오행을 생각하여도 아닌 것 같다.

나 역시 학문이든 역학이든 공부가 깊은 것은 아니지만 초보자의 시각에서 바라본 음(陰)과 양(陽), 그리고 오행(五行)을 나름대로 쓰고 싶었다. 그래서 의심을 가지고 "왜 이러한 것을 모르고 있을까?" 하고 1부 "사주속의 신명(神命) 이야기"와 2부 "지장간 이야기" 그리고 3부 "합(合) 그리고 형(刑) 충(沖) 파(破) 해(害) 이야기"를 펴냈다. 이러한 경험을 바탕으로 이번에도 용기를 내어서 4부 "음양오행 이야기"를 펴고 내가 아는 만큼 대자연 속의 이야기를 글로 드러낼까 한다.

광활한 우주 속에는 수많은 것들이 자신의 영역을 보전하면서 자신의 존재를 이어가려고 수없이 노력할 것이다. 이러한 것들을 옛 선인들께서 어떻게 생각을 하였으며 그렇게 수많은 것을 음양오행이라는 단어 속으로 함축(含蓄) 시켜버렸는지 나름대로 생각하여 보았다.

언제 어디서 누가 무엇을 어떻게 알고 이렇게 심오한 이야기를 왜하였는지 우리는 좀 더 깊이 연구해 봐야 할 것이다. 처음으로 음양오행을 후대에 전할 때는 분명 자연의 모든 이치를 함축(含蓄)하여 구전(口傳)으로 전해 주었을 것이다. 하지만 활자가 계발되면서 학문(學文)으로 전해지고 처음의 깊은 뜻은 왜곡(歪曲)되거나 학문 속으로 사라져 버린 것 같다.

학문의 발전은 더 이상 나아가지 못하고 모든 자연을 학문이라는 것으로 증명하려고 하였던 거만함이 뒤늦게나마 불가능하다는 것을 알고 다시금 자연을 중요하게 생각하고 학문의 근본이 어디인가를 알게 된 것 같다.

처음에는 이렇게 간단하고 깊이 없는 것을 전하지는 않았을 것이라고 생각하였으며 좀 더 깊은 뜻을 감추고 있을 것이라고 생각하기 시작하면서부터 혼자만의 시각을 가지고 고요한 공간을 만들어 머나먼 여행을 떠나보기로 하였다.

"내면의 깊은 곳으로 들어가 자연과의 합일을 위한 찰나의 세월"을 공부하여 알게 된 음양오행의 다양한 뜻을 문자로 전하려고 하는 것이다. 비록 부족하지만 지금까지 전해지고 있는 음양이나 오행을 다양하게 변화하면 수없이 많은 뜻을 전하고자 한다는 것을 이야기로 펼쳐 볼까한다.

나는 평소 학문에 뜻은 없으나 대신 자연을 아끼고 사랑하는 마음은 대단하다고 생각한다. 사람이 현생에서 많은 재물을 가지고자 하는 욕심은 당연한 것이다. 그러나 외적(外的)으로 공

(工)을 쌓는 것 보다는 내적(內的)으로 공(工)을 쌓는 것이 월등히 뛰어난 사람일 것이다.

물질적으로 크게 보이는 것보다는 자신의 내면의 공력을 가지는 것이 월등히 진화된 삶이라고 할 것이다. 사람이 윤회(輪回)의 틀에서 벗어나지 못하는 것이나 자연 속에 수많은 생명체가 자신의 종족을 번식하는 것과 일치한다는 것이다. 이와 같이 음양은 오행을 낳고 그렇게 생겨난 오행 속을 여행하여 보면 또 음양으로 나누어지는 것을 알 수가 있다. 이렇게 태어난 음양은 윤회를 거듭하여 오행으로 번식하고 이러한 오행이 또 다시 음양으로 결합하는 것이 영원토록 이어진다는 것이다. 지금까지 알고 있었던 음양과 오행을 이 책을 통하여 다시 한 번 깊이 있게 생각하여 보자.

자연이라는 무한한 공간 속에서 두 개의 거대한 힘이 서로 융합하는 과정에 생겨나는 것이 오행이라는 것이다. 이를 가장 쉽게 간단한 단어로 표현된 것이 목(木) 화(火) 토(土) 금(金) 수(水)라는 것이다. 이렇게 생겨난 오행도 사실은 틀리다는 것이다. 土라는 무한한 공간 속에서 거대한 두 개의 힘이 뭉쳐져 강한 힘겨루기를 하기 전에 이미 생겨났다는 것이다. 그리고 거대한 두 덩어리 중 하나는 음(陰)의 기운(氣運)으로 다른 하나는 양(陽)의 기운(氣運)으로 이루어졌다는 것이다. 이렇게 두 기운 사이에 또 다시 土의 기운을 가진 공간이 형성되었으며 그렇게 만들어진 土의 공간에서 음의 기운을 가진 金과 水와 양의 기운을 가진 木과 火라는 것이 새롭게 생겨났다. 양의 기운을 가진 木火와 음의 기운을 가진 金水 사이에 土라는 공간을 다시 만들어서 새로운 만물이 형성되도록 하였던 것이다. 이를 우리는 음양오행이라고 한다.

삼태극(三太極) 이론에서 하나는 음이고 또 하나는 양이며 이 둘의 사이에서 한 차원 높은 성장을 위한 변화를 주도하며 완충 역할을 하는 것이 土라는 것이다. 완충하는 과정에서 음과 양은 변화무상(變化無常)하게 어우러져서 수없이 많은 자연을 생산하게 되는 것이다. 이렇듯 음양과 오행을 완벽하게 이해를 한다면 자연의 이치나 흐름을 터득할 것이라고 생각한다. 지금 손에 쥐고 있는 책을 읽는 분들께 보다 더 깊은 음양오행을 연구하여 보시기 바라는 마음이며 미약하지만 필자가 생각하는 음양오행을 전하고자 하는 바람이다. 또한 필자는 학문에 관심이 없는 관계로 표현력이 약하고 글에는 재주가 없기 때문에 오자(誤字)나 탈자(脫字)가 많을 수 있을 것이다. 그리고 문장이 매끄럽지 못하고 거칠 것이다. 또한 중복되는 문장이 많이 있을 수가 있다.

미천한 시골촌놈이 어린 시절 자신이 바라보고 상상하는 자연을 이야기 형식으로 그려내는 것이다. 또한 재물이 중심인 이 시대에 자연이라는 것이 인간에게 무엇을 전하려고 하는지 한 번쯤 생각하면서 이 책을 읽고 자연을 이해하여 주기 바란다. 그리고 그림과 글 교정을 도와주신 적우 송승은 님께 진심으로 감사드립니다.

갑오년 봄이 찾아오는 길목에서

청암(淸暗) 김 석 택

차례

1

無極
무극

1
무극無極

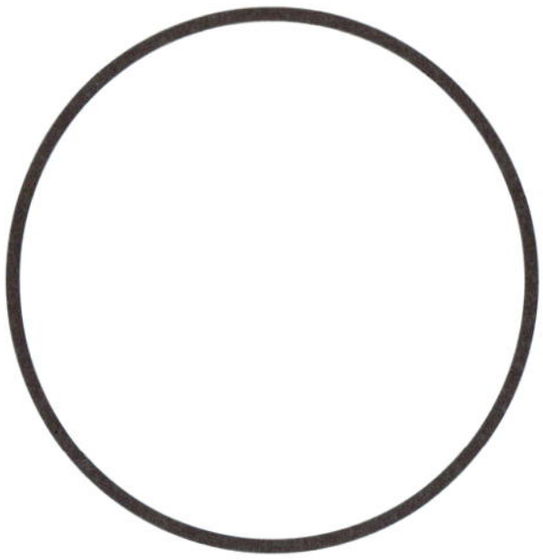

알 수가 없는 공간을 무극이라고 한다.

흰 바탕이 우주공간이며 하늘색 부분이 은하계이다. 그 속에 청색이 푸른 지구라고 할 수가 있으며 검은색이 음을 표현하고 붉은 색은 양을 표현하는 것이다. 그리고 음과 양이 교차하는 부분이 土라고 하여 노란색으로 표현하였다. 오행은 중앙의 노란색 부분에서 생겨나는 것이라고 할 수가 있다.

이 이야기는 쿤달리니(kundalini) 경험에 의하여 무극이라고 하는 우주의 직경이 5억6천만 광년이라는 것을 알게 되었다. 얼마나 넓은지 얼마나 높은지는 상상으로 가능할 것이다. 그리고 음양과 오행의 변화원리를 알았다.

우주변화(宇宙變化)의 원리는 진공묘유(眞空妙有)이며 알 수가 없다는 것이다. 은하계는 음양의 원리에서 변화하여 하나의 개체가 생겨나고 사라지는 것이다. 오행은 개체의 결합에서 이루어지는 것이나 은하계는 개체의 결합이 이루어지지 않는다.

자연계는 오행의 원리에서 변화하는데 이는 개체가 결합하기 때문이다. 그리고 사람은 오온육기에 의하여 변화한다. 다섯 가지의 구성요소와 여섯 가지 기운으로 생사(生死)의 윤회(輪回)를 거듭하는 것은 지구가 태양계를 공전(空轉)하고 자전(自轉)하는 원리와 같은 것이다. 때문에 음양오행은 우주변화의 원리와 아무런 상관이 없다고 생각하며 다만 우리 자연계의 변화원리라고 생각한다.

자연과 우주는 완전히 다른 차원이라고 생각한다. 다시 이야기한다면 우주와 은하와 우리가 살고 있는 자연은 다르다. 그리고 자연은 사람과 비슷할 뿐이다. 이를 우리 인간들은 대단한 존재로 착각하여 사람이 소우주(小宇宙)라고 주장하는데 이를 바르게 알아야 할 것이다.

마음(心)은 우주와 같으며 생각(念)은 은하계처럼 수없이 많이 일어나고 지워지는 것이다. 육신(人)은 자연계와 비슷한 원리로 이루어진다는 것이다. 그래서 인간의 육신(肉身)은 우리가 살고 있는 지구의 축소판이라는 것이지 5억6천만 광년의 넓은 우주와 같다는 이야기는 아니며 원리도 다르다. 수많은 과학자들이 허공의 끝이 있는지 없는지 알지 못한다. 어떤 과학자는 수백억 광년을 주장하기도 한다. 하지만 내가 주장하는 5억6천만 광년은 내 마음이 찰나(刹那)에 다녀온 거리라고 생각하여 그렇게 주장하는 것이다. 찰나라고 하는 것은 77분의 1초라고 생각하는 순간적인 시간이다. 다시 이야기를 한다면 77분의 1초의 순간에 5억6천만 광년의 거리인 허공을 다녀온 것이다.

수없이 많은 책을 통하여 또는 종교를 통하여 각자의 이익이 되는 방향으로 무극과 음양 그리고 오행을 정립하였다. 과학은 발견을 하고 이를 증명하는 것이지 자연을 창조하는 것은 아니다. 자연은 이미 그렇게 흐름을 타고 돌고 돌아 지금까지 흐름을 멈추지 않고 앞으로도 계속하여 흐를 것이다. 그리고 과학이 증명하기 전에 벌써 자연은 변화할 것이고 또한 그 변화를 따라서 사람도 종교도 과학도 변화할 것이다. 수많은 책을 통하여 나온 설화(說話)들이 지은이의 생각과 고서를 통하여 이론을 정립한 것이다. 나는 그러한 변화(變化)나 설화(說話)에 관심을 가지지 않고 자연에서 이야기하는 무극과 음양 그리고 오행을 이야기하고 싶다.

음양(陰陽)과 오행(五行)이 어디에서 생겨났는지 알고자 한다면 가장 먼저 무극(無極)이라는 것을 알아야 한다. 무극을 알지 못한다면 음양도 알 수 없을 것이고 오행도 알 수가 없을 것이다. 그래서 우선적으로 무극이라는 것이 어떤 것인가를 알아야 할 것이다. 즉 무극이라는 것이 음양의 부모이며 오행의 조부모일 것이다. 다시 이야기한다면 할아버지 할머니라고 할 수가 있다. 그냥 원조(元祖)라고 하는 것이다.

무극이라고 하는 것은 초 압축된 단어이다. 이를 좀 더 알기 쉽게 이야기를 한다면 "텅 빈 것 같은데 알 수 없는 것으로 가득 찬 곳"이라고 할 수가 있다. 그러면 과연 무극에는 어떠한 것으로 가득 찬 것인가를 알아야 한다. 그러나 인간의 눈으로 또는 생각과 상상으로는 알 수가 없을 것이며 이는 너무나 크고 넓고 깊어서 그럴 것이고 때로는 밝은 곳이 있는가하면 전혀 보이지 않는 곳도 있을 것이다. 그래서 이를 둘로 나누어 본 것이다. 이를 우리는 '음(陰)과 양(陽)'이라고 하며 때로는 '태극(太極)'이라고 하는데 이는 잘못된 것이라고 할 수가 있다.

사실 텅 빈 공간에 무엇이 생겨난다고 하면 같은 것이라고 하여도 성분이 다른 것이 있다고 할 것이다. 다시 이야기한다면 앞이 있으면 뒤가 있을 것이고 위가 있으면 아래도 있고 시작이 있으면 끝도 있다는 것이다. 그런데 이는 누구나 알 수가 있고 그렇게 생각하고 학습을 통하여 배운다.

음양이 어떠한 힘에 의하여 중심을 이동하는데 이때 중심을 土라고 하는 것이다. 즉 음과 양의 사이에는 반드시 土라고 하는 중심점이 있다는 이야기가 된다. 土라고 하는 것은 어떠한 경계선이며 때로는 土를 가운데 두고 많은 변화를 일으킨다고 할 수가 있을 것이다. 土라는 것이 단순한 연결이 아닌 변화된 성장이며 조화라고 볼 수 있을 것이다. 즉 土에서 모든 것이 생겨난다는 이야기이다.

무극이라는 곳에 많은 변화(變化)가 있다고 할 수가 있으며 우리는 이러한 변화를 알 수가 없다고 한다. 그래서 무극이라는 공간 속에서 무엇인가가 생겨나는 만큼 또한 사라지는 것이 있다고 할 수가 있을 것이다. 또한 사라지지 않고 자신의 본성(本性)을 가지되 모양만 변화하는 것이 있을 것이며 무형(無形)에서 유형(有形)으로 변화하는 것도 있을 것이다.

한량없고 알 수가 없다고 하는 무극을 이해하기 어려워서 학문에서는 음과 양 그리고 土라는 것을 설정하여 둔 것이다. 이를 다시 분석하여 보지만 이 또한 알 수가 없다는 것이다. 그래서 음양과 土에서 많은 변화로 생겨난 것을 가장 알기 쉽게 구분한 것이 학문에서 오행(五行)이라는 것이다.

오행이라는 것을 이해한다면 음과 양 그리고 土를 알 수가 있을 것이다. 그래서 오행을 이해하고 분석하려고 하여 보지만 이 또한 그리 쉬운 것이 아니다. 독립된 오행 속에 또 음과 양이 있고 역시 土가 있다는 것이다. 다시 이야기한다면 하나의 오행이 또 다른 무극이라는 것이다. 이를 다시 분리하여 이해를 하여야 한다는 것이다.

이렇게 생겨난 오행 속의 음양이 더욱 다양하고 복잡하다는 것이며 이를 "과연 인간의 노력으로 풀어낼 수가 있을 것인가?" 하고 깊은 생각을 할 수 밖에 없다. 다시 이야기한다면 오행이라는 것으로부터 다시 음과 양 그리고 土라는 것으로 나누어져 있다는 것이다. 즉 오행 속의 음양이라는 것은 크게는 무형(無形)과 유형(有形), 그리고 하늘과 땅으로 나누고, 또는 암컷과 수컷으로 나눌 것이며, 이를 크고 작은 것으로, 또는 좁고 넓고, 때로는 높고 낮음 등으로 다양하게 나누어지는 것을 어느 정도까지만 알 수 있으며 깊이 있게는 알 수가 없다는 것이다.

이렇게 무극이라는 것이 알 것 같으면서도 알 수가 없고 텅 빈 것 같은데 가득 차 있으며 보이는 것 같지만 볼 수가 없다는 것이다. 그래서 무극이라는 것은 참으로 고요하고 텅 빈 곳이며, 알 수 없고, 볼 수 없는 것으로부터 다양한 변화를 일으켜서 볼 수 있도록 드러내는 것과 그러하지 못하는 것으로 가득 채워져 있다는 것이다. 이것이 진실이든 거짓이든 무형이든 유형이든 어떠한 방식으로든지 드러낸다는 것이다.

우주를 하나의 무극이라고 한다면 그 공간 속에는 수없이 많은 은하계가 존재한다는 것이다. 불교에서 이야기하는 '삼천대천세계' 라고 하여 수십억 개의 다양한 무리들이 공간을 형성하여 하나의 중심을 가지고 돌아간다는 것이다. 우리가 바라보는 태양계가 작은 은하계라고 한다. 이러한 것이 삼천 개가 모여서 하나의 중천세계를 이룬다고 한다. 또한 중천세계가 삼천 개 모여서 대천세계라고 하며, 대천세계가 삼천 개 모여야 하나의 우주라 하고, 축(軸)을 중심으로 하여 돌아간다는 것이다. 이처럼 하나의 축에서 대축(大軸)으로 이어지고, 대축에서 중축(中軸)으로 나누어지면서, 중축에서 또 다시 소축(小軸)을 이루는데, 이러한 작은 축을 학문에서 태양계라고 한다. 이처럼 작은 태양계의 또 다른 작은 행성인 지구 속에 수십억 종류가 무리지어 하나의 자연계를 이루고 있으며 그중 하나가 인간이고 수십억의 인간 속에 나라는 한 사람이 존재하는 것이다.

우주에서 바라보면 존재하는지도 모르는 한사람의 몸도 공간이라는 무극이라고 할 것이다. 즉 인체 속에 오행이라고 할 수 있는 오장(五臟)이 있으며 오장에는 여섯 가지 기운으로 다양한 것을 만들어낼 것이다. 또한 오장에는 육부라는 것이 연결되어 있으며 이러한 곳에 어마어마한 균(菌)이 살고 있다는 것이다. 우주에서 나를 보지 못하듯이 나 역시 그러한 균을 보지 못한다.

그리고 한사람의 몸이라는 것이 작은 세포(細布)로 이루어져 있다는 것이다. '일족수구억중생' 이라고 물 한 방울에 구억(九億)의 세균이 살고 있다고 하였는데 세포는 얼마나 많은지 정확한 수치는 없으며 약 72조개라고 한다.

세포가 이렇게 많은 개수로 이루어졌다고 하니 아마도 우주 속에는 별의 개수도 약 72조가 될 것이라고 생각한다. 하나의 축을 중심으로 하여 이루어진 무극이라는 공간 속에 음양이 융합

(融合)하여 생겨난 오행이 변화를 얼마나 하여야 약 72조개가 되는지 참으로 궁금하다. 지금까지 우리가 알고 있는 음양오행은 아주 미약한 학문이고 우주변화(宇宙變化)의 보이지 않는 한 모서리에 불과 한 것이다.

우주변화의 원리는 알 수가 없으며 지금 알고 있는 것은 지구라는 아주 작은 공간 속의 자연과 환경변화의 원리를 조금 이해하는 것이지 전부를 알고 있는 것은 아니다. 자연으로 이해하려면 비워진 공간 속을 이해하여야 할 것이며 공간이라는 것은 세 개의 층으로 나누어져 있다는 것이다. 하염없이 변화하는 높고 높은 하늘과 전혀 알 수가 없는 깊고 깊은 땅속, 그리고 하늘과 땅 사이의 윤회하는 만물(萬物)이 있으며, 이들의 흐름 속에 음양과 오행의 구조를 이해하여야 변화의 원리를 알 수가 있을 것이다.

2

太極
태극

2
태극太極

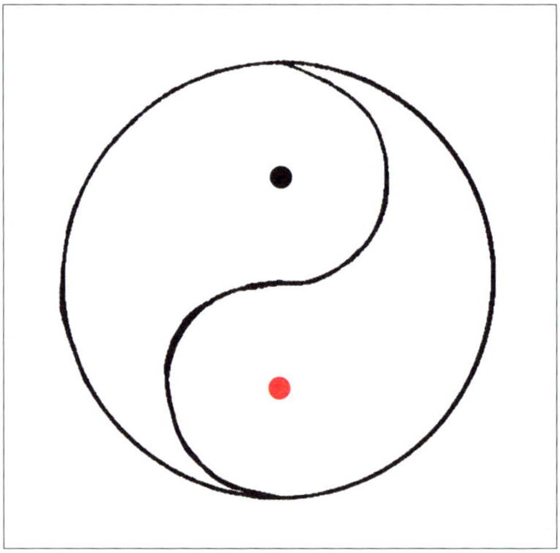

태극이라고 하는 문양이다. 검은 점이 음이며 붉은 점이 양의 핵이라고 할 것이다. 우리가 알고 있는 태극의 문양에 붉은 색과 청색으로 표현을 하였는데 이는 색의 의미를 가지기 위함이지 원래는 그러하지 않았을 것이다. 어떠한 공간에 음과 양이 태동(胎動)하는 모습이라고 할 것이며 한 점이 시작하는 핵이라고 할 것이다.

태극(太極)이라고 하는 것은 음과 양을 두고 하는 이야기이다. 우리가 알고 있는 태극은 문양을 이야기하는 것 같으며 태극이라는 단어를 역학이나 과학에서는 사용하지 않는다. 그러므로 여기서는 음양이라고 하는 것이 오히려 정확한 표현이라고 생각하며 음양을 그림으로 표현한 것이 태극이며 문양 속에 중앙으로 나누어진 부분을 문양으로 표현하지 못하였다.

하지만 음과 양이 맞닿은 부분은 음도 아니고 양도 아닌 중성적인 곳이 있는데 이를 土라고 하는 곳이다. 무극이라는 공간 속은 水의 기운이 강하여 혹한으로 모든 것이 응축되어 있었을 것이다. 다시 이야기한다면 양의 기운을 가장 깊숙하게 감추고 있다고 할 수가 있을 것이다. 그러던 어느 때에 최대한으로 응축된 깊은 곳에서 양의 기운이 폭발하기 시작하였을 것이다.

대폭발이 일어나고 기운이 양쪽으로 나누어지면서 어둡고 차가운 것으로 뭉쳐진 기운을 음이라고 표현하였으며 밝고 따스한 것으로 뭉쳐진 기운을 양이라고 표현하였다. 이렇게 생겨난 음과 양의 기운이 항상 대립하면서 중심이 일정하지 못하고 2차 대폭발이 일어났다. 그래서 생겨난 것이 어두웠던 기운은 밝아지려고 하고 차가운 것은 따스하게 변화하려고 하는 기운이 새롭게 뭉쳐지고 반대편에는 밝은 곳이 어둠으로 변화하려고 하며 따스한 기운도 차가운 기운으로 변화하려는 것으로 뭉쳐졌다. 즉 두 기운이 확실하게 다른 기운을 음양이라고 하는 것이다.

이렇게 새롭게 생겨날 수가 있는 것은 음양이 대립하는 과정에서 생겨나는 것이다. 즉 土라는 곳에서 모든 것이 새롭게 생겨난다는 이야기가 되는 것이다. 때문에 음양이라고 하는 것보다 삼태극(三太極)이라고 하는 것이 정확하다고 주장한다. 이는 분명 음과 양의 경계(境界)가 있다고 생각하고 이 경계를 무시하면 안 된다고 생각하며 이 경계를 土라고 주장하고 싶으며 음과 양의 경계가 확실하지 않고 항상 변화를 주도한다고 생각한다. 이렇게 생겨나는 것이 너무 많아서 무엇이라고 이름 하기는 어렵다. 그래서 이를 다섯 가지로 나눈 것을 오행(五行)이라고 할 것이다. 이를 자연으로 이해한다면 모든 것은 土에 의하여 변화를 한다고 할 것이다. 그래서 보이지 않는 무형이라고 하여도 허공 속에서 다양한 변화를 일으킨다고 할 수가 있을 것이다.

우주 속에는 약 72조개의 행성들이 존재할 것이다. 이렇게 많은 행성들은 각각의 독립적인 운행을 하면서 음양의 작용에 의하여 밀고 당기는 기운이 생겨나므로 공전을 하는 것이고 이러한 행성들은 알 수 없는 하나의 중심축에서 발생하는 중력에 의하여 돌아가는 것이다. 지구가 태양의 중력에 의하여 태양의 궤도를 이탈하지 않고 돌아가는 원리와 같다는 것이다. 이것이 음과 양의 기운에 의하여 중력이 생겨나고 이러한 이론으로 우리에게 필요한 많은 기계들이 만들어지는 것이다. 즉 모터가 돌아가는 원리를 크게 확대하여 생각하여 보면 이해가 쉬울 것이다. 이를 조금 더 확대하여 큰 힘을 발생하려면 음양의 기운에 중력의 기운을 더하는 것이다. 그렇게 되면 새로운 기운이 생겨난다는 것이다.

음과 양의 기운 속에는 중력(中力) 작용을 하는 土가 존재한다는 것을 확인할 수가 있으며 편리상 음양이라고 하지만 정확한 표현은 삼태극이라고 할 것이다. 예를 들어서 가족이라는 구성도 부모와 자식으로 이루어져 있으며 몸속의 DNA도 삼선이라고 할 수가 있으며 색도 삼원색에서 다양한 색상이 나오듯이 모든 것은 중간이라는 것이 있다. 불교의 경전에 삼천대천이라는 단어가 있듯이 모든 것은 세 개가 있어야 변화를 한다는 것이다. 음양으로 이야기는 하지만 土가 없다면 오행이 생겨날 수가 없다는 것을 알아야 한다.

태극문양의 그림을 보면 중심을 축으로 하여 양쪽이 똑 같은 모양으로 균형을 이루고 있다는 것이다. 이렇게 강한 두 세력을 음과 양이라고 할 것이다.

이렇게 옛 선인들께서도 아무런 도구(道具)없이 이를 알고 있었다는 것이다. 하지만 학문을 배울 때는 쉽게 음과 양으로 나누고, 土를 오행으로 배속하였으며, 이를 바르게 알고 이해를 하여야 할 것이다.

즉 처음으로 무극(無極)에서 이야기하는 공간을 土라고 할 것이며 음(陰)과 양(陽)을 구분할 때의 경계가 생겨나는 곳을 土라고 하는 것이다. 또는 중심이동 지점이라고 할 수도 있을 것이다. 만약 중심이 없다고 한다면 자연계의 변화가 불규칙할 것이며 생명을 유지하는 것도 불규칙하거나 아니면 살아갈 수가 없을 것이라고 본다.

다시 이야기한다면 태극을 음양이라고 하며, 음과 양의 세력에 의하여 다양한 土의 기운이 생겨날 것이고, 또한 다양한 土의 기운에 의하여 또 다른 오행이 생겨났다고 할 것이다.

완벽한 음양은 있을 수가 없으며 또한 하나의 오행 속에 다른 오행들을 포함하고 있다는 것이며 순수한 오행이라는 것은 없다는 이야기가 되는 것이다.

1) 삼태극

음과 양이 형성되면서 동시에 중앙에 土가 이루어진 것이다.

무극에서 음과 양이 생겨나면서 삼태극이 이루어진다. 음과 양의 결합으로 다양한 것이 생겨나는데 이를 줄여서 오행이라고 한다. 오행은 독립된 무극으로 또 다른 음과 양으로 이루어져 있다. 다시 이야기를 한다면 무극에서 생겨나는 것은 오로지 음과 양으로 양분(兩分)된 것이라고 할 것이다. 하지만 삼태극에서 생겨나는 음양은 작게는 오행을 만들어내는 것이라고 할 것이며 크게는 대자연의 삼라만상(森羅萬象)을 만들어내는 음양이라고 할 수가 있다. 즉 삼태극에서 오행이 만들어지고 오행에서 육기가 생겨나면서 음양이 합하여 열두 개의 조건이 이루어지고 여기에 오행에 따라서 만들어지니 이를 일환(一環)이라고 하고 수(數)는 60이라고 한다.

인간사로 이야기를 한다면 시조에서 고조부로 이어져서 증조부가 태어나고 이어서 조부께서 태어나면서 아버지가 존재하고 아버지는 또 다른 음의 어머니를 만나서 나를 낳는 것이다. 나 또한 이러한 연결고리로 끝없는 자손을 두고 있을 것이다. 무극의 원조(元朝)는 나를 두고 하는 이야기이며 음양은 너와 나를 이야기하는 것이고 삼태극은 우리들이라고 할 수 있는 하나의 구성원(構成員)이다. 이렇게 이루어진 구성원에서 서로가 얽거지고 맺어지고 하여 친척이 생겨나고 일가를 이루고 이후에 씨족으로 거대한 구성원이 만들어지는 것이다. 이렇게 만들어진 나라는 것은 한 점의 핵에서 시작한 것이다. 이를 우리는 세포하고 한다.

세포구조는 1점의 핵에서 3개의 줄기로 이루어져 4상을 만들고 6부로 이루어지니 72개의 원소를 기본으로 하여 분열(分列)한다. 한 사람의 인체는 약 72조개에서 77조개의 세포로 이루어져 있으며 우리는 인간을 소우주라고 이야기 한다. 그리고 우주속의 행성도 약 77조개 정도라고 볼 수 있다. 우주는 소천세계와 중천세계 그리고 대천세계로 이루어져 있는데 인간은 작은 육신이 소천세계(태양계)에 해당하며 적당한 생각은 중천세계(은하계)라 할 수가 있으며 끝없이 넓은 마음은 대천세계(우주계)라고 할 것이다. 우주 속의 푸른 행성인 지구는 5대양 6대주로 이루어져 돌아가고 인간은 5장 6부로 이루어져 살아갈 것이며 인간은 5온 6기에 의하여 움직인다.

3

陰陽
음양

3
음양陰陽

포유류(哺乳類)의 태중(胎中)에 새로운 생명이 처음으로 생겨나서 자리 잡은 모습과 같다. 이는 음이 강하면 암컷으로, 양이 강하면 숫컷으로 판단하는 것이다.

우리는 태극(太極) 문양(文樣)을 보고 학문적으로 음양이라고 하는 것이며 때로는 태극이라고 하는 경우도 있을 것이다. 삼라만상(森羅萬象)은 음과 양의 조화에 의하여 생겨나고 소멸(消滅)된다. 하지만 우주의 변화는 우리가 바라보는 삼라만상의 원리와는 다를 것이다. 앞의 무극이나 태극에서 이야기하였던 것은 우주와 지구, 그리고 인간의 일치하는 부분이며 더 깊은 곳으로의 여행은 할 수가 없다. 이는 과학이 인간의 구조를 완전히 풀어버린다면 우주의 비밀도 어느 정도 풀어질 것이라고 생각하기 때문이다. 지금부터는 멀고 먼 우주가 아닌 인간이 살고 있는 지구 속의 자연과 환경의 변화와 원리가 음양에서 시작한다는 것을 이야기하고 싶다.

음양이 양분(兩分)되기 전에는 무한한 허공계라고 할 수가 있을 것이며 허공계에서 어떠한 변화가 일어났는지는 알 수가 없을 것이다. 이렇게 알 수 없는 시간 속에 또 하나의 공간이 생겨났는데 이를 우리가 살고 있는 지구라는 공간이라고 이야기하는 것으로 생각할 수 있을 것이다. 지구라는 공간은 처음에는 어둡고 차가운 기운만 가득해서 어떠한 생명체가 살 수도 없고 분별할 수 없는 암흑의 상태였으며 이를 음이라고 하였다. 오랜 시간 동안 음은 깊은 내면에 알 수 없는 무엇인가를 품고 있었으며 이것은 다름 아닌 밝고 따스한 기운이며 이러한 기운을 양이라고 하였다. 음은 양을 더욱 강하게 감싸며 하염없는 시간을 더 깊이 감추려고 하였을 것이고 양은 더 이상의 억압으로 따스한 기운이 한곳으로 모여 뜨거운 열기로 팽창하여 대폭발을 하였다.

이러한 현상으로 완전한 음의 기운과 양의 기운으로 갈라지면서 음양의 대립은 시작하였을 것이며 음양의 대립에서 수없이 많은 것들이 새롭게 생겨났을 것이다. 이렇게 생겨난 것을 다섯 가지로 구분하였다. 이를 오행(五行)이라고 하는 것이다.

강한 음의 기운을 가진 水라는 것을 시작으로 하여 음의 기운 속에서 대폭발로 이루어진 양의 기운인 火라는 것으로 나누어진 것이다. 그리고 水火의 대립에서 차고 어두움이 싫어서 따스한 곳으로 가려는 木의 기운이 생기게 되었으며 너무 밝고 뜨거워서 어둡고 차가운 기운을 그리워하는 金이라는 오행이 새롭게 탄생한 것이다. 水와 木의 사이, 木과 火의 사이, 火와 金의 사이, 金과 水의 사이에 중립적인 공간이 형성되었는데 이를 土라고 하는 오행이 만들어진 것이다. 그래서 이들을 오행이라고 하는 水木火土金이다.

음양오행은 또 다시 분열(分列)되기 시작하는 것이다. 이를 오행 속의 음양이라고 하는 것이다. 다시 이야기한다면 水라는 공간 속에 음양이 존재하고, 木이라는 공간 속에 음양이 존재하고, 火라는 공간 속에도 음양이 있으며, 土라는 공간 속에도 음양이 있으며, 金이라는 공간 속에도 음양이 있다는 것이다. 이러한 분열은 지금도 계속되고 있으며 인간사로 이야기를 한다면 거대한 대륙이 단일 국가로 갈라지고 국가가 민족으로 독립하고 민족 국가가 부족 국가로 쪼개지는 과정인 것이다. 지금의 세계정세가 그러하고 지금의 문화가 그러한 것이다.

처음으로 음양이 시작되면서 이렇게도 나누어졌을 것이다. 그리고 가볍고 따스하고 밝은 기운은 위로 올라가서 양(陽)이라고 하는 하늘(天)이 되었고 무겁고 차갑고 어두운 기운은 밑으로 내려와서 음(陰)이라고 하는 땅(地)이 되었다고 이야기를 한다. 이 또한 알 수가 없으며 추측일 뿐이다. 다만 우리가 살고 있는 지구는 우주변화의 원리에 의하여 그럴 가능성이 높다고 할 수가 있다.

차고 어두운 지구는 따스한 기운을 깊숙이 감추고 더욱 강하게 압축(壓縮)하여 열이 팽창하기 시작하여 폭발을 하였을 것이다. 이를 우리는 화산(火山)이라고 하는 것이다. 그로 인하여 차가운 기운과 따스한 기운으로 나누어지면서 새로운 생명체(生命體)가 생겨난 것이다. 그러한 시간이 하염없이 흐르면서 지나친 화산폭발로 인하여 화산재가 태양을 가리고 빛을 차단하여 또 다시 차가운(酷寒) 음의 기운 속으로 모든 양의 기운을 숨겨버린 것이다. 이러한 과정을 수없이 반복하면서 뜨거운 열 기운과 차갑고 냉한 기운이 적당한 관계를 유지했을 것이며 이 과정에서 많은 생명체가 새롭게 생겨난 것이다. 그때의 과정이 수없이 이어지면서 지금의 우리가 살고 있는 기후가 생겨 난 것이다. 하지만 언젠가는 또 다시 고온으로 변화하여 대폭발로 이어지면서 태양을 가리는 화산재가 분출(噴出)될 것이며, 모든 생명체는 사라질 것이고 또 다시 양의 기운은 음의 기운 속으로 깊이 스며들 것이다. 이렇게 더위와 극심한 혹한으로 인하여 멸종을 거듭할 것이라고 생각은 하지만 어느 정도의 시간이 지나야 이러한 현상이 일어나는지는 누구도 알 수가 없다는 것이다. 이럴 때 고온은 양에 해당하고 혹한은 음에 해당하는 것이다. 이렇게 음양의 변화에 의하여 오행이 생겨나고 멸하는 과정을 거듭할 것이다.

우주의 변화는 자연과 함께하는 것으로 만족하는 것이 아니고 우주의 흐름에 의하여 결정된다는 것이다. 이럴 때 인간이 할 수 있는 최대한의 노력은 자연을 사랑하고 아끼는 것이라고 할 것이다. 이러한 음양이 비록 지구에 한해서만 일어나는 것은 아니다. 거대한 은하계에서도 같은 현상이 일어나고 있다. 즉 우주 공간 속에서도 일어난다는 것이다. 이를 학문적으로 이야기하는 것이 양으로는 '화이트홀'이라고 하며 음으로는 '블랙홀'이라고 하는 것이다. 음양의 변화무상함이 우주나 지구, 그리고 우리네 몸속에서 일어나는 여러 가지 증상과 비슷하거나 어쩌면 똑같을 수도 있다는 것이다. 그러나 우리가 같은 원리라고 하여도 과학적으로 인간의 구조를 완전하게 이해하지 못한다면 우주변화의 원리도 이해하지 못하고 추측만 할 뿐이다.

음과 양을 크게는 세 가지로 나눌 수가 있다고 본다. 다시 이야기한다면 자연적으로 일어나는 절대적(絶對的) 관계에서 발생하는 음양과 사물이나 인간의 판단으로 하는 상대적(相對的) 관계에서 이루어지는 음양이 있을 것이다. 그리고 이러한 두 가지 관계를 벗어나서 중도적(中道的) 관계에서 또 다른 음양이 발생한다는 것이다. 이렇게 세 가지 관계의 음양에서 새로운 것들이 연속적으로 생겨나는 관계가 12단계까지 이루어진다는 것이다. 이렇게 12번의 음과 양이 합쳐지면서 24개가 되며, 이러한 것이 3개의 관계에서 이루어지니 처음 시작이 72가지의 다양한 기운들로 뭉쳐진 일차적인 기운들이라고 할 것이다. 이것이 10배수로 이차 삼차적으로 계속해서 이어지면서 늘어난 것이 자연계의 만물이 생겨난 것이라고 할 것이다. 이렇게 생겨난 것은 모두가 음과 양으로 나누어져 있으며 때로는 잘못된 음양의 결합관계에서 돌연변이가 많이 생겨날 것이며 앞으로도 계속 이러한 변종이 생겨난다고 할 수가 있을 것이다.

인간도 환경의 영향으로 외모와 성격이 변화할 것이며 이러한 것이 환경파괴로 인하여 빠른 속도로 이루어지고 있다는 것이다. 여기서 10이라는 단위는 오행의 음과 양을 합한 수치인 것이다. 이처럼 지구상의 인구수가 72억 명을 초과할 때가 되면 큰 변화가 일어날 것이다.

정신은 양이라고 할 것이며, 하늘 또한 양에 속하고, 화이트홀이 양에 속할 것이다. 이들이 균형을 유지하지 못한다면 사람은 정신이상이 올 것이고, 지구는 이상기온이 생겨나고 우주는 무수한 새로운 별들이 생겨난다는 것이다. 즉 우주 대폭발로 인하여 여러 개의 별들이 새로이 생겨난다는 것이다.

반대로 육신은 음이라고 할 것이며, 땅이 음에 속할 것이고, 블랙홀이 음에 속할 것이다. 이러한 음의 기운이 균형을 유지하지 못하고 흔들린다면 사람은 몸에 장애가 발생하여 활동력이 떨어질 것이고, 땅은 차가운 기운이 강하여 얼어서 쓸모가 없을 것이고, 우주에서는 음의 기운이 강하면 수많은 별들이 사라질 것이다. 이처럼 음양의 조화에 의하여 생멸(生滅)이 거듭된다는 것이다. 이렇게 생과 멸이 동시에 작용하는데 이러한 조건 속에서도 오행이라는 것이 새롭게 생겨난다는 것이다. 즉 양의 기운이 강한 木火라는 것과 음의 기운이 강한 金水가 하염없이 생겨난다는 것이다.

음의 기운에서 양의 기운으로 변화하는 오행이 木라고 할 것이며, 양의 기운이 강하여 폭발하는 것이 火라고 할 것이다. 이렇게 폭발하고 나면 강력하고 뜨거운 기운이 식으면서 음의 기운이 생겨나는 것을 金이라고 한다. 또한 음의 기운이 강하여 또 다시 급속한 응축으로 변화를 일으키는 것이 水라고 할 것이다. 즉 火水가 서로 극(克)을 할 때 인간이 진화하고 지구에 이상기후가 발생하며 오랜 시간이 지나면서 우주에도 대혼란이 일어날 수가 있을 것이다. 이것을 원리라고 하는 것이다.

강한 음의 기운이 양의 기운으로 적당히 감싸고 돌아갈 때 사람은 안정을 취하고 땅에는 수분이 충분하여 만물이 생겨나고 자연은 안정되어 그 영향이 인간에게로 미치면서 사람도 충만함을 느끼고 활동을 시작할 것이다. 하지만 이러한 시간도 잠시이다.

양의 기운이 서서히 강해지면서 사람은 광적으로 움직일 것이고, 땅에는 열기가 가득하여 답답할 것이며, 자연은 강력한 활동으로 팽창하여 그 영향이 인간에게 미치게 되고 쉽게 흥분하여 미쳐 날 뛸 것이다. 이렇게 자연은 폭발하고 땅은 찜통으로 변하고 사람은 더위로 흥분하여 통제가 안 될 것이며 이 또한 잠시일 것이다. 강력한 火의 기운도 지속적이지 못하고 서서히 음의 기운으로 변화할 것이다. 모든 것이 평화와 안정을 찾고 또 한 번의 진화를 할 것이다. 그리고는 서서히 음의 기운이 강하여 모든 것은 활동을 멈추고 또 한 번의 진화를 위하여 양의 기운을 감춘다고 할 것이다. 이렇게 연속적으로 돌아가는 것은 음양의 조화에 의하여 일어난다는 것이다.

음과 양은 상대성에 의하여 이루어지며 상대가 없으면 음양의 구별이 불가능하고 변화와 진화는 있을 수가 없다는 것이다. 또한 양(陽)에서 변화하는 과정은 음(陰)에서는 변화할 수 없고 하늘에서 변화하는 것은 땅에서 변화할 수 없는 것과 같이 음양이 변하는 과정은 같을 수가 없다고 하는데 이를 사람에 비교하여 본다면 이러할 것이다.

생각이 바뀌면 몸이 변화하고 행동이 변화하면 생각도 바뀐다는 것이다. 즉 생각의 변화가 신체의 변화를 가져오고, 땅의 변화가 하늘의 변화를 가져오고, 음의 변화가 양의 변화를 가져올 수가 있다는 이야기이다. 그렇다고 완전하게 변화하는 것은 아니지만 어느 정도까지는 변화할 수가 있다고 생각을 하여야 할 것이다. 다시 이야기한다면 마음이 변화한다고 바로 행동이 변화하는 것은 아니라는 이야기인 것이다. 마음은 생각을 걸쳐서 몸으로 전해진다는 것으로 생각하여 보자.

음양조화(陰陽調和)는 변화무상하지만 극도에 도달할 때는 대동소이하여 구별하기가 어려울 때가 있다. 다시 이야기한다면 결론은 멸한다는 것이다. 어떠한 형태로 멸하는가가 다를 뿐이다. 음양과 오행이 고르게 있으면 사물이 반듯하고 오랜 세월동안 자신의 모습을 유지할 수가 있을 것이며 반대로 음양과 오행이 한쪽으로 치우치거나 고르지 못하면 자신의 모습이 다양한 공격자로부터 침해당할 것이며 오래 가지 못하고 소멸될 것이다.

천지조화가 음양의 결합으로 이루어지므로 음양학(陰陽學)에서는 정신위주인 유심론(唯心論)이 있고, 물질위주인 유물론(唯物論)이 있는 것과 같이 상대적인 것이 음양(陰陽)의 이치이며, 심지어는 부귀(富貴)와 빈천(貧賤), 길흉(吉凶), 화복(禍福), 선악(善惡)에 이르기까지도 음양으로 구성되어 있는 까닭이다.

사람의 몸도 앞은 양이고 뒤는 음이며, 오른쪽은 음이고 왼쪽은 양이다. 배꼽부터 머리끝까지는 양이요, 배꼽부터 발끝까지 음이라 하며, 오른쪽 수족(手足)은 음에 속하고, 왼쪽 수족(手足)은 양에 속한다. 이러하듯이 음양의 구별은 상대성에 의하여 가능하다는 것이다. 얼굴도 눈을 중심으로 하여 이마 쪽은 양이며 턱 쪽은 음으로 나누어진다.

음과 양을 구분한다면 모든 질병은 정신적으로 발생하게 되고 이 병을 치료하자면 음인 물질을 대표해야 치유가 될 것이다. 그러므로 양이 극성하여 일어난 병은 음으로 다스리고 음이 극성하여 일어난 병은 양으로 다스려야 한다. 그렇다면 양의 병은 약으로써 치료해야 하고 음의 병은 정신적으로 치료를 해야 하는데 양의 약은 불과 같이 가볍고 날고 움직이는 물체이고 음의 약은 초근목피(草根木皮)와 같이 움직이지 못하고 사람으로 인해 움직이는 것을 들 수 있으니 양의 약은 동물이라 할 수 있고 음의 약은 초근목피(草根木皮)라 할 수 있다.

양기(陽氣)를 도우려면 짐승이나 고기를 먹어야 되고 음기(陰氣)를 도우려면 초근목피(草根木皮)만 먹으면 된다. 이러하듯이 음양이 화(化)하니 만물의 상생상응(相生相應)하는 도리인 것이다. 이를 음양이라고 하지 않고 태극의 조화(造化), 즉 대자연(大自然)이라고 하는 것이다.

1) 음(陰)

순수한 음의 세계이며 검은 부분이 핵이라고 할 것이며 흰 부분은 꼬리이다.

음(陰)이라고 하는 것은 양(陽)을 제외한 나머지를 음이라고 할 것이다. 이는 음과 양의 구분이 어떠한 대상에 따라서 변화하기 때문이다. 다시 이야기한다면 하나의 대상을 두고 음인지 양인지 하고 답을 구한다는 것이다. 이는 도저히 답을 구할 수가 없다는 것이며 이유는 중심이나 대상이 없기 때문에 무엇이라고 결정할 수가 없다는 것이다. 그래서 오행에서 바라보고 최대의 음이라는 것이 무엇인가 하고 답을 구하여야 한다.

유형적(有形的)으로 살아있는 것들은 죽음이 음에 해당할 것이고 무형적으로는 칠흑 같은 어둠이 음에 해당할 것이다. 고체로 이루어진 사물에는 더 이상 사용이 불가능하여 폐기처분하는 것을 음이라고 하며 액체로 이루어진 것은 증발하여 더 이상 흐름이 없는 상태를 음이라고 할 것이다.

양을 감싸고 있으며 이를 더 깊이 감추려고 하는 것이다. 때문에 음에서 무엇인가가 생겨난다고 할 수가 있으며 음이 없으면 새로운 것은 없을 것이고 존재하는 것이 소멸되면 아무것도 없는 공한 상태가 되는 것이다. 그러므로 음이라는 것은 참으로 중요하다.

다시 이야기한다면 우리가 바라보는 태양이 양이라고 하는 것이다. 하나의 양을 중심축으로 하여 많은 음이 주위를 돌고 있다는 것이다. 지구는 태양을 중심으로 하여 돌아가고 있으므로 음이라고 할 수가 있으며 지구를 중심축으로 하여 돌아가는 달도 음이라고 하는 것이다.

즉 달에 의하여 지구안의 물이 움직인다고 한다. 그리고 물의 움직임에 따라서 새로운 음양이 생겨난다. 이를 '조수간만의 차이' 라고 하는 것이다. 이러한 과정을 통해 15일 간격으로 양이라는 보름과 음이라는 그믐이 생겨난다. 조수간만(潮水干滿)의 차이가 가장 크다고 하는 것을 '사리' 라고 하는데 이를 土라는 것으로 볼 수 있으며 변화를 일으키는 지점이라고 할 것이다. 이 역시 천체의 중력에 의하여 생겨나는 것이니 土라고 할 것이다. 이러한 중력도 지구에서 멀리 떨어진 태양의 영향력보다 지구에서 가까운 달의 영향력을 더 많이 받는다고 할 수 있다. 어릴 때 아버지의 영향력보다 항상 가까이서 돌봐주시는 어머니의 영향을 더 많이 받는 것과 같은 이치이다. 그러므로 음이 어머니요, 암컷에 해당하므로 새로운 것은 음에서 발생한다고 하여야 할 것이다. 역시 자연계에서도 같은 이론이라고 할 것이다.

2) 양(陽)

순수한 양의 세계이며 붉은 부분이 핵이라고 할 것이며 흰 부분은 꼬리이다.

양(陽)이라고 하는 것도 역시 음(陰)을 제외한 나머지를 양이라고 할 수가 있을 것이다. 양과 음의 구분이 어떠한 대상에 따라서 변화하기 때문이다. 다시 이야기한다면 하나의 대상을 두고 양인가 음인가 하고 답을 구한다는 것이다. 이는 도저히 답을 구할 수가 없다는 것이며, 이유는 중심이나 대상이 없기 때문에 무엇이라고 결정할 수가 없다는 것이다. 그래서 오행에서 바라보고 최대의 양이라는 것이 무엇인가 하고 답을 구하여야 한다. 무형적(無形的)으로 밝고 따스한 기운을 양이라고 할 것이며 차고 응축된 덩어리는 음에 해당할 것이다. 기체로 이루어져 더 이상 육안으로 보이지 않으면 양이라고 할 것이고 기체가 모여서 액체로 이루어지고 이것이 떨어지면 음이라고 할 것이다.

양은 음 속에 감싸여 있으며 양은 깊숙이 음의 핵심부로 파고들어가 팽창하여 폭발할 것이다. 때문에 양은 아무것도 할 수가 없으며 음이 없으면 자신의 뜻을 이루지 못할 것이다. 그러므로 양이라는 것이 중요한 것 같으나 무형이며, 항상 음의 중심축 역할을 할 뿐이다. 다시 이야기한다면 우리가 바라보는 태양이 양이라고 하는 것이며, 항상 그 자리에 그대로 머물고 있을 뿐이라는 이야기이다.

지구는 태양을 중심으로 하여 돌아가고 있으므로 태양이 양에 해당하며 지구에 중력의 작용이 음인 달보다 약하다는 것이다. 즉 양이라는 것이 변화를 일으키는 것이 아니고 일어난 변화를 보살펴 주는 역할과 변화가 일어나도록 조건을 만들어 주는 것이라고 할 수가 있다. 일상적으로 조수간만(潮水干滿)의 차이는 음이 주관하고 24절기는 양이 주관한다고 생각하여야 한다. 양이 변화가 일어나도록 조건을 만들어 주기 위하여 음과의 결합을 원하는데 이를 土에서 이루어지게 한다는 것이다.

인간사에서 이야기한다면 양에 해당하는 아버지는 가장으로 외부의 침입을 막고 밖에서 활동하시고 안으로는 음에 해당하는 어머니가 정리하는 것이다. 수컷은 항상 무리를 만들기 위하여 암컷을 찾아다녀야 하며 만약 암컷을 만나지 못하면 종족번식은 할 수가 없다. 이는 음으로부터 양이 깊은 곳으로 핵이 스며들어가야 하는 원리 때문인 것이다. 모든 자연은 이러한 이론으로 형성된다고 할 것이다.

수치(數値)나 시간적(時間的)으로 음양을 이야기한다면 이러할 것이다.

1년이 12달이며 6개월씩 음과 양으로 이루어져 있다.

1달은 30일이며 15일씩 음과 양으로 이루어져 있다.

1일을 24시간이며 12시간씩 음과 양으로 이루어져 있다.

1시간은 60분이며 30분씩 음과 양으로 이루어져 있다.

30분은 음과 양이 각각 15분으로 1각(角)에 해당한다.

24시간을 삼태극으로 나누어서 72각으로 이루어져 있다.

72각에 오행을 더하여보니 일원을 360도(度)로 이루어진 것이다.

1각(角)은 5도(度)이므로 5일(日)을 하나로 보는 것이며 1달을 5일씩 나누면 30일이 되는 것이다. 또한 시간도 현재의 두 시간을 하나로 보는데 정확하게 이야기를 하려면 15분을 하나로 보는 것이 좋으며 3분으로 나누어서 이야기를 하는 것이 더욱 정확할 것이다.

4

天干 地支

천간과 지지

4
천간天干과 지지地支

1) 천간

오행은 음과 양으로 나누어지며 양으로는 천간이라고 하며 이를 체(體)라고 한다. 음으로는 지지라고 하며 이를 용(用)이라고 한다. 천간에는 또 다시 오행이 있으며 그 오행 속에 또 다른 음양이 존재한다는 것이다. 물론 지지도 이와 같은 원리로 이루어져 있다.

木에는 甲과 乙을 표현하고 있는데 甲이라는 글자는 갑옷 甲자이다. 음양오행설에서는 거북이의 등껍질에서 시작되었다고 하여 그렇게 처음 부여하였던 것이다. 양중양(陽中陽)의 성향이 강하므로 생명의 첫 시작이라고 할 것이다.

乙이라는 글자는 새라고 하는 의미로서 두 번째로 등장하는데, 이는 새의 특성은 힘이 아니고 활공(滑空)으로 양중음(陽中陰)의 성향에 의하여 부드럽고 조용하다는 것으로 시간을 이야기하는 것이다. 거북이의 천년 생애나 대륙을 이동하는 새의 활공은 영원하다는 의미가 강하다.

火에는 丙과 丁을 표현하고 있는데 丙이라는 글자는 남녘이라는 의미로서 남중하는 때가 가장 밝고 뜨겁다는 의미인 것이다. 그래서 태양을 의미하기도 하며 양중양(陽中陽)의 성향이 가장 강하다고 할 것이다.

丁이라는 글자는 어떠한 물체가 진동(振動)하여 전해진다는 의미에서 이야기할 수가 있는데, 이를 태양빛이 대지(大地)에서 전달되면서 복사(輻射)되어 열로 변하여진다는 뜻이며, 양중음(陽中陰)의 성향이 강하지만 유일하게 음이 양을 제압하는 오행이라고 할 수가 있다.

土에는 戊와 己로 표현하고 있는데, 戊라는 글자는 허공이 넓다는 의미에서 무성함이라는 뜻이 담겨 있으며, 땅에서 무엇이 올라오는 모습이 창과 같다는 생각을 하였을 것이며, 양중양(陽中陽)의 성향이 강하여 그 끝이 어디인지를 알 수가 없다는 것이다.

己라는 글자는 하나가 완성되었다는 의미이며, 스스로 다스리는 것이 몸이라고 하는 것이다. 또 구름을 상징하는 것으로, 사라졌다 생겨남을 끊임없이 반복하는 까닭이라고 생각하며, 양중음(陽中陰)의 성향이 강하고, 그 몸체의 크기나 속을 알 수가 없다는 것이다.

金에는 庚과 辛으로 표현하고 있는데, 庚이라는 글자는 시간이 지나면서 무엇인가가 무르익어 간다는 의미이며, 그래서 달을 상징하는 것이라고 할 수가 있으며 때로는 도(道)를 이야기하는 경우도 있다. 이는 과거에는 동굴 속에서 생활을 하거나 수행하기 위한 바위와도 관계가 깊다고 할 것이며, 양중양(陽中陽)의 성향으로 자연스럽다고 할 것이다.

辛이라는 글은 맵다고 하거나 독하다는 의미를 가지고 있어서 서리를 상징하는 것이다. 그래서 계절적으로 찬 서리가 내리는 늦가을이므로 숙살(肅殺)이라는 살성을 가지고 있다. 양중음(陽中陰)의 성향이 강하여 본래의 본성을 안으로 깊숙이 감추려고 한다.

水에서는 壬과 癸로 표현하는데, 壬이라는 글자는 북쪽을 가리키는 것이며, 기온이 차가워지면 물은 북으로 올라간다는 의미가 강하고, 비를 상징하는 것이며, 탁한 물이 변화하여 내린다는 뜻이며 양중양(陽中陽)의 성향이 강하다.

癸라는 글자의 뜻은 헤아린다는 것이지만 천간의 마지막으로 부여된 이유는 나머지 부분을 헤아려 본다는 의미일 것이다. 양중음(陽中陰)의 성향으로 헤아리기 어려워 안개를 상징하는 것인데 이는 알 수가 없다는 것이다.

2) 지지

木에는 寅과 卯로 표현하는데 寅이라는 글자는 계절적으로는 초봄을 이야기하는 것으로 추운 겨울을 힘들게 보내고 모두 같이 시작한다는 의미이며 만물이 초봄부터 새롭게 시작한다는 것이다. 음중양(陰中陽)의 성향이 강하여 내적으로는 부드러우면서도 외적으로는 강인하다는 것이다.

卯라는 글자는 봄이 무르익어 무성하다는 의미이며 천지가 새로움으로 왕성하여 진다고 할 것이다. 그래서 寅의 글자 다음에 둔 것 같다. 음중음(陰中陰)의 성향이 강하여 외적으로는 부드럽고 내적으로 강하다.

火에는 巳와 午로 표현하는데 巳라는 글자는 계절적으로는 초여름을 이야기하는 것이며 초여름에는 만물이 가장 활동적이고 건강하여 수정과 잉태를 한다는 의미이다. 음중양(陰中陽)의 성향이 강하여 엄청난 분열을 일으킨다. 午라는 글자는 계절적으로 한여름이라서 강한 열기로 인하여 분열할 것이며 무질서하고 혼란스러울 것이다. 음중음(陰中陰)의 성향이 강하여 표면적으로는 열기가 강하지만 속으로 스며들어 갈 것이다.

土에는 네 가지로 표현하였다.

늦은 봄을 辰이라고 한다. 이는 별처럼 수없이 흩어진다는 의미에서 선택한 것이며, 여름으로 이어질 때라는 의미라고 할 수도 있다. 음중양(陰中陽)의 성향으로 널리 펼쳐져 나가려고 한다.

늦은 여름을 未라는 글자로 표현하였는데, 이는 다음에 오는 계절이 가을이라고 하지만 아직은 때가 아니라고 하는 의미이다. 즉 여름이라는 계절이 길다는 뜻이다.

음중음(陰中陰)의 성향이 강하여 내적으로는 열기를 발산하고 외부는 볕이 더욱 강하게 발산한다.

늦가을을 표현하는 戌이라는 글자는 결실이 아름답다는 의미이다. 즉 무더운 여름을 견뎌 내고 다음에 오는 겨울을 위하여 마무리한다는 뜻이며, 음중양(陰中陽)의 성향이 강하여 외부를 더욱 단단하게 하려고 한다.

가장 추운 겨울을 표현하는 丑이라는 글자는 묶어둔다는 의미이다. 봄으로 가기 위하여 더욱 강하게 응축한다는 것이다. 강력하지 못하다면 반발력이 약하여 봄에 새롭게 나와도 약한 반발력으로는 연약하여 활동하기 어렵기 때문이다. 음중음(陰中陰)의 성향이 강하여 더욱 깊이 압축한다.

金에는 申과 酉로 표현하는데 申이라는 글자는 계절적으로 초가을 이야기로 결과를 이루어야 하는 시기이다. 그래야 다음을 위하여 무엇인가를 널리 펼쳐 나아가야 한다는 의미이다. 음중양(陰中陽)의 성향이 강하여 새로운 것으로 거듭 변화하려고 할 것이다.

酉라는 글자의 의미는 모든 것이 최상의 상태로 채워져 있다는 뜻이며, 가을의 중심에 있기 때문에 오랫동안 두고두고 이어지기 위함이다. 음중음(陰中陰)으로 안과 밖으로 강하여 진다는 것이다.

水에는 亥와 子로 표현하는데 亥라는 글자를 두고 있는 것은 겨울의 시작을 알리는 것으로 무엇인가를 간직하여야 한다는 뜻으로 모든 활동과 성장을 멈추게 하고 다음을 위하여 내실을 더욱 강하게 하라는 것이다. 음중양(陰中陽)으로 밖으로의 기운을 안으로 거둬들이는 것이다.

子라는 글자의 의미는 아들이라는 뜻이다. 그렇지만 아들이라고 하는 것은 새롭게 잉태하는 의미로서 겨울의 중심에서 살아남아야 새롭게 태어날 것이라는 의미이다. 음중음(陰中陰)으로 여리고 순수하고 깊이 감추어 두는 것이다.

5

五行
오행

5
오행五行

같은 조건에서 처음으로 이루어진 다섯 가지를 오행이라고 한다.

양은 기(氣)가 되고 맑고 음은 질(質)이 되고 흐린 것이다. 그리고 음과 양의 중간에 중기(中氣)가 형성되는데 이를 土라고 한다. 음양이 어우러져서 오행이라는 것이 생겨난다. 즉 양에는 木과 火로 나누고 음에는 金과 水로 나누어지면 木 火 金 水의 중간에 土라는 기운이 있으며, 이를 오행이라고 한다.

오행이라는 것은 우주 공간 속에서 이야기하는 것이 아니고 자연 속에서 이야기하는 것이다. 다만 글자를 태양계를 돌고 있는 행성에서 이름을 따온 것일 뿐이며 목성(木星)이나 화성(火星), 그리고 토성(土星)과 금성(金星), 수성(水星)과는 아무런 관련이 없다. 다시 이야기한다면 상생(相生)이나 상극(相剋)에서 이를 알 수가 있다. 목성에 의하여 화성이 돌아가는 것은 아니며 화성이 금성을 공격하는 것도 아니다. 또한 토성이 수성의 길을 가로막지 않는다는 것이다. 때문에 이름만 따와서 부르는 것이며 우리가 사용하는 오행은 자연에서 최소한으로 나누어서 분별하려고 사용하는 용어일 뿐이다.

오행이라고 하는 것이 우리에게 전하는 것은 가장 외적(外的)인 것에서 부터 내적(內的)으로 가장 깊은 곳에 이르기까지 성향(性向)이 비슷한 것끼리 묶어서 부르는 다섯 덩어리라고 할 수 있으며 그 뜻을 한마디로 이야기하는 것이다. 이러한 덩어리 속에도 음양이 있으며 이를 기(氣)와 질(質)이라고 한다. 다시 이야기한다면 기(氣)는 양이며 무형(無形)이라서 이를 천간(天干)이라고 표현하며, 질(質)은 음이며 유형(有形)이라서 이를 지지(地支)라고 한다.

기(氣)에도 오행이 있으며 또한 음양으로 나누어져 있는데, 이를 木에서는 甲과 乙을 두고 있으며, 火에는 丙과 丁을 두고, 土에는 戊와 己가 있다. 그리고 金에는 庚과 辛이 있으며, 水에는 壬과 癸라는 것으로 나누어 두었다.

질(質)에도 오행과 육기(六氣)가 있으며 역시 음양으로 나누어져 있다. 이는 木에는 寅과 卯가 있으며, 火에는 巳와 午가 있으며, 土에는 辰과 未와 戌 그리고 丑이라는 것이 있다. 여기서 육기는 丑과 未라고 할 수가 있다. 그리고 金에는 申과 酉가 있으며, 水에는 亥와 子라는 글자로 표현하였다. 이러한 글로 표현하는 것은 그만한 이유가 있다는 것이다.

성향(性向)이 같은 것끼리 묶어두었는데 이러한 것이라고 할 수가 있다. 살아있는 것을 木이라고 하였으며, 형체가 없으면 火라고 하며, 무엇이든 받아들이면 土라고 이름하고, 단단한 것을 金으로 정하고, 흐르는 것을 水라고 표현하였다. 성향에도 양에서 바라는 질서(秩序)적인 것과 음에서 바라는 혼돈(混沌)적인 것이 있으며, 역시 중간에서 이루어지는 중립(中立)적인 것이 분명히 있다는 것이다.

1) 목(木)

木의 성향은 음의 기운에서 양의 기운으로 변화하려는 것이기 때문에 처음으로 시작하고 새롭게 생겨나는 것이라고 할 수가 있다. 그리고 木이라는 것은 생사(生死)를 이야기하는 것으로 새롭게 생겨나거나 살아있는 것을 이야기하는 것이다.

2) 화(火)

火의 성향은 양의 기운이 가득하여 팽창하고 폭발하려고 할 것이며, 만약 폭발을 한다면 흔적을 남기지 않는다고 할 수가 있다. 때문에 火라고 하는 것은 명암(明暗)을 이야기하는 것으로 색(色)을 이야기하는 것이다.

3) 토(土)

土의 성향은 서로 뒤섞여 혼돈(混沌)적이라고 할 수가 있으며, 음에서 양으로 확장하려는 기운이 흐르면서 강한 양의 기운으로 최대한 피어나려고 할 것이며, 다시금 양의 기운이 최고의 정점에서 음의 기운으로 이어지는데, 서서히 수렴(收斂)하려고 할 것이다. 모아진 기운이 강한 음의 기운으로 모든 것을 응축(凝縮)시켜버린다고 할 수가 있다. 그래서 土의 이야기는 공간적으로 넓이나 높이 또는 확장되는 것이나 축소되는 것이다.

4) 금(金)

金의 성향은 더 이상 양의 기운이 진행하지 못하도록 할 것이며 서서히 음의 기운이 스며들어 단단하게 변화하려고 할 것이다. 그러하기 때문에 金의 기운으로 강하고 부드러운 이야기를 할 수가 있으며, 타 오행은 자연 속에서 찾을 수가 있지만, 쇠라고 하는 것은 2차 가공된 것으로 이야기를 하여야 한다는 것이다.

5) 수(水)

水의 성향은 오로지 음의 기운으로 이루어져서 양의 기운을 깊숙이 감추어짐으로 인하여 일체의 활동을 멈추게 하는 것이다. 하여서 水의 기운으로 깊이를 가늠할 수가 있으며 사후(死後)의 이야기를 할 수가 있다.

오행은 木火의 기운이 강하고 金水의 기운이 미약하다면 끊임없이 성장만 할 것이고 결과를 맺는다는 것이 어려울 것이다. 또한 金水의 기운이 강하고 木火의 기운이 미약하다면 오로지 보존하는 것으로 만족하여야 할 것이며 변화나 발전은 할 수가 없을 것이다.

6

六氣
육기

6
육기六氣

각각의 오행에는 기본적으로 여섯 가지 기운으로 드러낸다.

육부(六腑)는 음의 기운이 가장 강한 丑土와 양의 기운이 가장 강한 未土가 서로 대립하여 변화무상한 곳이라고 할 것이다. 다시 이야기한다면 음의 기운이 양의 기운을 감싸고 극도에 달하여 안으로 양의 기운인 未土을 최대한 압축하여 대폭발을 유도하려는 것이라고 할 수가 있다. 만약 음의 기운이 양의 기운을 감싸고 있으면서 가장 깊숙이 강하고 강한 압력을 가하지 못한다면 폭발이 미약하여 변화가 일어나지 않는다는 것이다. 이렇게 오행이라는 것이 쉬운 것 같으면서도 어려우며 이해하기 힘들 것 같으면서도 한순간에 이해할 수 있는 것이다. 다만 오행이란 다양한 뜻이 하나로 압축되어 있으므로 이를 확장하여 이해하는 것이 어려울 뿐이다.

음양에서 오행이라는 또 다른 무극(無極)이 있다는 것을 알았으며, 이러한 무극 속에 음양이 또 있고, 그 음양에서 또 다시 오행이 있으며, 이들의 오행은 양의 기(氣)와 음의 질(質)로 나누어지고, 기(氣)는 천간(天干)이 되고 질(質)은 지지(地支)가 된다. 이러한 흐름이 연속적으로 이어져서 기(氣)에서 음기10개와 중기10개 양기10개를 합하니 30가지의 새로운 기가 생겨나며, 이 속에는 음과 양이 더하여지므로 인하여 60개의 행성으로 시작한다고 할 수가 있다. 질(質)에서는 음기12개와 양기12개, 그리고 중기12개로 이루어진다. 이를 합하니 36가지의 새로운 오행이 생겨나고, 이 과정을 거치면서 음과 양으로 나누어지며, 72개의 행성이 기초가 되어서 만화방창(萬化方暢)할 것이다.

진공묘유(眞空妙有)에서 만화방창이 이루어지기까지는 음양오행을 통하여 이루어진다는 것이다. 자연변화(自然變化)의 원리는 오행의 변화에서 이루어지는 것이라고 할 수가 있으며, 오행의 성향이 간단한 것 같지만 10번의 기가 변화하고, 질이 12번을 변화하므로, 이를 대자연의 변화라고 하며, 우리 주변의 환경도 이러한 원리에 의하여 이루어지고 있다는 것이다. 이와 마찬가지로 인간의 몸속에도 이러한 원리가 적용되어 이루어진다고 할 수가 있으니 참으로 묘한 것이 오행이고 음양이라는 것이다. 다시 이야기한다면 기는 마음이고 질은 행동이다. 오행은 오장(五臟)과 육부(六腑)로 나누어지고, 마음(心)이 고요하면 모든 것이 통(通)하고, 오장의 역할이 원활하게 이루어지며, 모든 기능이 좋아져서 영원히 건강하게 살아가는 것을 원할 것이다. 또한 마음의 종교인 불교(佛教)에서는 '열반(涅槃)'을 목적으로 하고, 행동의 종교인 기독교(基督教)는 '영생(永生)'을 목적으로 한다. 이러한 음양오행의 변화가 어디까지 이어지는가는 알 수가 없다.

자연 속에서 과일이라는 것은 분명히 속에 '씨'가 있다. 그리고 그 씨앗 속에서 확실히 과일이 나온다는 것이다. 다시 이야기한다면 사과 속에는 사과 씨가 있을 것이며, 이 씨 속에는 사과가 들어있다는 것이다. 씨앗이 발아(發芽)하여 꽃을 피우고, 피어난 꽃들은 바람에 의하여 수정(受精)할 것이고, 수정된 꽃은 사과를 맺을 것이다. 그리고 맺어진 사과 속에는 씨앗이 들어 있다는 것을 누구나 알고 있을 것이다. 이를 음양오행으로 이야기하고 음양에서 오행이 나오고 오행 속에 음양이 존재한다는 것이다. 음양오행을 자연으로 이해한다면 아주 간단하고 쉽게 알 수가 있다.

은하계도 약 5억 6천만 광년의 넓은 곳이라고 할 것이며, 이렇게 광활한 공간 속에 수억의 행성이 자리할 것이며, 이들은 몇 개의 행성을 중심으로 하여 작은 소행성들이 공전과 자전을 할 것이다. 역시 지구에는 오대양(五大洋) 육대주(六大洲)로 이루어진 것이며, 오대양 육대주에는 수많은 나라가 있을 것이고, 몇 개의 나라를 중심으로 하여 주변의 여러 국가와 공존하면서 자율적인 통제권으로 다스려질 것이다. 그리고 인간의 신체도 크게는 오장(五臟) 육부(六腑)를 중심으로 하여 자율적인 신경으로 이루어져 살아 움직인다고 할 것이다. 즉 인간의 몸에는 각각의 자율 신경계가 있다. 하지만 통제하는 대뇌가 있듯이 거대한 하나의 나라가 중심이 되어서 작은 여러 나라를 다스리는 것처럼 미지의 우주 공간 속에 거대한 중심 행성이 분명히 있을 것이라고 생각한다. 거대한 은하계나, 작은 행성인 지구나, 지구 속의 미생물인 인간이나, 원리는 같다고 할 것이다. 허공계(虛空界)의 축소판처럼 똑같은 원리로 이루어져 생겨나는 화이트홀과 죽음의 블랙홀이 존재한다는 것이다.

인간은 알 수 없는 에너지가 모여서 정자(精子)로 변화한 것을 양이라고 하고 난자(卵子)로 변화한 것을 음이라고 한다. 또한 활동적인 것은 양이라고 할 것이며 활동적이지 못한 것을 음이라고 할 것이다. 그러므로 활동성이 강한 양은 음을 찾아서 깊은 곳으로 파고 들어갈 것이며, 음은 양을 만나서 깊은 곳으로 감추고 대폭발이 일어나길 기다리는 것이다. 이를 우리는 '세포분열(細胞分裂)' 이라고 한다.

인간의 가장 깊숙한 그곳이 자궁이라는 공간이며, 여기에는 양수라는 것으로 가득 차있다. 겹겹이 싸여 있는 원리가 丑土가 未土를 깊숙이 감추는 것과 같다. 이렇게 약 10달 동안 때를 기다리고 있다가 우렁찬 소리와 함께 새로운 생명이 탄생하는 것이 바로 대폭발이라는 것이다. 이를 인간에게는 자식이라는 새로운 인간이 탄생하는 것이다. 처음 질(質)이 생겨나는 것은 모든 오행이 그러하듯이 짧은 시간에 생겨나서 100년이 부족하다고 기(氣)로 욕심을 내어 영생을 바라는 것이다.

새롭게 태어난 사람을 관찰하여 보면 몸체에는 사지와 머리가 달려 있으니 오행이며, 양쪽으로 있으니 음양이다. 손과 발을 보니 다섯 가락이 나와 있으니 오행이요, 앞뒤가 분명하니 음양이다. 정신은 기(氣)라고 하고 오감이 있고 육식이 있다. 육체는 질(質)이라고 할 것이며, 오장이 있고 육부가 있다는 것이다. 살아가는 동안에는 질(質)을 따라갈 것이고 사후에는 기(氣)를 따라갈 것이다.

유형(有形)적으로 시작하여 생(生)을 마감하고 난 뒤에는 무형(無形)으로 보이지 않는 신(神)의 세계로 들어가야 한다는 것이다. 이렇게 계속적으로 이어지는 것이 연기법이라고 할 것이고, 지구는 끊임없이 돌아가는 것이고, 은하계도 끊임없이 생멸하는 것으로, 지금 우리가 바라보는 별이 이미 오래전에 사라진 별일 수도 있을 것이다. 역시 인간도 오행에 의지하여 끝없이 종족을 번식하며 진화를 계속하고 끊임없이 생멸을 거듭한다고 할 것이다. 그래서 인간을 소우주라고 하는 것이다.

오행이 전하고자 하는 것이 무수히 많다고 할 수 있다. 즉 음양(陰陽), 오장(五臟), 방위(方位), 계절(季節), 시간(時間), 색상(色相), 맛(味), 수리(數理), 위치(位置), 음(音), 사물(事物), 등 여러 가지의 나눔이 있을 것이다. 이렇게 다양한 오행을 조금 더 분석하여 보자.

7

性向
오행의 성향

7
오행의 성향性向

오행이라는 것은 성향이 같은 것끼리 다섯 가지로 모아둔 것을 오행이라고 한다. 오행에는 木火土金水가 있다. 하지만 이러한 것은 어떤 성향으로 이루어져 있는지 알아야 할 것이며, 무엇을 전하고자 하는지 알아야 한다.

오행이 전하고자 하는 것이 무엇인지 우리는 정확하게 알 수가 없고, 이를 알고자 수많은 학자나 역학인들이 노력하고 있다. 하지만 이를 자연계에서 알아보려고 노력한다면 쉽게 이해할 수가 있을 것 같다. 또한 오행에서 기와 질이 다르며, 기는 무형적이고 질은 유형적이라고 생각을 하여 보자.

木이라는 것은 살아있거나 움직이는 성향으로 이루어진 것으로 나무가 이러한 성향을 가장 많이 가지고 있다는 것이다. 나무는 수천 년 이상을 살아갈 수가 있으며 움직임을 이동수단으로 이야기하는 것이 아니고 살아있으니 성장한다는 이야기이다. 다시 이야기한다면 木이라서 살아있고 움직이는 것이 아니라 살아있으면서 끊임없이 성장하기 때문에 木이라고 하는 것이다.

火라는 것은 열과 빛이 나는 것으로 뭉쳐진 성향을 이야기하는데 불이라고 하는 것이 가장 많은 성향을 가지고 있다는 것이다. 火라는 것이 없으면 자연이 형성될 수가 없다는 것이다. 열과 빛이 꼭 火라고 할 수는 없으며, 불이라는 것에 많이 존재하는 것으로 무엇보다 형체가 없다는 것이다. 때문에 불이라는 것은 무형이라서 어떠한 감각에 의하여 알 수가 있는 것이다. 그래서 火라고 하는 것은 형체가 없으므로 이해하기 어렵다고 하는 것이다.

土라는 것은 무엇이든 받아들이는 것으로 이루어진 성향을 전부 土라고 한다. 흙이라는 것이 가장 많은 것을 조건 없이 받아들인다는 것이다. 土라는 것이 없으면 존재할 수 있는 공간을 만들지 못한다. 무엇이든 받아들이고자 한다면 공간이 있다는 것이다. 이러한 공간에서 무엇이든 받아들이는 것이 아니고 때로는 토(吐)해 낸다는 것이다. 다시 이야기한다면 잠시 보관하는 동안에 성향을 변화나 발전할 수 있도록 하는 공간을 만들어 준다는 것이다. 이러한 공간에는 모든 것이 새롭게 진화할 수 있는 넓은 곳과 더 이상의 변화나 발전을 멈추게 하는 건조하고 높은 곳이 있으며, 일체의 변화를 할 수 없도록 하는 강한 음의 기운으로 감싸는 아주 차갑고 어둡고 깊이를 알 수가 없는 공간이 있으며, 또한 강한 양의 기운에 의하여 밝고 하염없이 분열하고 폭발하여 형체를 알 수가 없는 공간으로 이루어져 있다. 그리고 요철(凹凸)처럼 오목 볼록하게 생긴 것을 土라고 하였다는 것이다. 다시 이야기한다면 직선적이지 못한 것은 모두가 土에 해당하는 것이다.

金은 단단한 것으로 이루어진 성향을 이야기하는 것이다. 단단한 것을 대표적으로 쇠라고 하며 바위나 돌과 같은 것으로 표현하기도 한다. 이는 金의 성향을 가장 많이 함유하고 있다는 것이지 金의 전부라고 하는 것은 아니다. 단단한 것이 金의 전부라고 이야기한다면 이는 金의 성향을 이해하지 못하는 것에서 비롯되는 이야기이다. 金이라는 것이 단단하다고 하지만 강한 것도 金이요, 부드러운 것도 金의 성향이라고 하는 것이다. 또한 金의 성향은 오랫동안 변하지 않고 이어지는 것이라고 할 수가 있으며 단단하고 강하며 부드러워야 변하지 않는다는 것이다.

水라는 것은 어디로 향하여 가는 것에 관계없이 흐르는 성향을 가지고 있다고 하여서 그렇게 이야기한다. 즉 아래로 흐른다고 하는 고정관념에서 벗어나 위로 오르는 것도 흐름이다. 대표적으로 물이라는 것이 아래 위 구별 없이 자유자재로 흐른다고 하여 水라고 생각을 가장 많이 한다. 하지만 꼭 물이 아니라도 흐르는 것은 참으로 많이 있다. 흐름이라는 것을 물이라고 생각하지 말고 원활한가 아니면 막힘으로 흐름에 장애가 있는가를 이야기하는 것이다. 즉 水의 성향은 흐름이며 이를 청(淸)과 탁(濁)으로 구별하여 원활함과 막힘으로 이야기하는 것이다.

이러하듯이 오행은 다양한 성향을 가지고 있으며 이를 전하기 위하여 더욱 다양한 성향이 있지만 기본적으로 이러한 성향으로 이루어져 있다는 것을 간단하게 설명을 해 본 것이다.

8

始作
오행의 시작

8
오행의 시작始作

만물의 시작은 水火에서 일어난다. 이를 태초에 음양이라고 하였으며 이 둘의 경계를 土라고 하였던 것이다. 즉 태초에는 木과 金이라는 오행이 없었다는 것이다. 하지만 음양으로 양분(兩分)된 水火에서 만물이 형성된 것이라고 할 것이며 여기서 오행이 시작되는 것이다.

유형(有形)으로 이야기를 한다면 이러할 것이다. 어둡고 차가우며 무거운 기운은 아래로 모여서 물을 이루니 水라고 하였으며, 밝고 가벼우며 따스한 기운은 위로 오르니 火라고 하였다. 하지만 무형(無形)으로 이야기를 한다면 이렇게 되는 것이다. 水는 기체로 변화하여 위로 올라가서 허공은 차갑고 火는 빛으로 차가운 허공을 통과하여 표면(表面)에서 열로 변화하여 속으로 파고들어 땅속 중심부로 들어갈수록 뜨거워지는 것이다.

물에 따스한 기운이 스며들면서 무엇이 생겨나는 것을 생명이라고 하여 木이라 하였으며 따스한 기운에 차가운 기운이 스며들면서 모든 것에서 생겨나지 못하고 오히려 안으로 들어가게 하고 성장을 멈추게 하는 기운을 金의 기운이라고 하였다. 우주계의 원리는 과학자가 아니라서 정확한 표현은 할 수가 없지만 자연계로 줄여서 이야기를 하여 보자.

자연의 모든 것이 물에서 시작되는 것이다. 허공에는 수분이 가득하고 공기 속에는 수분이 많이 들어 있으며 많은 것들이 물에 의지하여 생명을 이어가는 것이며 물에서 이끼가 생겨나서 분열하기 시작하여 만물이 이루어진 것이다. 깊이 들어가서 물과 전혀 관계없는 金이라고 하여도 알고 보면 水火의 작용으로 생겨나는 것이다. 물이라는 것이 자연을 만들어 내고 이렇게 만들어진 자연은 결국 水라는 어둠 속으로 자취를 감추어 버린다.

水生木으로 생명이 생겨나고 이렇게 생겨난 생명은 살아있음이라고 할 것이다. 수없이 많은 자연 속에 살아있지 않은 것이 없지만 木이라는 탄생(誕生)을 의미하며 목적이 종족번식이라고 하는 것이다. 자신이 종족을 번식하려면 타 오행의 도움을 절실하게 필요로 할 것이다. 그래서 木生火를 하는데 나무가 불을 일으키는 원동력이 아니라 불이 꺼지지 않도록 하는 원료인 것이다. 때문에 木生火의 이야기는 나무에 꽃이 핀다는 것이다.

木生火의 이야기는 나무에 꽃이 피어난다는 이야기다. 그래야 나무의 목적인 종족 번식을 위하는 길의 첫 관문이라고 할 수가 있다. 木이 火를 생하여 불이라고 이야기를 한다면 약간의 억지 주장을 하여야 한다. 때문에 나무에 꽃을 피우는 것이 木生火라는 것이다. 이는 자연에서 木을 나무라고 단정하고 이야기를 하는 것이며 木의 목적을 다르게 한다면 역시 생하는 것도 다르게 이야기를 하여야 한다. 만약 나무가 꽃을 피우지 못한다면 멸종하고 말 것이다. 그렇게 자연스럽게 피워진 꽃은 자연스럽게 열매를 맺지 못하기 때문에 잠시 土의 기운으로 변화하여야 한다. 이를 火生土라고 하는 것이다.

火生土라고 하는 이야기는 이렇게 이해를 하여야 할 것이다. 피어난 꽃이 오므리고 있다면 곤란하다. 火라는 것이 최대한 발광(發狂)하여야 곤충들이 날아들 것이다. 이를 만발(滿發)하였다고 표현한다. 즉 벌이나 나비 등 곤충들을 향기와 맛으로 유혹한다는 것이다. 그리고는 꽃가루를 수정하도록 유도하는 것이다. 이러한 공간을 만드는 것을 土라고 하는 것이다. 그래서 火生土라고 이해를 하여야 할 것이다. 불에 타고 남은 것을 재라고 하고 재가 곧 흙이라고 생각한다. 하지만 이야기는 자연스럽게 이루어지는 것이지 꾸며지는 것은 아니다. 만약 나무에 자연스럽게 불이 일어난다면 火生土는 분명히 재라고 하는 것이다. 그래서 누구나 알고 있는 나무의 꽃 이야기를 하는 것이다. 이렇게 만발한 꽃에는 곤충으로 인하여 수정되는 것이다. 이를 土生金이라고 하는 것이다.

土生金이라고 하는 것은 土의 공간에서 꽃의 암 수술이 곤충에 의하여 수정되고 이어서 열매가 맺어진다고 하는 이야기이다. 만약 土라는 공간이 없다고 한다면 모든 것이 이루어지지 않을 것이다. 土生金이라고 하여 흙에서 돌이 생기는 것은 옳은 이야기이지만 흙이 뭉쳐지면 돌이 되는 것이고 바위가 부서지면 흙이 되는 것이다. 그래서 土生金을 돌이라고 하지 못하고 쇠라고 이야기를 하는 것이다. 다시 이야기한다면 쇠는 부서져도 쇠이고 쇳가루가 되는 것이지 흙이라고 표현을 하지 않는다는 것이다. 金이라는 것이 열매를 이야기하는데 쇠와는 아무런 연관이 없다. 하지만 성향이 단단하고 오랫동안 이어진다고 하여 金이라고 하는 것이다. 오랫동안 이어지려면 단단하여야 할 것이고 또한 드러내지 않고 감추어져야 할 것이다. 그래서 金生水를 원하는 것이다.

金生水라고 하는 것은 자신의 목적을 위하여 안으로 깊숙이 감추어져야 한다는 것이다. 水의 성향은 흐름이라고 하였다. 흐름이라는 것은 유수(流水) 같은 세월을 이야기하는 것이다. 만약 열매가 水를 원하지 않는다면 어떠한 모이에 불과한 것이다. 하여 종자(種子)를 깊이 감추는 것이고 자연적인 현상에서는 木에서 수없이 많은 것을 동시에 시작하는 것이 火이며 이렇게 일시적으로 열매가 떨어져서 극히 일부분만 土의 도움으로 숨겨지고 때가 되면 다시 밖으로 나오는 것이다. 그래서 水生木을 하는 것이다.

자연 속에서 이야기를 한다면 음양에서 처음 시작을 하는데 이를 水와 火의 조화에서 시작하여 미생물(微生物)이 생겨나기 시작하면서 土의 공간을 확보하고 미생물의 木이라는 기운이 새로운 시작이 되는 것이다.

시간이 흐르면서 木의 기운이 火의 기운으로 분발(奮發)하여

土의 공간을 이용하여 金의 기운으로 수정하는 것이다. 이렇게 수정(受精)을 하고 나면 밖으로 확장하는 것이 아니고 안으로 성숙(成熟)하여지는 것이 水의 기운이다. 水의 기운은 깊숙이 木의 기운을 감추고 가장 강력하게 응축할 것이다. 그래야 또 다른 음양이 생겨나면서 火의 기운을 이용하여 발산(發散)을 할 수가 있다는 것이다. 그래서 새로운 오행이 시작되면서 木에서 싹이 트고, 火에서 꽃이 피며, 土에서 수정하여, 金에서 열매 맺고, 水에서 다시금 저장하는 것이다. 이러한 순환을 끊임없이 이어지는 과정을 반복하여 어떠한 개체(個體)의 수(數)를 늘려나가는 것이다. 이렇게 개체의 결합이 이루어지면서 또 다시 변화하여 金은 다시 火를 안고 깊숙이 水라는 어둡고 깊은 곳으로 스며들 것이다. 金이 火를 품고 火는 木의 성분을 가지고 있으며 木은 水의 에너지를 이용하고 보다 확장된 水의 보호를 받으며 더욱 깊고 어두운 곳으로 들어 갈 것이다. 오행이 다양한 개체와 결합하여 변화를 일으키면서 만화방창(萬化方暢)이 되는 것이다.

사람의 인체에도 음양과 오행의 원리에 따라서 음의 난자(卵子)와 양의 정자(精子)가 土의 공간에서 서로 결합하여 水라는 자궁 속 깊숙이 들어가는 것이다. 木의 기운에 의하여 생명(生命)의 씨앗이 싹트고, 火의 기운에 의하여 세포(細胞)가 분열(分裂)하고, 土의 기운에 의하여 몸집이 늘어나면서, 金의 기운에 의하여 골격(骨格)이 형성되고, 水의 기운에 의하여 또 다른 기운이 생겨나는데, 이를 오장육부(五臟六腑)라고 하는 것이다.

木의 기운으로 간(肝)과 담(膽)을 만들었고, 火의 기운으로 심장(心臟)과 소장(小腸)을 만들었으며, 土의 기운으로 비장(脾臟)과 위장(胃腸)을 신체의 중앙에 두었을 것이다. 그리고 金의 기운으로 폐(肺)와 대장(大腸)을 만들고, 水의 기운으로 신장(腎臟)과 방광(膀胱)을 만들어서 체내의 불필요한 물질을 밖으로 보내고 몸속에서 가장 중요한 체액(體液)을 조성하거나 양(量)을 일정하게 조절하는 것이다. 그리고 土를 중심으로 하여 아래로 火의 기운을 땅속처럼 감추고 위로는 水의 기운으로 하늘과 일치하게 하는 것이다. 때문에 사람은 수승하강(水丞下降)이 되어야 편안하고 원활하게 활동을 할 수가 있다는 것이다.

생명을 유지하는데 무엇보다도 외부의 독소로부터 자신을 지켜야 할 것이다. 그래서 木이 담당하는 자율신경(自律神經系)이 있으며, 이를 중앙 통제하는 火는 정신계(精神系)를 조정하는 것이다. 항상 충분한 에너지를 축적하기 위하여 土를 이용하는데 이를 소화기계(消化器系)라고 하며, 적당한 산소를 공급하기 위하여 金을 이용하는 호흡기계(呼吸器系)가 있으며, 수액을 조정하여 균형을 유지하도록 하는 이뇨기계(利尿器系)로 구별하였다.

거대한 바다 속에도 수없이 많은 생명체가 살아가고 있다. 하지만 음양오행의 원리는 똑같이 적응될 것이며 오행의 원리에서 벗어나면 돌연변이(突然變異)라고 하여 장애(障碍)가 일어날 것이다. 음양오행의 원리는 하늘이나 땅이나 바다 속이나 같다는 것이다. 하지만 이것이 우주와 같다는 것은 아니다. 우주는 하나의 무극이며, 우주속의 은하계, 하나의 태양계라고 생각한다. 태양계 주변을 돌고 있는 행성 안에서 음양오행의 원리가 비슷할 것이라고 생각하여 본다.

오행에서 어느 것 하나 중요하지 않은 것이 없다고 하지만 가장 중요한 것이 土라고 생각한다. 만약 土가 없다면 어느 오행도 존재하지 못하였다는 것이다. 土를 중심에 두고 오행을 이야기하여 보자.

오행에서 木이라는 것은 생명이며 끊임없이 움직인다는 것이다. 그리고 金이라고 하는 것이 木을 적당하게 조절하는 것이기 때문에 중요할 것이다. 그리고 변화를 위하여 水를 필요로 할 것이며 발전을 위하여 火가 중요하다. 이는 우리가 알고 있는 이론과는 완전히 다르다는 것이다. 土라는 것은 木金과 水火를 담아두는 그릇이라고 생각하면 좋은데 꼭 土라는 것이 있어야 木金이 존재한다고는 할 수가 없을 것이다. 이는 土를 어떻게 이해하여야 하는가에 따라서 土의 귀함을 가늠하는 것이다.

대자연을 두고 이야기한다면 水라는 오행이 가장 중요할 것이다. 이는 모든 것이 水의 변화에 따라서 조절된다고 할 수가 있을 것이며 다음으로는 火이며 그리고는 土라는 공간이 필히 있어야 한다는 것이다. 이렇게 생각을 한다면 木이라는 것은 결과적으로 대자연을 파괴하는 오행에 불과 한 것이라고 생각할 수 있지만 지속적인 진화는 결과적으로 木이라는 것이며 金의 보존성이 없다고 한다면 이 또한 무리이다. 때문에 어느 한 부분으로 오행의 중요성을 저울질 할 수가 없다는 것이다. 다만 水의 중심적인 이야기를 하여야 할 것이다. 다시 이를 정리한다면 水와 火

는 환경이라고 할 수가 있으며 木과 金은 환경 속의 부산물이며 土라는 것은 공간적인 이야기를 하는 것이다.

9

種類
오행의 종류

9
오행의 종류種類

자연계의 모든 것을 다섯 가지 성향으로 나누어서 오행이라고 하는 것이다. 그러니 이를 水 木 火 土 金이라고 한다. 이는 무극이든 은하계이든 자연이든 인간이든 태초에 어둠 속에서 모든 것이 시작되었으므로 水가 가장 앞에 있어야 한다는 것이다. 다시 이야기한다면 무극이라는 것이 알 수가 없는 곳이라고 하여 水의 성향으로 이야기하며 은하계는 무극 속의 알 수 없는 개체라고 하여 水의 기운을 이야기하는 것이다. 지구도 암흑 속에서 혹한기를 지나면서 자연스럽게 생명이 싹트기 시작하였으며 사람도 어둡고 답답한 그곳에서 세포분열이 시작되었다는 이야기이다. 때문에 모든 자연이나 사물(事物)의 시작은 水가 가장 우선이라는 것이다.

일반적으로 오행을 木 火 土 金 水라고 알고 있다. 이는 인간의 눈으로 또는 지식으로 증명하기 위하여 木을 앞에 두는 것이다. 즉 살아있으며 형상이 드러나 있는 것이라서 처음에 木을 두고 순서를 정한 것 같다. 木이라는 것이 생겨남이고, 火는 피어남이고, 土는 터전이며, 金은 보전함이고, 水는 사라짐이나 감추는 것이다.

水 火 木 金 土의 순으로 기록한 고서가 많이 있으며 지금도 이렇게 응용하는데 어느 것이 맞고 어느 것이 틀리다고 할 수는 없다. 나름 적당한 이론이 성립되는 것이라서 그럴 것이다. 水와 火는 태초의 무극에서 생겨났다고 하여 앞에 水火의 결합에서 木이 우선적으로 생성되고 다음에 金으로 마무리하려고 하였으니 木의 뒤를 이어서 배정한 것이고 이들이 모두 土라는 공간에서 형성된다는 것이다. 그래서 아마 土를 가장 뒤에 두었다고 생각한다. 이는 土가 없어도 水 火 木 金은 이루어진다고 생각하기 때문인 것으로 생각하였을 수가 있었다는 것이다. 하지만 土가 없으면 水 火 木 金은 불안전하여 지금의 오행은 만들어지지 못하였을 것이다. 그래서 土는 水 火 木 金의 터전이라는 것이다. 이렇게 이해를 하여 본다면 당연히 水 火 木 金 土의 순서가 맞는 것이다.

오행의 생성과정은 흐름과는 다르다는 것이다. 즉 水 火 木 金 土를 이렇게 해석도 한다. 자연계라는 거대한 공간이 차고 어두운 수분으로 가득할 것이라고 한다. 이러한 공간에서 강력한 열기운이 발생한다는 것이다. 즉 강한 水의 기운으로 인하여 최대한으로 억압받은 火의 기운이 폭발하면서 수많은 개체가 생겨났다고 할 수가 있다. 그로 인하여 水火의 조율에 의하여 또 다른 개체가 생겨나고 이렇게 반복적으로 이어지면서 지구라는 행성 속에 자연이라는 것이 만들어지게 되는 것이다. 그리고 인간도 자연 속의 일부분에 불과하다는 것이다. 오행 속에 음양을 나누고 있는데, 이를 '천간'이라 하여 하늘을 뜻하며 양이라고 한다. 또 '지지'라고 하여 땅을 이야기하는데, 이를 음이라고 한다. 또한 천간에서도 음과 양이 있으며, 지지에도 음과 양이 있다.

살아있는 모든 생명체를 木이라고 할 것이며, 형체가 없는 무형의 것을 火라고 할 것이며, 무엇이든 받아들이며 변화시키는 것을 土라고 할 것이다. 또한 단단한 것을 金이라고 할 것이며, 흐르는 것을 水라고 하였다는 것이다. 이러한 오행은 각각의 기운을 드러내는데 이를 '육기(六氣)'라고 한다.

1) 목(木)

木이라고 하는 것은 무엇이든 살아있는 것이라고 할 수가 있다. 살아있다는 것은 생명을 이야기하는 것인데 꼭 그런 것은 아니다. 쉽게 생각하여 살아있다는 것은 움직인다는 의미도 있으므로 생명이 없어도 움직이고 있다면 木이라는 성향으로 이야기를 하는 것이다. 때로는 움직이지 않고 고정되어 있어도 생명을 가지고 있다거나 아니면 생명은 없어도 내적으로 에너지가 있어서 눈으로 알 수가 있다면 木의 성향을 가진 것이다.

나무 목(木)은 생명이라고 할 것이다. 즉 살아있다는 이야기이다. 그래서 살아있으면 무엇이든 木이라고 할 수가 있다. 또는 움직임이라고 하여도 무관할 것이다. 이는 살아있으므로 인하여 움직이거나 변화한다는 것이다. 어떠한 것이든 움직이는 순간에는 木이라고 할 것이다. 하지만 움직임이 없다고 하여도 생명을 가졌거나 아니면 스스로 변화할 수가 있는 것도 무엇이든 木에 해당한다는 것이다. 이는 木뿐만이 아니고 다른 오행도 마찬가지일 것이다. 그리고 모든 것은 영원할 수가 없다는 것이다. 그래서 생겨나고 소멸하여 가는 과정을 木이라고 할 것이다. 즉 나고 죽음이라고 할 것이다. 그래서 木이라는 것은 윤회(輪廻)를 한다고 할 수가 있으며 재생이나 재활하는 것도 木에 해당한다는 것이다.

이를 다시 이야기한다면 木으로 시작하여 金으로 마감하며 이를 재생한다면 다시 木이라고 하여야 한다는 것이다. 때문에 木의 목적은 탄생(誕生)이라고 할 것이며 결론은 윤회(輪回)를 원한다는 것이다.

양(陽)적인 것을 무형적인 체(體)라고 할 수가 있으며, 여기에는 甲과 乙이 있으며, 음(陰)적인 것을 유형적인 용(用)이라고 할 것이며, 寅과 卯를 두었으며, 이들은 번식(繁殖)을 위하여 자신을 희생할 것이며, 또 그렇게 영원하길 바랄 것이다. 때문에 木이라는 것은 생사(生死)나 생명(生命), 그리고 변화(變化)를 이야기하는 것이라고 할 수가 있다.

木이라는 오행에서 음양으로 나누어지는데, 이를 양(陽)이라고 하는 것은 하늘을 이야기하는 것으로 甲과 乙을 두고 있으며, 음(陰)에는 땅을 이야기하는 것으로 寅과 卯를 두고 있다. 그래서 하늘을 천간(天干)이라고 하고 땅을 지지(地支)라고 하였으며, 천간에서도 음과 양으로 나누어지는데, 이때 양으로는 甲이라는 것으로 표현하였고, 음에는 乙이라는 것으로 표현을 하였다. 때문에 甲은 양의 성질을 가지고 있으므로 곧고 바르다는 뜻이 있으며, 乙은 음의 성질을 가지고 있으므로 굽고 간절히 바라는 의미라고 한다. 그래서 木을 곡직(曲直)이라고 이야기하는 것이다. 또한 지지에는 寅을 양의 성질로 표현하고, 卯를 음의 성질로 표현을 하였던 것이다.

2) 화(火)

火는 무형(無形)이라고 할 것이다. 즉 형체가 없다는 이야기이다. 그래서 형체가 없으면 무엇이든 火라고 할 수가 있다는 것이다. 또한 열(熱)이 있거나 빛(光)이 있다고 하여도 火라고 하여야 한다. 다시 이야기한다면 흐르는 것이라고 하여도 열기가 있다거나 빛으로 이루어진 것이라면 火라는 것이다. 즉 용광로의 쇠가 녹아서 흐르고 있다면 이를 火라고 할 것이며, 흐르고 있는 것은 水라고 할 것이며, 본질은 金이라고 한다. 또한 충분하게 재생한다는 것에서 木이라는 것도 담겨져 있다고 생각하여야 할 것이다. 이때의 용광로는 土에 해당할 것이다.

또 다른 방향에서 생각을 하여 본다면 보이지는 않아도 어떠한 감각으로 알 수가 있다면 이러한 것도 火라고 할 것이다. 즉 눈(眼)으로 귀(耳)나 코(鼻)로 또는 맛(舌)으로 알 수가 있을 것이며 촉감(身)으로도 알 수가 있는 것을 이야기하며 특히 생각(意)이나 마음은 확실하게 火로 표현하는 것이다.

그리고 무형이 아닌 유형으로 이루어진 것이라고 하여도 색(色)으로 드러낸 것은 모두가 火라고 할 것이다. 색(色)이라는 것은 명암(明暗)으로 자신의 모습을 나타내는 것이라고 할 수가 있으며, 이를 다르게 이야기를 한다면 밝음이라고 할 수가 있으며, 검은색도 火에 속한다는 것이다. 오히려 火를 온도로 이야기하는 것은 火를 이해하지 못한 결과라고 할 것이다. 열(熱)과 온도(溫度)는 다르다. 열이라는 것은 뜨거운 기운이 다른 곳으로 전해질 경우를 이야기하는 것이며, 온도라고 하는 것은 차고 뜨거움의 수치를 나타내는 것이라고 할 것이다. 水기운 속의 火를 이야기하는 것이 열(熱)이라고 할 것이며, 火기운 속의 水기운이 검은 색이라고 할 것이다.

양(陽)적인 것을 체(體)라고 생각하며 열이나 밝은 것으로 이야기를 할 수가 있으며, 丙과 丁으로 표현할 것이며, 음(陰)적인 것으로는 용(用)이라고 하여 巳와 午로 표현하는데, 다양한 변화를 일으키는 것으로 이들의 목적은 활동이라고 할 것이다. 때문에 火라는 것은 강력한 활동이라고 할 것이다. 따라서 다양한 이야기를 하여야 할 것이다.

火이라는 오행에서 음양으로 나누어지는데, 양(陽)이라고 하는 것은 하늘을 이야기하는 것으로 丙丁을 두고 있으며, 음(陰)

에는 땅을 이야기하는 것으로 巳午를 두고 있다. 그래서 하늘을 천간이라고 하고, 땅을 지지라고 하였으며, 천간에서도 음과 양을 나누어지는데, 이때 양으로는 丙이라는 것으로 표현하였고, 음에는 丁이라는 것으로 표현을 하였다. 丙은 양의 성질을 가지고 있으므로 아래에서 위로 올라가는 성질이 강하고, 丁은 음적인 성질을 가지고 있으므로 밖에서 안으로 타고 들어가는 성질이 있다. 그래서 火를 염상(炎上)이라고 이야기하는 것이다. 또한 지지에는 巳를 양의 성질로 표현하고, 午를 음의 성질로 표현을 하였던 것이다.

3) 토(土)

흙이라고 하는 土는 역시 이것이라고 하기는 어렵다. 그래서 유형(有形)과 무형(無形)으로 나누어서 이야기를 하여 보자. 土라는 것은 무엇이든 받아들이는 것이라고 할 수가 있을 것이다. 먼저 무형이라는 것은 가벼운 것을 받아들이는 것으로 허공(虛空)이라고 할 것이다. 그리고 유형을 받아들이는 드넓은 대지(大地)는 땅이라는 것이다. 그러하다고 꼭 땅이라는 고정관념을 갖지 말고 무엇이든 받아들이는데 가장 크고 넓은 것이 하늘과 땅이라는 것이다.

또한 하늘이라는 곳, 즉 허공은 높고 넓다는 것으로 표현하지만 때로는 구름이라는 것으로 낮게 보일 수도 있다는 것이다. 땅이라는 것은 하늘만큼 높고 넓지는 않지만 그래도 넓고 높은 곳도 있으며 좁고 깊은 곳도 있다는 것이다. 하지만 허공이라는 곳에는 높고 낮음과 밝고 어둠이 있듯이 땅이라는 곳에도 다양한 모양을 압축하여 두었다고 보아야 한다.

다시 이야기한다면 습한 기운이 많은 곳이 있는가 하면, 건조한 기운으로 이루어진 곳도 있을 것이고, 때로는 너무 차가워서 기운이 뭉쳐진 곳도 있을 것이다. 이와는 반대로 너무 뜨거운 기운이 모이지 못하고 끝없이 팽창하는 공간도 있다고 할 것이다. 이처럼 土라는 공간은 크게 4가지로 표현한다고 할 수 있다. 마지막으로 土라는 것은 어떠한 것이 있고 없음을 이야기한다는 것이다. 이는 어떠한 것을 중재하는 역할을 하는 것이라고 생각하여 보는 것이다. 土라는 것이 오행의 중심에서 다양한 역할을 하고 있다는 것이다. 즉 모든 것을 연결하여 주는 매개체역할을 한다고 할 수 있다.

다시 이야기한다면 木 火 金 水는 土라는 공간에서 다양한 진화(進化)와 변화(變化)를 한다고 할 것이다. 때문에 土라는 공간이 없으면 정착할 곳이 없으므로 불안하고 초조하며 담아둘 수 있는 공간이 없으니 저장이 어려울 것이다. 다양한 종류들의 모든 것이 土에 의지하여 변화를 요구하는데 土가 없다면 변화와 발전이 힘들 것이다.

土라는 오행에서 음양으로 나누어지는데, 양(陽)이라고 하는 것은 하늘을 이야기하는 것으로 戊己를 두고 있으며, 음(陰)은 땅을 이야기하는 것으로 辰 未 戌 丑을 두고 있다. 그래서 하늘을 천간(天干)이라고 하고 땅을 지지(地支)라고 하였으며, 천간에서도 음과 양을 나누어지는데, 이때 양으로는 戊라는 것으로 표현하였고, 음에는 己라는 것으로 표현을 하였다. 때문에 戊를 양의 성질을 가지고 있으므로 무엇이든 심어서 기르는 것이며, 己는 음의 성질을 가지고 있으므로 무엇이든 받아들이는 것이라고 한다. 그래서 土를 가색(稼穡)이라고 이야기 하는 것이다.

또한 지지에는 辰과 戌을 양의 성질로 표현하였는데, 이는 가장 강한 음의기운에서 양으로 전환하는 음중 양의 辰과 가장 강한 양의 기운에서 음을 표현하는 양중 양에 戌을 두었다. 그리고 未와 丑을 음의 성질로 표현을 하였는데, 가장 강한 양의 기운에서 음을 표현하는 양중 음의 未와 음의 기운에서 가장 강한 음의 기운에서 음을 표현하는 음중 음을 丑이라고 한다.

4) 금(金)

金은 가장 강한 것이다. 그래서 쇠나 돌이라고 한다. 또 다른 표현으로 씨앗이나 열매라고도 할 것이다. 사실 金이라는 것이 단단한 것이라고 할 수도 있으며 이보다 더 강하고 단단한 오행은 없다는 사실이다. 그래서 양(陽)적인 것은 자연적이라고 할 수가 있을 것이며 체(體)라고 한다. 음(陰)적인 것은 가공적인 것이라고 하며 때로는 처음의 모습이 변형되었다고 할 수가 있으며 이를 용(用)이라고 한다. 또한 金이라는 것이 단단하여 오랜 시간을 보전할 수가 있는 것이긴 하나 꼭 단단한 것만이 오랜 시간 동안 보전할 수가 있다는 의미는 아니다. 다만 생명이 없는 고체일 경우에 그러하다는 이야기일 것이다. 외적(外的)으로 단단한 것보다는 내적으로 단단한 것이 더욱 오랜 시간 동안 보존이 가능하다는 것이다. 그래서 보존(保存) 또는 보전(保全)성이 있어야하며, 이는 번식(繁殖)을 위한 것이라고 할 수 있고, 전해주기 위한 수단이며, 처음의 모습에서 변화를 준다는 것이다. 물론 오랜 시간을 견디기 위하여 다양한 방법이 있다는 것이다.

유전적(遺傳的)으로 어느 정도 완성하여 전해주는 것도 있으며 껍질을 단단하게 하고 그 속에 감추어서 전해주는 것도 있을 것이다. 때로는 아주 유연하게 하여 다른 것에 의존하거나 고요한 곳에 보관하여 두는 것도 있으며 어떤 金은 자신의 모습을 세싱에서 가장 작고 부드럽게 하여 바람에 의하여 자연스럽게 이동하며 아주 멀리 그리고 안정적으로 전해주는 것도 있다.

이들의 특징은 부드럽고 생명력이 강하다는 것이다. 그래서 강(强)하고 단단한 것이 있는가 하면, 강하지는 않지만 부드러워서 오래가는 것도 있을 것이며, 너무 강하여 오래가지 못하는 것도 있을 것이며, 너무 부드러워서 오래가지 못하는 것도 있다는 것이다. 金이라는 오행의 목적이 무엇인가하고 한번 생각하여 본다면 아무래도 결실이라고 할 수가 있으며, 무엇이든 본성(本性)을 간직하고 오랜 시간 동안 전하려고 한다는 것이다.

金이라는 오행에서 음양으로 나누어지는데, 이를 양이라고 하는 것은 하늘을 이야기하는 것으로 庚과 辛을 두고 있으며, 음에는 땅을 이야기하는 것으로 申과 酉를 두고 있다. 그래서 하늘을 천간이라고 하고 땅을 지지라고 하였으며, 천간에서도 음과 양을 나누어지는데, 이때 양을 庚金이라고 표현하였고 음에는 辛金이라고 표현을 하였다. 때문에 庚은 양의 성질을 가지고 있으므로 외부의 껍질이나 피부 같은 것이며, 辛은 음적인 성질을 가지고 있으므로 오랫동안 이어진다는 의미라고 한다. 그래서 金을 종혁(從革)이라고 이야기하는 것이다. 또한 지지에는 申을 양의 성질로 표현하고 酉를 음의 성질로 표현을 하였던 것이다.

5) 수(水)

水는 흐르는 것을 이야기하는 것이다. 가장 우선적으로 생각할 수 있는 것이 흐름이며 흐르지 못한다면 액체(液體)로 있는 것도 水라고 할 것이다. 그리고는 깊이를 이야기하여야 한다. 水라는 것이 물이라고 생각하지 말고 어떠한 깊이를 이야기한다면 이는 水라고 할 것이며 깊이가 얕아도 水라고 할 것이다.

다음에는 맑고 순수해야 할 것이다. 맑으면 깊이를 알 수가 없으며 이는 빛이 통과할 수가 없어야 깊다는 표현을 쓰는 것이다. 맑지 못하고 탁하여도 빛은 통과할 수가 없다. 그래도 水라고 할 수가 있다. 맑지 못하여도 얕으면 바닥이 보인다고 할 수가 있으며 때로는 얕고 바닥이 보이지 않아도 흐르거나 액체로 있다면 水라고 할 것이다. 그리고 차가워야 한다. 이는 水의 본성(本性)

이며 비록 차갑지 못한 것도 많이 있다. 水가 차갑지 못하면 변질된 것이며, 이렇게 된다면 탁(濁)할 것이고, 이러한 상태로 오랜 시간이 흐르면 수분이 증발되고, 결국에는 단단하게 굳어버리거나 또 다른 오행으로 변질될 것이다. 흐름이 원활하고 걸림이 없는 것을 체(體)라고 할 것이며 이는 양적이다. 하지만 음적인 것은 흐름이 원활하지 못하고 걸림이 많아서 또 다른 모습으로 화(化)해가는 것을 용(用)이라고 하는 것이다. 결과적으로 水라는 것은 액체(液體)적으로 표현된 것이나 아니면 기체(氣體)적으로 바뀌는 것이라고 할 수가 있을 것이다.

水의 목적은 멈춤이라고 할 수가 있다. 무극이라는 공간 속에는 水의 기운이 가득하다. 이러한 水의 기운이 다른 모습으로 변화할 수는 있어도 늘어나고 줄어들 수는 없다는 것이다. 그래서 멈춤이라고 표현하는 것이다. 멈춤이라는 것을 다르게 표현한다면 감추는 것이다. 움직임이 없고 보여 지는 모습들이 일정하지 못하다는 이야기는 감추어져 있어서 그러할 것이다.

즉 水의 기운은 火의 기운을 받으면 기체로 변화할 뿐이지 사라지는 것은 아니다.

水라는 오행에서 음양으로 나누어지는데, 양(陽)이라고 하는 것은 하늘을 이야기하는 것으로 壬과 癸를 두고 있으며, 음(陰)에는 땅을 이야기하는 것으로 亥와 子를 두고 있다. 그래서 하늘을 천간이라 하고 땅을 지지라고 하였으며, 천간에서도 음과 양을 나누어지는데, 이때 양으로는 壬水라는 것으로 표현하였고,

음에는 癸水라는 것으로 표현을 하였다. 때문에 壬은 양의 성질을 가지고 있으므로 위에서 아래로 흐른다는 것이며, 癸는 음의 성질을 가지고 있으므로 수분이 촉촉하게 젖은 것이라서 아래에서 위로 흐른다고 한다. 그래서 水를 윤하(潤下)라고 이야기하는 것이다. 또한 지지에는 亥水를 양의 성질로 표현하고 子水를 음의 성질로 표현을 하였던 것이다.

이러하듯이 오행이라는 것은 간단하게 표현을 하였지만 그 깊이는 가늠할 수가 없다는 것이다. 오행이 전하고자 하는 것을 우리는 알 수가 없을 것이다. 하지만 어느 정도까지는 알아야 할 것이고 이해를 하여야 할 것이다.

다시 이야기한다면 글이 나타내는 뜻과 자연에서 전해 주는 이야기를 알아야 할 것이며 또한 무형적으로 전해 주는 것과 유형적으로 전하고자 하는 것을 알아야 한다. 즉 실상은 무엇이며 행하고자 하는 것이 무엇인가?

어떤 형태를 전하는 것이며 이들이 어떠한 모습으로 자신의 변화하는 모습을 전하는가이다. 그리고 오행이 어떠한 목적을 두고 어떠한 역할을 하는가를 알아야 할 것이다. 그렇게 하여야 자연을 이해하고 다양한 모습을 바라볼 수 있는 시야가 넓어지는 것이다.

음과 양이 결합하여 다양하게 변화하는 것을 알 수가 있으며 이렇게 변화하는 것을 두고 크게 다섯 가지로 나눈 것이 오행이라고 생각하여야 한다. 또한 이렇게 이루어진 오행 속에 또 다른 음과 양이 존재한다는 것이고 이들이 끝없이 이어지는 과정을 이해하여야 할 것이다. 이로 인하여 자신의 흐름을 알 수가 있을 것이고, 자연의 변화(變化)를 알 수가 있을 것이며, 깊이 이해를 하게 된다.

우주 공간에는 오행이라는 것이 존재하지 않으며 음양으로 이야기하는 것은 가능할 것이다. 그래서 오행을 이해하는 것은 자연을 이해하는 것이지 우주의 원리(原理)를 알 수 있는 것은 아니다. 우주 속의 아주 작은 행성인 지구 속에서 일어나는 자연의 원리는 알 수가 있다. 어느 학자의 이야기처럼 우주의 변화를 음양오행으로 알 수가 있다는 것은 과대 표현이라고 생각한다. 우주에는 음양이 존재하지 않으며, 은하계에서 음양이 이루어질 수가 있으며, 작은 행성에서 조건이 맞으면 오행과 음양의 원리에 따라서 만화방창(萬化方暢)할 수가 있을 것이다.

10

六氣
육기

10
육기六氣

하늘은 다섯 가지의 기운을 드러내니 이것을 오행(五行)이라 하며, 땅에서는 여섯 가지의 기운을 드러내니 육기(六氣)라고 하는 것이다. 오행이 여섯 가지로 우리에게 무엇인가를 전하고자 하는 기운을 이야기하는 것이다. 이렇게 간단하게 전하지만 이를 다시 확장을 한다면 수없이 많은 것을 헤아릴 수가 있을 것이다. 다시 이야기한다면 처음으로 전하는 자연이라는 이야기 속에 음양이 있을 것이고 또한 음양 속에 오행이 있을 것이다. 즉 木이 전하는 자연은 나무이다. 나무에는 수직으로 자라는 것과 수평으로 자라는 것으로 나누어진다. 이렇게 이야기를 전하지만 수직이라는 것을 이해하고 수평이라는 것을 이해하여야 할 것이다. 만약 전하고자 하는 이야기를 이해하지 못한다면 한정된 글자 속에 빠져서 더 이상의 진화가 안 되는 것이다.

첫째는 자연(自然)으로 보이는 것으로서 자연적으로 자신의 모습을 드러내는 기운이다.

두 번째는 행위(行爲)로서 자연을 떠나서 어떠한 행위 즉 자신의 행동을 드러내는 기운이다.

세 번째는 음양(陰陽)으로서 자연이나 어떠한 사물이라고 하여도 음과 양의 상반된 기운이다.

네 번째는 사상(四象)으로서 좀 더 다양한 모습이나 변화하는 과정을 드러내는 기운이다.

다섯 번째는 목적(目的)이다. 어떠한 오행이 무엇을 위하려고 하는지 또는 무엇을 전해 주고자 하는 기운이다.

여섯 번째는 결론(結論)이다. 깊이 감추고 있는 본래의 성품으로 변함없이 그대로 지키는 기운이다.

우선 도표를 그려보자.

오행	목(木)	화(火)	토(土)	금(金)	수(水)
1) 자연(自然)	나무	불	흙	돌	물
2) 행위(行爲)	살아있다	형체가 없다	받아들이다	단단하다	흐르다
3) 음양(陰陽)	동(動) 정(停)	열(熱) 빛(光)	고(高) 저(低)	강(强) 유(柔)	심(深) 천(淺)
4) 사상(四象)	생(生)로(老) 병(病)사(死)	안(眼)이(耳) 비(鼻)설(舌) 신(身)의(意)	습(濕)탄(炭) 건(乾)동(冬)	태(胎)란(卵) 습(濕)화(化)	청(淸)탁(濁) 냉(冷)온(溫)
5) 목적(目的)	윤회(輪回)	명암(明暗)	유무(有無)	보존(保存)	기체(氣體)
6) 결론(結論)	탄생(誕生) 재생(再生)	희생(犧牲) 봉사(奉仕)	연결(連結) 공간(空間)	결실(結實) 기다림	멈춤(停止) 감춤

1) 자연(自然)

오행이 전하고자 하는 첫 번째 의미는 바로 '자연(自然)'이라는 것이다. 즉 만물(萬物)의 이야기는 자연에서 시작되기 때문이다. 학문(學文)이란 것도 알고 보면 자연을 문자화한 것이지 학문이 자연을 만드는 것은 아니다. 일상적으로 지식(知識)이 풍부하여 모르는 것이 없다고 하지만 자연 속으로 들어가서 알아보면 지식이라는 것이 빙산(氷山)의 일각(一角)에 불과하다는 것을 느끼게 된다. 인간이나 짐승이나 살아서 활동하는 모든 것이 자연의 일부분이고 서로 의지하는 것이다.

모든 오행은 자연에서 시작되었을 것이며 이러한 시작이 우주에서 시작되는 것은 아니다. 다만 자연이라는 것이 우주 속의 작은 공간이라고 하는 하나의 행성(行星) 안에서 이루어지는 이야기일 뿐이다. 우주를 자연으로 이야기를 한다면 원래 그대로의 모습을 현재에도 그대로이며 무엇이 어떻게 변화하는지는 알 수가 없다고 하였다. 그래서 진공묘유(眞空妙有)라는 이야기로 대변(對辯)하는 것이다.

과학이라는 것은 자연에서 일어나는 현상을 학문적으로 풀어서 문자화하고 이를 여러 곳에 응용할 수 있게 발전하는 것이라고 하는 것이다. 과학을 응용하여 자연을 변화시킬 수는 있지만 이것은 이로움보다 해로움이 더 많이 발생할 뿐이다. 그리고 과학의 이론을 가지고 이롭게 한다고 하여도 이 역시 자연에서 취하는 것이며 오히려 자연을 역행하는 결과일 뿐이다. 다시 이야기한다면 자연을 파괴하여 인간을 이롭게 하는 것은 파멸(破滅)로 가는 지름길이라고 할 수 있다. 자연 속의 주인은 인간이 아니고 자연인 것이며 인간도 자연 속의 기생충일 뿐이다. 사람의 몸속에 기생충이 활발하게 활동하면 인간은 죽을 것이다. 역시 인간이 자연을 열심히 파괴한다면 자연은 멸망할 것이다.

木이라는 것은 나무라고 하는 것이고, 나무의 종류도 열매를 맺는 것과 맺지 않는 것으로 나누어진다. 木의 기운으로 나무는 영원할 것이다.

火는 불이라고 할 것이며, 불은 뜨거운 열을 내는 것과 아름답고 밝은 빛을 내는 것이 있다. 火의 기운으로 수많은 생명들이 살아있다.

土는 흙이라고 하는데, 이는 또 다른 표현으로 공간이라고 한다. 공간에는 무형으로 이루어진 공간과 유형으로 이루어진 공간이 있다. 土의 기운은 담아두는 곳이다.

金이라고 하는 것은 자연적인 것을 돌이라고 하고, 가공된 것을 쇠라고 한다. 金의 기운으로 수많은 시간을 견디어 낸다고 할 것이다.

水는 물이라고 하며, 깊은 곳으로 스며들어 흐르는 경우도 있고, 필요에 따라서 증발하여 높이 올라갈 때도 있으며, 안개라고 하여 낮게 흐르는 경우도 있다. 水의 기운은 영원하다는 것이다.

2) 행위(行爲)

오행이 전하고자 하는 두 번째 의미는 어떠한 의지를 가지고 있는 것인가이다. 다시 이야기한다면 오행의 진행하여야 할 본래 의미를 이야기하는 것이다. 즉 어떠한 표현이나 하고자 하는 짓이라고 할 것이다. 오행은 나름대로의 특징을 가지고 있으며 그러한 특성을 이해하여야 할 것이다.

지식이라는 것도 단순하게 문자화한 것으로 끝을 낸다면 별 의미가 없지만 이를 실행한다면 지식이 더욱 귀하게 느껴질 것이다. 역시 오행도 행위를 이해한다면 많은 것에 응용할 수가 있으며 다양한 언어를 구사할 수 있다. 인간도 단순하게 태어남의 의미보다 어떠한 행위를 하는가에 따라서 더 귀중한 대우를 받게 되는 것이다. 만약 행위가 없다면 본래의 표현을 할 수가 없으므로 아무런 의미가 없을 것이다. 아무리 작은 것이라고 하여도 행위를 한다는 것이며 이러한 움직임이 없으면 존재하는 것을 알 수가 없으며 광활한 우주 공간 속에 수많은 별들이 각각의 빛을 다르게 밝히는 것도 하나의 행위이다. 다시 이야기한다면 만물은 특유의 움직임이나 쓰임이 있을 것이고 이러한 것이 행위에 해당한다는 것이다.

木이라는 오행은 살아있다는 것을 전하는 것이다. 만약 살아있지 못하다면 木이라고 할 수가 없다는 것이다. 木의 기운은 살아있는 것을 가장 강하게 표현하는 것이다.

火라고 하는 오행이 전하는 행위는 형체가 없어서 보이지 않는다는 것이다. 분명히 존재는 하지만 보이지 않으며 어떠한 형상(形象)은 있는데 잡을 수가 없는 것으로 가장 火의 기운을 잘 표현하는 것이다.

土라고 하는 오행이 전하는 행위는 무엇이든 받아들이는 것이다. 조건 없이 받아 주고 감싸주는 것이 土의 행위이다. 土의 기운은 외부의 것을 조건 없이 받아 주고 또한 나가는 것에도 조건이 없다.

金이라고 하는 오행이 전하는 행위는 단단한 것이다. 무엇이든 단단하다고 하면 이는 金이 전하는 행위인 것이다. 金의 기운은 자신이 단단하여 오랫동안 이어지는 것을 표현하는 것이다.

水라고 하는 오행이 전하고자 하는 행위는 오로지 흐름이다. 무엇이든 흐르고 있다면 水의 행위에 속하는 것이다. 水의 기운이 표현하는 행위는 흘러가는 것이다. 일상적으로 흐르는 것이 많은데 이러한 것을 水의 행위로 이해하여야 할 것이다.

3) 음양(陰陽)

자연이 전하고자 하는 세 번째 의미는 '음과 양'이라고 하는 것이다. 자연에는 음과 양으로 나누어져 있다는 것이다. 다시 이야기한다면 안과 밖이나 높고 낮음이라고 할 수도 있다는 것이다. 생물은 암컷과 수컷으로 이야기할 수가 있다. 모든 오행이 음양에서 시작하여 오행이 생겨났다고 하며, 이렇게 생겨난 오행은 또 다시 음과 양으로 나누어서 자신의 뜻을 전하려고 한다는 것이다. 학문 속에는 학습(學習)과 실습(實習)이 있으며, 과학 속에는 이론(理論)과 현상(現象)이 있다는 것이다. 음양이 존재하지 않는 곳은 광활한 우주뿐이다. 허공에는 음양이 존재하지 않는다는 것이다. 다만 음양의 이론이 성립되는 곳은 우주 속의 은하계이다. 이러한 음과 양을 어떻게 이해할 것인가는 오행에 따라 다를 것이다.

木이라는 오행이 전하는 의미는 동(動)과 정(停)으로 이야기할 수가 있으며 이는 움직이는 것인지 아니면 멈추고 있는 것인가이다. 즉 木의 기운은 생사를 떠나서 무엇이든 움직이는 것과 멈추고 있으면서 살아있는 것을 표현하는 것이다.

火라고 하는 오행이 전하는 의미는 열과 빛이라고 할 것이다. 열이라는 것은 뜨겁다는 것이며 빛이라는 것도 다양한 의미를 가지고 있다. 다시 이야기한다면 불이 아니더라도 뜨거우면 火에 속하고 보석에 빛이 나는 것도 火라고 할 것이다.

土라고 하는 오행이 전하고자 하는 의미는 높고 낮음이라고 할 것이다. 오행에서 넓이나 깊이도 土라는 것으로 표현을 한다. 만약 이러한 표현을 오행으로 하지 못한다면 음양의 이론이 어느 한 분야에 속하는 꼴이 되는 것이다. 때문에 土의 기운으로 다양한 분야를 표현하여야 한다는 것이다.

金이라는 오행이 전하는 의미는 강하고 부드러운 것이다. 상대성의 이론에 의하여 음과 양은 역방향으로 흐르는 것이라서 강하면 당연히 부드러워야 한다는 것이다. 그래서 金의 기운이라고 하여도 부드러움을 표현하는 것이다. 단단하고 강한 것보다 더 오래가는 것이 부드러움이라고 할 것이다.

水라고 하는 오행이 전하고자 하는 의미는 깊고 얕음이다. 깊이를 알고자 한다면 水의 오행으로 이야기하여야 할 것이다. 그러하지 않고 타 오행으로 이야기한다면 잘못된 표현으로서 깊이를 알고자 한다면 水의 기운을 이해하여야 할 것이다.

4) 사상(四象)

오행이 전하고자 하는 네 번째 이야기는 '사상'이다. 다시 이야기한다면 우주 자연과 인간 사회의 여러 현상을 4가지의 상징으로 풀이한 것이라고 할 수가 있다. 하나의 오행 속에 4가지 상징을 동시에 전해 준다는 것이다. 모든 것이 사상을 가지고 있으며 이러한 사상을 오행으로 전하고자 한다는 것이다. 즉 하나의 오행이 변화하는 과정이나 언어는 다르지만 같은 의미를 가지고 있다는 것이다. 오행이 다양하게 변화하는 과정을 이해하고 이를 필요에 따라서 응용하는 것이 지식이며 이를 문자(文字)로 기록한 것이 학문이다.

우주 공간에는 이러한 사상이 없다. 또한 은하계에도 없다. 하지만 작은 행성(行星) 안에서 자연이 이루어져 있거나 생명이 존재하는 곳에는 아마도 사상이 존재할 것이다. 사상이라는 것이 어쩌면 형이상학(形而上學)에서 형이하학(形而下學)적인 관계로 나타날 수도 있다는 것이다. 특히 火의 오행 같은 경우는 사상이 아니고 육식(六識)이라고 하며, 느낌으로 시작하여 이를 '육경(六境)' 이라고도 하여 색(色) 성(聲) 향(香) 미(味) 촉(觸) 법(法)으로 드러내는 것이다.

木이 전하고자 하는 사상은 태어나서 자라고 병들어서 죽음까지를 이야기하는 것이다. 모든 생명은 이러한 사상의 틀에서 벗어나지 못한다는 것이다. 그래서 생자필멸(生者必滅)이라고 하였다. 木의 기운을 가진 것은 이러한 사상으로 변화한다는 것이다.

火가 전하고자 하는 사상은 완전한 느낌이며 이를 때에 따라서 드러낸다는 것이다. 무형(無形)이라서 느낌으로 시작하는 것이며 이를 유형(有形)으로 드러내고자 하는 것이다. 火의 기운을 가지고 있는 것은 다양한 느낌과 형상을 전하려고 하는데 이를 이해하지 못한다면 참으로 난감할 것이다.

土가 전하고자 하는 사상은 습한 것과 건조한 것이며 또한 뜨거운 것과 차가운 것이라고 할 수가 있다. 다양한 모습을 표현하는 것으로 나누어지며 이러한 표현이 없다면 구별하지 못할 것이다. 土의 기운으로 공간적인 것을 구분하는 것이며 이러한 기운이 없다면 변화하는 것을 알 수가 없다.

金이 전하고자 하는 사상은 태(胎) 란(卵) 습(濕) 화(化)라고 할 수가 있다. 이는 강한 것은 란(卵)이라고 할 것이며, 약한 것은 화(化)라고 할 수가 있는데, 태(胎)라는 것은 약하여 직접적으로 보호를 받을 것이고, 란(卵)이라고 하는 것은 강하여 스스로 보호하는 것이고, 습(濕)이라는 것은 부드러워 간접적으로 보호받을 것이고, 화(化)라는 것은 부드러워 스스로 자연에 의지하는 것이다. 金의 기운을 가진 것은 이러한 방법으로 오랫동안 이어지는 것이다.

水가 전하고자 하는 사상은 맑고 흐린 것과 포근하고 차가움으로 구별하는 것이다. 무엇이든 사상적으로 나누어서 전하여지며 水의 기운이 전하고자 하는 사상적 의미는 맑음과 탁함, 그리고 포근함과 차가움으로 온도를 알 수가 있다는 것이다.

5) 목적(目的)

오행이 전하고자 하는 다섯 번째 의미는 '목적' 이라는 것이다. 木이라고 하는 것은 자신이 이루고자 하는 일이나 지향하는 것을 이야기하며 무엇이든 목적이 있다는 것이다. 때문에 목적이 없다는 것은 오행이라고 할 수가 없으며 오히려 음양에 속한다고 할 수가 있을 것이다. 모든 학문도 목적을 두고 이루어지며 지식도 무의미하게 익히는 것이 아닌 것이다.

우주 공간 속에서는 목적이라는 것이 존재하지 않을 것이며 오행이 성립되는 곳에서 목적을 두고 있을 것이다. 다시 이야기 한다면 태양이 생물(生物)을 키우는 것이 목적이 아니고, 생물이 열과 빛을 필요하기 때문에 태양을 바라보는 것이 목적이라고 하여야 한다. 동물과 식물이 살아가는데 확실한 목적을 두고 있다는 것이다. 이러한 목적이 없는 것은 절대로 유익한 삶을 살 수가 없다는 것이다.

木이 전하고자 하는 목적은 윤회(輪回)라고 할 것이다. 다시 이야기를 한다면 언젠가는 다시 살아난다는 것이다. 아니면 수 없이 많은 시간이 지난 뒤에라도 자신의 모습과 같은 유전자(遺傳子)를 가진 것으로 생겨난다는 것이다. 木의 기운이 윤회를 이야기하는 것으로 유전적 이야기를 전하는 것이다.

火라는 것이 전하고자 하는 목적은 명암(明暗)이라고 할 수가 있다. 밝다는 것이 火의 목적이고 또한 어둠도 火의 목적이라고 할 수가 있다. 이는 목적에서 다시금 음과 양으로 구분하여야 하므로 그렇게 이야기를 하는 것이다. 火의 기운이 밝음과 어둠을 표현하는 것으로 색상(色相)을 구별하는 것이다.

土가 전하고자 하는 목적은 유(有)와 무(無)이다. 쉽게 이야기를 한다면 유형과 무형을 이야기하는 것이다. 즉 무형의 하늘과 유형의 땅으로 구분하는 것이다. 보이는 것과 보이지 않는 것으로 표현하는 것이며 土의 기운은 모든 존재를 드러내고자 하는 것이다.

金이 전하고자 하는 목적은 보존(保存)이다. 단단하고 부드러운 것은 오랫동안 본성을 유지하려고 하는 의미이며 보존이라는 이야기는 자기의 계통을 이어서 종족을 존속 유지하기 위함이라고 할 수가 있다. 金의 기운은 이어가려는 것이나 온전하게 유지하려는 것이다.

水가 전하고자 하는 목적은 기체(氣體)이다. 일정한 형태가 없고 유동성이 큰 물질의 기본적으로 모여 있는 상태를 기체라고 하는 것인데, 드러내면 액체이며 이것이 굳어지면 고체라고 하는데 이럴 때는 水라고 할 수가 없다. 水의 기운은 모든 것이 기체로 변화되는 것을 이야기하며 보이지 않는다.

6) 결론(結論)

오행이 전하고자 하는 마지막 여섯 번째 이야기는 '결론'이다. 무엇이든 끝이 있다는 것이다. 한 물건이 생겨나서 결론을 내리고는 사라진다는 것이다. 만약 결론이 없다면 또 외형적으로 비슷한 모습으로 변화할 것이며 역시 본성은 그대로 유지하거나 미약하게 변화할 것이다. 결론이라는 것은 어떠한 생각이나 원하는 것을 최종적으로 이루는 것이다. 때문에 오행이라는 것도 전하고자 하는 결론을 가지고 여러 가지 의미로 표현한다는 것이다. 다시 이야기한다면 어떠한 목적을 두고 끊임없이 진행하는 이유는 결론을 보기 위함이라고 할 것이다. 결과가 없는 진행은 우주 속이나 은하계에서 가능한 이야기일 것이다. 우주란 광활한 공간 속에서 어떠한 결과를 두고 은하계가 흐르는 것은 아니다. 단순하게 같은 성분이니까 만나서 같은 흐름을 타고 있다는 것일 뿐이다. 역시 은하계도 목적을 두고 무리를 지어서 어떠한 결론을 구하는 것은 아니다. 허공 속에 또 다른 공간이 이루어진 것일 뿐이다. 생물이 살고 있는 공간 속에서만 목적과 결론을 구하기 위하여 최선을 다하는 것이다.

木의 오행이 원하는 결론은 새로운 탄생(誕生)이라고 할 것이다. 윤회를 하는데 언제 하는 것인지는 아무도 모르지만 분명히 새로운 생명으로 태어나길 바라는 것은 확실한 것이다. 어떠한 것이라고 하여도 木의 기운을 가지고 있다면 새롭게 태어나든 만들어지든 재생(再生)을 하려고 할 것이다.

火의 오행이 원하는 결론은 끝없는 희생(犧牲)이라고 할 것이다. 희생이란 대가를 받지 못하는 것을 이야기하는 것이다. 때문에 火의 기운을 가진 것은 끊임없이 희생을 당한다고 하여야 할 것이다. 자신의 희생으로 가장 아름다운 자연을 창조한다면 대단한 희생이라고 할 수가 있다. 그래서 타 오행은 火의 기운을 기다리며 가장 즐겁게 火를 맞이하는 것이다.

土의 오행이 원하는 결론은 화합(和合)이라고 할 수가 있다. 공간을 만들어서 서로의 이익을 위하여 연결하는 곳으로 土오행은 만족할 것이다. 모든 오행이 화합할 수 있는 공간이 없다면 새로운 음양과 오행이 생겨나지 못하고 어느 정도의 시간이 지나면서 멸망의 시기로 접어들 것이다. 때문에 土의 기운이 원하는 결론은 자신의 공간 속에서 화합하는 것이다.

金의 오행이 원하는 결론은 결실(結實)이다. 최선을 다하여 자신의 노력이나 수고로 이루어진 보람 있는 성과를 결실이라고 할 것이다. 때문에 金오행이 보존(保存)하고 보전(保全)하는 목적이 어떠한 결실을 거두기 위함이라고 할 것이다. 하나의 결실을 거두기 위하여 하염없는 시간을 金의 기운으로 기다린다는 것이다.

水의 오행이 원하는 결론은 보이지 않게 멈추어서 하염없이 본래의 핵(核)을 깊이 감추어 두는 것이다. 처음 어두운 공간 속에서 밝음이 찾아들고 그 밝은 공간 속에서 새로운 생명이 살아날 때까지 水의 기운은 알게 모르게 절실히 보살펴 줄 것이다. 그리고 水의 기운은 어떠한 오행도 멈추게 하여 내성을 강하게 하려고 할 것이다.

11

상대성 오행

11

상대성 오행

1) 음양(陰陽)

오행이 어느 음양에 속하는지 알아야 할 것이다. 물론 오행자체에서 음양이 나누어진다. 하지만 좀 더 구체적으로 이야기하여 보자는 것이다. 즉 木火는 양으로 이야기하고 金水는 음으로 이야기를 한다. 土는 중앙에 자리하므로 인하여 절반은 양으로 나머지 절반은 음으로 나누어진다. 자세하게 이야기하여 보자.

木은 음에서 양으로 넘어가는 것이라고 할 수가 있으며 양의 기운이 강하게 작용한다.

火는 양으로 넘어온 기운을 가장 강하게 드러내고 가장 왕성한 기운으로 양을 대표한다.

土는 음과 양의 중간에 존재함으로 인하여 양으로 기울면 양의 기운이 강하고 음으로 기울면 음의 기운이 강하다고 할 것이다.

金은 양에서 음으로 넘어가는 것이라고 할 수가 있으며 음의 기운이 강하게 작용한다.

水는 음으로 넘어온 기운을 가장 강하게 드러내고 가장 왕성한 기운으로 음을 대표한다.

2) 오장(五臟)

오행이 전하는 또 하나의 특징은 우리 인체의 장기(臟器)라는 것이다. 어떻게 오행이 우리 신체 속에서 통하는지 궁금할 것이다. 하지만 오행이라는 것이 크게는 지구의 오대양(五大洋)이고 우주에서는 오성(五星)에 해당한다고 한다. 작게 우리의 신체 속에서는 오장(五臟)으로 통하는 것이라고 한다.

木은 간장(肝臟)에 해당하는 것으로 간은 독을 제거하고 피를 만드는 역할을 하며 특징은 유일하게 재생이 가능하다는 것이다. 그리고 신경계와 깊은 연관을 가지고 있으며 혼(魂)이 머물고 있다고 한다.

火는 심장(心臟)에 해당하는 장기로 인체에 가장 중요한 기관이라고 한다. 특징은 쉬지 않고 운동을 하여 피를 전신으로 보내는 작용을 한다. 그리고 정신계와 깊은 연관을 가지고 있으며 신(神)이 머문다고 한다.

土는 비장(脾臟)에 해당하며 음식물을 소화하고 이곳에서 영양분을 전신으로 보내며 혈액을 통솔하는 기관으로 췌장이나 위장과는 다르다. 즉 위장은 음식물을 미세하게 분쇄하는 곳이며 췌장은 장에서 소화를 도와주는 소화액을 만들고 인슐린을 분비하는 곳이며 의(意)가 머문다고 한다.

金은 폐장(肺臟)에 해당하는 장기로 숨을 쉬는 호흡기 기관이라고 한다. 인체에서 가장 중요한 산소를 공급하는 곳으로 특징은 가슴속에 위치하여 심장을 둘러싸고 있으며 단단한 갈비뼈로 둘러싸여 보호받고 있으며 기(氣)와 혈(血)을 만드는 곳이며 넋(魄)이 머문다고 한다.

水는 신장(腎臟)에 해당하는 장기로서 배설을 주관하는 기관으로 혈액을 여과하고 나머지를 배설하는 곳으로 혈압을 조절하는 중요한 기관이다. 특징은 혈압을 조절하는 것으로 성장 발육과 생식 노화에 깊은 연관이 있으며 정(精)이 머문다고 한다.

3) 방위(方位)

오행으로 방위를 전한다는 것이다. 우리가 알고 있는 동서남북과 중앙을 오행으로 이야기하여 보자. 무엇 때문에 오행이 이러한 방위에 해당하는지 의문을 가져 보지만 어디에도 답을 찾을 수가 없다. 그냥 고전에서 전해 주는 것이라서 그렇게 알고 사용하는 것이다.

木은 동(東)쪽을 가리키며 이는 어둠에서 처음으로 밝음이 시작되고 태양이 떠오르는 곳이 동쪽이라서 그렇게 이야기하는 것이며 모든 것이 시작된다는 의미이며 역시 木이라는 것과 같다. 木은 처음으로 드러내는 현상계이므로 뜻을 같이한다는 것에서 木을 동쪽으로 보는 것이다.

火는 남(南)쪽을 가리키며 양의 기운이 가장 왕성한 곳이라고 할 수가 있다. 가장 밝은 곳이고 가장 火의 기운이 강하게 흐르는 곳이라고 할 것이며 火의 오행의 특성을 가장 많이 드러내는 곳이므로 火를 남쪽으로 이야기하는 것이다.

土는 중앙(中央)이라고 하는데 이는 어떠한 곳의 중심이 되는 부분이라고 할 수가 있으며 土오행은 타 오행의 중간에서 완충 또는 상호간의 연결 관계를 맺어지게 하는 곳이라 土의 기운과 같으며 그 역할이 중앙에서 일어나는 것과 같은 의미이므로 土를 중앙이라고 하는 것이다.

金을 서(西)쪽이라고 하는데 이는 金의 기운이 음의 기운 쪽으로 기울어 가는 것이며 역시 서쪽으로 태양이 넘어가고 양의 기운이 소진되어 음의 기운으로 접어든 것이 金과 같으므로 金을 서쪽이라고 하는 것이다.

水를 북(北)쪽이라고 하는 것은 水의 기운과 북쪽의 기운이 비슷하거나 같으므로 水를 북방으로 하는 것이다. 즉 水는 음의 기운이 강하고 맑고 차다는 것이다. 또한 水의 기운도 음의 기운이 강하고 차고 어두우며 水와 북의 기운이 하나로 일치되므로 그렇게 水를 북쪽으로 표현하는 것이다.

4) 계절(季節)

봄 여름 가을 겨울을 우리는 사계절이라고 한다. 오행은 다섯인데 사계절이라고 하니 분명히 계절 하나가 부족하다. 하지만 土오행의 특성상 계절을 드러내지 못하고 계절이 바뀌는 환절기(換節期)라고 하는 것이다. 때문에 사계절로 나누어지는 것이다.

木이라는 것을 봄으로 표현하며 봄은 포근한 기운이 살아있는 계절이다. 이러한 기운에 木이 가장 강하게 작용한다는 것이다. 봄이 되면 만물이 생동하고 살아있는 것들이 활동을 시작하는 계절이다. 그러한 기운들이 木의 기운과 뜻을 같이한다는 것이므로 木을 봄으로 이야기하는 것이다.

火는 뜨거운 기운이 발산하는 것과 여름의 뜨거운 기운이 발산하는 것이 같다는 의미일 것이다. 火의 기운만큼이나 여름의 기운도 열을 발산하는 기운이 강하므로 火나 여름이 같은 기운을 가지고 있다고 하여 火를 여름으로 이야기하는 것이다.

土는 봄에서 여름으로 넘어가려면 중간에 봄과 여름의 혼합된 기운이 있을 것이다. 또한 여름에서 가을로 바뀌고 가을에서 겨울로 변화하는 과정에도 혼합된 기운을 가지고 있다는 것이다. 이를 환절기라고 한다.

金은 서늘한 기운이 발산하는 것과 이러한 기운으로 자연은 한 번의 순환을 가지게 되는 시기가 가을인 것이다. 즉 모든 것을 서늘하게 하여 수분을 말리게 하고 천천히 거두어들이는 수렴(收斂)의 기운이 강하다는 것이다. 때문에 金을 가을로 표현하는 것이다.

水는 차가운 기운이고 음의 기운이 가장 강하게 드러내는 것이라고 할 수가 있다. 하지만 겨울도 水의 기운처럼 차고 냉한 기운이 강하고 습한 기운은 사라지고 건조하다. 이처럼 水가 발산하는 기운과 겨울의 기운이 같으므로 水를 겨울이라고 표현하는 것이다.

5) 시간(時間)

木을 새벽이라고 하는데 이는 음에서 양의 기운이 약동하는 시간이므로 그렇게 이야기하는 것이다. 木이라는 기운도 역시 약동하고 생동하는 기운이라서 木을 새벽이라고 하는 것이다.

火는 오전으로 이야기하는데 이는 양의 기운이 가장 강하게 작용하는 시간이라는 것이다. 때문에 모든 사물이 오전에 가장 왕성한 활동을 하는 것이다 이러한 기운이 강하기 때문에 火를 오전이라고 한다.

土는 계절처럼 시간과 시간 사이를 이어주는 기운으로 생각하여야 할 것이며 일정하게 정하여진 시기는 없다고 할 것이며 환절기라는 표현도 사용하지 않는다.

金은 오후로 이야기하는데 음의 기운이 시작되고 서서히 밝음이 사라지는 시간이다. 그래서 金의 기운과 같으므로 하루를 천천히 정리하면서 마무리 하는 때라서 金의 시간은 오후라고 하는 것이다.

水는 하루를 마감하고 어둠속으로 모든 것을 감춘다고 하여 저녁이라고 하는 것이며 역시 水의 기운과 같으므로 모든 것은 활동을 멈추고 숨어들어 가는 시간이다. 그래서 水의 시간을 저녁이라고 하는 것이다.

6) 색상(色相)

누구에 의하여 색이라는 것이 처음으로 시작되었는지는 모르지만 기본적인 삼원색인 빨강 노랑 파랑을 기준으로 하여 이야기하여 본다면 이들이 혼합하여 여러 가지 색상이 새롭게 생겨나는 것이다. 이러한 색상을 오행으로 표현하여 보자.

木은 살아있는 기운으로 이야기하며 노란색과 파랑색이 혼합하여 생겨난 것이 녹색이다. 그래서 나무나 풀잎이 녹색으로 싹이 돋는다고 할 것이다. 때문에 처음으로 시작하는 기운이라서 木을 녹색으로 표현하는 것이다.

火는 불과 같은 기운을 가졌다고 하여 붉은 색으로 표현한다. 이는 원색으로 기운은 강열하고 화려하며 폭발적 감정을 가지게 되므로 그 기운이 火와 같다고 하여 붉은 색을 火로 표현하는 것이다.

土는 원색인 노란색으로 기운이 무거운 것 같으면서도 편안하고 안정감을 느끼고 있다. 때문에 우리는 황토(黃土)를 보면 마음이 편안하고 기대어 쉬고 싶은 느낌이 든다는 것이다. 그래서 노란색을 土로 표현하는 것이다.

金이라는 것은 흰색이라고 하며 무채색(無彩色)으로 그 기운은 깨끗하고 오래되어 가득 찬 것 같은 느낌으로 金의 기운처럼 마지막을 깨끗하게 정리하려는 기운과 같으므로 흰색을 金으로 표현하는 것이다.

水는 삼원색을 똑같은 비율로 혼합하면 생겨나는 것이 검은색이다. 水의 기운처럼 어둡고 차고 탁하며 모든 것을 감추고자 하는 기운이 강하며 水의 기운도 검은색의 기운과 같으므로 水로 표현하는 것이다.

7) 수리(數理)

우리가 알고 있는 숫자를 어떻게 오행으로 표현하게 되었는지 알 수는 없지만 水 火 木 金 土의 순서대로 부여하였는지 의문이 많을 것이다. 선천 수에 5라는 수를 더하여 후천수를 성립시켜 지금까지 전해지고 있다. 과연 이러한 이론이 합리적인지를 나름대로 이론을 정리하여 이야기로 엮어 보자.

물이 맑고 깨끗하여 ①이라고 하는 것이며 여기에 온기가 전해져 ②가 되고 생명이 생겨나므로 ③이 되는 것이다. 이를 균사(菌絲) 또는 종자(種子)라고 하니 ④에 해당한다. 이를 땅에 심으니 ⑤번째이고 물을 적당하게 뿌려 주는 것이 ⑥번째이다. 그리고 적당한 햇살을 필요로 하니 ⑦번째에 해당하고 바람이 잘 통하고 적당한 때를 ⑧번째이다. 그러면 분명히 열매를 맺을 것이니 이를 ⑨번째로 드러내는 것이고 완전한 형태를 갖추게 되므로 몸기(己)라고 하여 ⑩번째로 부여된 숫자이다. 이를 다시금 흙으로 돌아가서 윤회를 거듭하면서 환경과 기온에 따라서 다양한 것으로 변화하는 것을 자연이라고 한다. 이렇게 변화하는 순서를 오행에 부여한 것이다. ①에서 ⑤번까지는 처음으로 생겨나서 심어지는 과정이라고 하여 선천수(先天數)라고 하는 것이며 ⑥에서 ⑩번까지는 형태를 이루어 완성하는 과정이므로 후천

수(後天數)라고 하는 것이다.

木은 3과 8이며 물에 따스한 기운으로 인하여 무엇인가가 생겨나는데 이것이 세 번째 과정이므로 3이 부여된 것이며 여덟 번째로 바람과 시간이 木이라는 것이다.

火는 2와 7이며 물에 따스한 기운이 두 번째로 필요로 하다는 것이다. 그리고 새로운 생명이 탄생하면 일곱 번째로 火의 따스한 햇살이 꼭 필요로 하다는 것이다.

土는 5와 10이라는 수이며 모든 것이 준비되어 있으면 다섯 번째로 땅이라는 것이 필요로 하며 모든 것이 이루어지면 10이라고 하며 하나를 완성하는 것이다.

金은 4와 9이며 木이라는 생명의 씨앗이 4이며 이를 땅에 심고 세월이 지나면 많은 열매가 영글어진다는 것이다. 그래서 열매가 아홉 번째 金이라는 것이다.

水가 1과 6이며 처음 만물이 水에서 시작되어서 1이라고 하며 다음에는 살아남기 위하여 적당한 水의 에너지가 필요하므로 6이라는 숫자가 부여된 것 같다.

8) 건강(健康)

좋아한다고 편식을 한다거나 일방적으로 과하게 섭취하게 된다면 신체에 균형이 무너지고 또한 자극이 심하여 어느 한부분에 손상을 입게 되는 것이다. 골고루 섭취하는 습관을 기르고 입에서 당긴다고 먹으면 속에서 거부할 때가 있다. 이를 오행으로 이야기하여 보자.

木의 신 것을 많이 먹으면 木의 기운이 土를 극하여 살이 트고 입술이 벗겨진다.

火의 쓴 것을 많이 먹으면 火의 기운으로 土를 강하게 하므로 피부가 마르고 털이 빠진다.

土의 단 것을 많이 먹으면 土의 기운이 金을 강하게 하여 뼈가 아프고 머리카락이 빠진다.

金의 매운 것을 많이 먹으면 金의 기운이 土의 기운을 빼내므로 근육이 당기며 손톱이 마른다.

水의 짠 것을 많이 먹으면 水의 기운이 강하여 火의 심장에 맥이 엉켜서 톡톡 끊어지고 색이 변한다.

9) 화(禍)

감정을 다스리지 못하면 안으로 기운이 스며들어 오장을 해친다고 한다. 오행이 전하는 감정이 무엇이며 어느 오장을 손상시키는지 이야기하여 보자.

木의 감정은 분노(忿怒)이며 극심하게 화(禍)를 일으키면 그 기운이 간(肝)을 침범하여 손상시킨다.

火의 감정은 기쁨이며 지나치게 기뻐하고 흥분한다면 그 기운이 심장(心臟)을 침범하여 손상시킨다.

土의 감정은 생각이며 지나치게 생각을 많이 하거나 깊은 상념(想念)에 빠진다면 그 기운이 비장(脾臟)을 손상시킨다.

金의 감정은 걱정이다. 너무 많은 근심과 걱정을 하게 되면 그 기운이 폐(肺)에 침범하여 손상시킨다.

水의 감정은 공포이므로 극단적으로 놀라거나 겁을 먹으면 그 기운이 신장(腎臟)에 침범하여 손상을 준다.

10) 욕(慾)

木은 처음으로 생겨나서 청초하고 정욕(情慾)이 많아서 속에서 일어나는 성질을 밖으로 드러내려고 한다.

火는 드러내고자 하는 강한 색욕(色慾)이 많아서 안에서 밖으로 화려한 자신을 표현하려고 한다.

土는 많은 것을 안으로 받아들이고 이를 중화하여 밖으로 다시 보내는 역할 때문에 욕심이 없으므로 무욕(無慾)이라고 한다.

金은 강력한 결과를 원하는 것으로 장엄하기를 바라는 것이다. 때문에 탐욕(貪慾)이 가장 심하다.

水는 모든 것을 감추려고 하므로 엄숙할 것이고 노욕(老慾)이 많아서 드러내지 않고 깊이 파고 들어가려 한다.

11) 용모(容貌)

오행으로 나타내는 얼굴의 모양은 어떻게 판단할 것인가를 이야기하여 보자. 물론 수많은 사람들의 생김새가 가지가지이지만 오행의 기본적인 생김새를 이야기하여 보자. 각각의 기운에 따라서 특징이 있을 것이다.

木의 기운을 가진 얼굴은 그 표정이 차고 매서울 것 같으며 木의 기운이 길어서 전반적으로 길다고 할 것이며 뼈가 앙상하고 호리호리하며 눈과 눈썹이 빛이 날 것이다.

火의 기운을 가진 얼굴 표정은 밝고 머리는 뾰족하고 아랫부분이 넓으며 행동이 불안정하며 수염이 적으며 火의 기운은 조급하므로 성격도 급하다고 할 것이다.

土의 기운을 가진 얼굴 표정이 단정하고 신중할 것이다. 그리고 편안한 인상으로 외모로 그 마음을 알 수가 없을 것이며 土의 기운이 두터움이라서 몸집이 큰 편이며 저절로 믿음이 생긴다.

金의 기운을 가진 얼굴 표정은 강하고 이마와 코 턱이 바르고 각이 졌을 것이다. 체형은 단단하게 보이는 것이 金의 기운으로서 신중하게 행동할 것이며 기운이 강하게 보이고 정신이 맑아 보인다.

水의 기운을 가진 얼굴 표정은 눈썹이 거칠고 눈이 클 것이며 둥근상이다. 살집은 무거워 보이지만 뼈는 약할 것 같으며 정신은 차분할 것이다. 水의 기운은 둥근 것이 근본이기에 모든 면이 원만하게 보인다.

12) 기타

산(酸) 고(苦) 감(甘) 신(辛) 함(鹹)의 오미(五味)는 기(氣)를 충실하게 한다.

木은 봄의 기운으로 맛이 시다. 그래서 산으로 표현하였다.

火는 여름의 기운으로 맛이 쓰다. 그래서 고로 표현하였다.

土의 기운으로 맛이 달다. 그래서 감으로 표현하였다.

金의 가을 기운으로 맛이 맵다. 그래서 신으로 표현하였다.

水의 겨울 기운으로 맛이 짜다. 그래서 함으로 표현하였다.

청(靑) 적(赤) 황(黃) 백(白) 흑(黑)의 오색(五色)은 마음을 정순(貞純)하게 한다.

木은 생동하는 것으로 푸른색으로 표현한다.

火는 열정적인 것으로 붉은 색으로 표현한다.

土는 편안함을 느낄 수 있게 노란색으로 표현하였다.

金은 깨끗함을 생각하여 흰색으로 표현하였다.

水는 알 수가 없다는 의미에서 검은 색으로 표현하였다.

인(仁) 예(禮) 신(信) 의(義) 지(智)의 오성(五性)은 덕(德)을 밝게 한다.

木은 사람은 어질어야 하므로 인(仁)으로 표현하였다.

火는 밝음을 중시하여 예절을 생각하여 예(禮)로 표현하였다.

土는 주거나 받는 것이며 믿음을 생각하여 신(信)으로 표현하였다.

金은 단단하고 강하여 변화를 싫어하므로 의(義)로 표현하였다.
水는 스스로 흐르며 균형을 이루니 지(智)라고 표현하였다.

의(義) 자(慈) 우(友) 공(恭) 효(孝)의 오의(五儀)는 도리(道理)를 바르게 한다.
木의 도리는 옳은 법도를 지켜야하므로 의(義)로 표현하였다.
火의 도리는 희생이 근본이므로 자(慈)라고 표현하였다.
土의 도리는 가까이하여야 하므로 우(友)라고 표현하였다.
金의 도리는 공로에 보답하여야 하므로 공(恭)으로 표현하였다.
水의 도리는 절대적이라서 효(孝)라고 표현하였다.

이외에도 다양한 것을 오행으로 이야기할 수가 있으며 오행에서 표현할 수 있는 것은 이론적으로 정확하다는 것이다.

· 오행의 중도적 관계의 土

木의 기운에서 火의 기운으로 이어지는 土는 적당한 수분을 머금은 아주 좋은 土이다.

火의 기운에서 金의 기운으로 이어지는 土는 수분이 전혀 없으며 뜨겁고 메마른 土이다.

金의 기운에서 水의 기운으로 이어지는 土는 건조하고 딱딱하며 수분이 아주 미약하게 남아있는 土이다.

水의 기운에서 木의 기운으로 이어지는 土는 수분이 없으며 차고 냉기를 품은 얼어있는 土이다.

12

오행 속의
오행이야기

12

오행 속의 오행이야기

오행을 바라보고 생각하는 사람의 이치는 비슷할 것이다. 하지만 좀 더 정확하고 차원 높은 시각을 갖춘 사람이 바라보고 생각하는 오행의 모습은 다를 것이다. 오행이라는 것은 단순하게 이루어진 것이 아니고 겹겹이 이루어져 있다는 것이다. 이러한 원리를 여기서 아는 만큼 이야기하여 보자. 오행이라는 것이 하나로 이루어지는 것이 아니고 오행 속에 또 다른 오행이 있다는 것이다. 완전한 오행은 없다는 것인데 다시 이야기한다면 순수한 오행은 없다는 이야기가 되는 것이다.

뜻이 같거나 비슷한 것이 모여서 하나의 오행을 만들어 내는데 이렇게 만들어진 오행 속에는 분명 미약하게나마 다른 성분을 가진 오행이 포함되어 있다는 것이다. 때문에 자연에는 다양한 동물과 식물들이 생멸(生滅)을 거듭한다고 할 수가 있다. 그리고 잠시도 멈추지 않고 진화한다는 것이다. 또한 생명이 없는 것이라도 순수한 오행을 가진 것이 없다고 생각하여야 할 것이다. 그리고 보다 편리하게 만들어지고 보다 쉽게 사용할 수 있도록 간단하게 개발한다는 것이다.

예를 들어 木이라는 것을 나무라고 생각하여 본다면, 살아있으니 木의 성분이고, 꽃피고 확장하니 火의 기운일 것이고, 몸체를 가지고 있으니 土의 성분일 것이다. 또한 단단하여 꺾이지 않고 열매를 맺으니 金의 기운이 강하고, 속으로는 물이 흐르고 있으니 水의 성분을 가졌다고 할 것이다. 지금부터 오행을 더 깊이 이해하고 하나의 오행 속에서 타 오행이 어떠한 활동을 하며 무슨 역할을 하는지 이야기하여 보자. 그리고 이해를 돕기 위하여 최대한 자연에 가까이 접근하여 이야기하여 보자.

1) 木 이야기

오행의 첫 시작이 木에서 한다. 이는 처음으로 싹이 트고 위로 올라오는 현상 때문이며 생명을 가지고 있는 것으로서 분발(奮發)하는 것을 대표하는 것이라고 할 것이다. 木의 기운은 과감하게 힘을 다하여 장애물을 피하며 솟아오른다는 것이다. 다시 이야기한다면 억누름 속에서 굴복하지 않고 생명의 끈을 잡고 용수철처럼 튀어 오르는 것이다. 이처럼 木의 기운은 많은 억압을 받음으로 인하여 오히려 반발(反撥)심이 강하다고 할 것이다. 그래서 욕심도 많고 고집이 세다고 할 수 있다.

木이라고 하는 것은 水의 기운을 만나면서 더욱 억세고 집념이 강하여 어떠한 장애가 있어도 멈추지 않고 앞으로 나아가려고 하는 것이다. 여기에 火의 기운을 가지면서 그 기세는 대단할 것이며 자신의 꽃을 피우고자 한다. 土의 기운을 만나면 더욱 외형이 커지면서 뿌리를 더욱 단단하게 하려고 할 것이며, 金의 기운을 만나면서 단단하고 더욱 강직하여 뜻을 이룰 것이다. 이처럼 타 오행의 기운을 가지면서 다양한 과정으로 변화할 것이다. 그러므로 나무는 살아있고 움직이는 것 같으면서도 머물고 있다. 그리고는 나고 자라서 시들면서 사라질 때는 열매를 두고 있다는 것이다. 이는 종족을 번식하려고 하는 것이며 결론은 영생을 바라는 것이다. 나무라고 하는 것은 양의 기운이 강하면 위로 자라고 음의 기운이 강하면 아래로 자란다고 할 것이다. 즉 木이라는 것은 양의 기운은 외적(外的)이고, 음의 기운은 내적(內的)이라고 할 수가 있다.

:: 나무

위로 힘차게 자라는 나무

자연에서 바라보고 생각한다면 나무라고 하는 것으로 가장 오랫동안 자신의 모든 것을 유지한다. 지구상에서 가장 오랫동안 살아가며 자신의 영역을 확장하고 종족 번식에 최선을 다하는 것이 나무 또는 식물이라고 할 수가 있으며 이를 木이라고 하는 것이다. 살아있는 것은 무엇이든 木이라고 하는데 이는 동물과 식물이나 해조류 같은 것도 역시 木에 속한다. 木의 기운이 가장 강하게 드러내는 것이 나무이다. 하지만 활동적으로 이야기하면 당연히 짐승이나 어류 같은 것이며 생존을 위한 강인한 투쟁력은 인간이 가장 앞서간다고 할 것이다.

수명은 나무가 한없이 살아간다고 하지만 욕심이 없으며 번식력은 대단하다. 하지만 두뇌가 없어서 종족에 대한 애착이 없으며 오로지 자신의 영생만을 바라는 것이다. 역시 짐승과 어류도 약간의 두뇌를 이용하여 욕심을 내고 무리를 지어서 木의 기운을 발휘하면서 종족 번식에 최선을 다할 것이다. 그런데 인간은 木의 기운을 최대한 발휘한다고 할 수가 있다. 특히 욕심을 많이 내고 최대한 무리를 지어서 자신의 영역에 대한 또는 자신의 종족에 대한 애착이 강하며 배타(排他)심이 강하고 이기적이라고 할 것이다. 때문에 가장 나약한 木이 인간이라고 할 수가 있지만 두뇌를 이용하여 무리를 만들고 법을 만들어 통제하면서 영원히 지배하려는 욕망을 가지고 있는 것이다.

이러한 자연을 환경이라고 하며 자연 속의 木은 환경의 영향력을 가장 많이 받는 것이다. 그리고 자생력도 강하고 스스로 이겨 내려는 힘도 자연이 강하며 타 오행을 가장 잘 이용하는 것도 역시 木이라고 할 수가 있다.

나무에 木의 오행이 전해진다면 끊임없이 성장하려고 할 것이며 영원히 자신이 종족을 위하여 윤회를 거듭할 것이다. 火의 기운이 전해진다고 하면 꽃을 피우고 향기를 뿜어서 자신의 이로움을 생각할 것이다. 土의 기운이 전해진다면 나무의 둥치를 크게 하려고 최선을 다할 것이며 金의 기운이 전해진다면 부러지지 않으려고 단단해지던가 아니면 가장 부드러워서 꺾어지지 않으려고 할 것이다. 水의 기운이 전해지면 수분을 에너지로 이용하여 자신의 목적을 달성하려고 할 것이다.

:: 살아있다

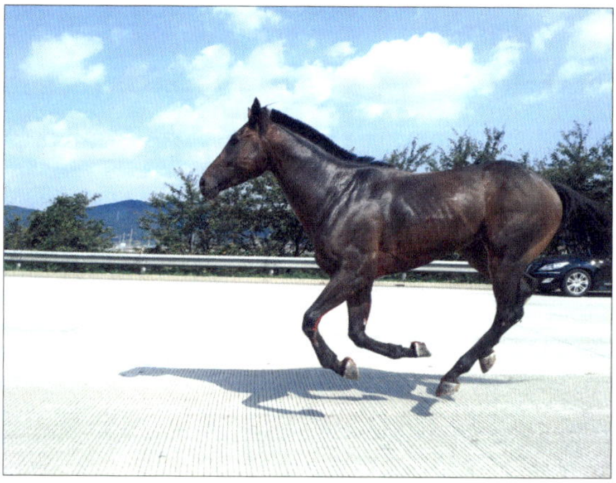

쉬지 않고 움직이고 있다.

행위(行爲)는 잘 생각한 끝에 어떤 목적을 달성하기 위하여 최선을 다하여 그것을 실행하고자 하는 것이다. 행위도 다양하게 있을 것이다. 반사적이든 본능적이든 또는 도덕적이거나 마땅히 하여야 하는 것을 하지 않는 행위도 있을 것이다. 木의 행위는 생명(生命)을 유지하는 것이라고 할 수가 있으며 무엇이든 살아 있으면 木에 해당한다. 물론 나무가 아니라고 하여도 생명을 가지고 있으면 木이라고 할 수가 있다는 것이다. 행위라고 하는 것은 움직인다는 이야기이다. 다시 이야기한다면 木이라는 것은 동적(動的)이라는 이야기이다. 움직이면 木이라고 할 수가 있으며 비록 생명은 없다고 하여도 타에 의하여 움직인다면 그 순간에는 木이라고 하는 것이다. 움직임이 없다면 살아있어야 한다는 것이다.

나무처럼 한곳에 고정되어 있어도 살아있으므로 인하여 木이라는 것이다. 만약 나무가 생명을 잃어버렸다고 한다면 이는 이름이 나무일뿐이지 木이라고 할 수는 없다는 것이다. 다만 목재(木材)라고 하는 것으로 다른 용도로 바뀌면 붙어지는 이름이 생길 것이다. 예를 들어서 나무를 가지고 집안에서 살아가는데 편리하게 만들어 사용하는 것을 목재가구라고 하듯이 하나의 재료에 불과한 것이다. 또한 사람도 이와 같이 죽으면 시체라고 하는 것도 이러한 이유에서 언어가 바뀌어서 붙여지는 것이다.

움직임이 없어 정적(靜的)이지만 木이라고 하는 것은 살아있는 나무를 이야기하는 것이다. 또한 일상에서 외부의 힘에 의하여 일시적으로 움직이는 것도 역시 木이라고 할 수가 있다. 예를 들어서 전기가 살아있다고 할 때에는 木의 기운이 작용하여 木이라고 할 수가 있지만 전기의 흐름이 없는 전선을 木이라고 할 수는 없다는 이야기이다. 일상적으로 생활하는데 일시적으로 木의 기운을 가졌다가 사라지는 것이 많다고 할 수 있다. 하지만 정적인 木의 대표는 역시 나무가 가장 잘 드러낸다고 할 것이다.

살아있는 것에 木의 기운이 전해지면 영생하려고 할 것이다. 火의 기운이 전해지면 화려함이 영원하리라 생각할 것이고, 土의 기운이 전해지면 왕성한 활동력이 넘쳐날 것이고, 金의 기운이 더해지면 확실한 영역을 만들려고 할 것이고, 水의 기운이 전해지면 멈춤을 원하지 않을 것이다.

:: 동(動) 정(停)

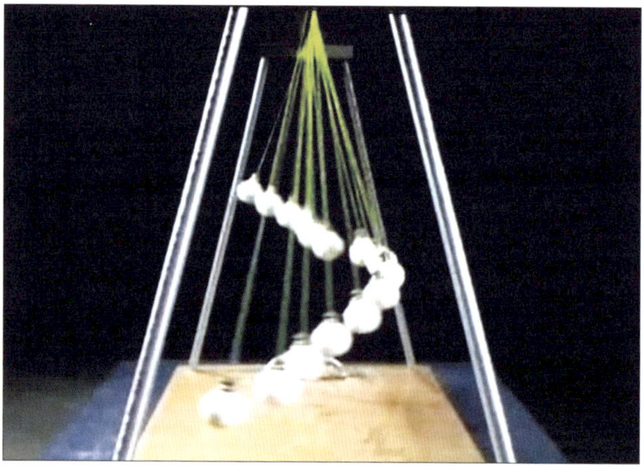

(動) 물체가 쉬지 않고 움직인다.

(停) 움직이지 못하고 멈추었다.

우리가 일상에서 木이라는 것을 구별하는데 꼭 살아있어야 한다는 조건은 없다. 다만 木의 기운을 이해하고 구별을 할 수만 있다면 되는 것이다. 동과 정이라는 것은 생명과는 아무런 관련이 없는 것으로 오로지 움직이는 것과 움직이지 않는 것으로 구별하는데 동적이라는 것은 어떠한 에너지에 의하여 움직이는 것을 이야기하는 것이다.

자동차라고 하는 金의 기운이 강한 것이 움직일 때는 동적인 木이라고 하여 양으로 판단하고, 비록 움직이지는 않아도 엔진이 돌아가고 있다면 정적인 木이라고 하여 음으로 판단하는 것이다. 다시 이야기한다면 어떠한 기계가 외적으로 보아서 돌아가고 있다면 木이라고 할 것이며, 외형적으로는 움직임이 전혀 없는데 안에서 밖으로 무엇인가를 전해 주는 것도 역시 木이라고 하여야 한다. 자동차라고 하는 덩어리를 土의 기운으로 이야기할 수가 없는 것은 불행하게도 土의 기운에는 역마(役馬)가 없다는 것이다. 하지만 동력을 발생하는 엔진(engine)부분을 분리한다면 土의 기운으로 이야기하여야 할 것이다.

라디오에서 소리가 계속 나온다고 하거나 텔레비전 화면이 끊임없이 움직이고 있다고 한다면 木이라고 할 것이다. 이런 경우에 木은 火의 도움을 받고 있다고 할 것이며, 나무가 한곳에서 자라는 것은 木의 도움으로 살아있다는 것이다. 木이 土의 도움을 받으면 외형이 커질 것이고, 金의 도움을 받으면 기계가 돌아가는 것이고, 水의 도움을 받는다면 수도꼭지에 물이 나오는 것과 같은 현상이다. 이렇게 木이라는 것을 꼭 생명이 있어야 한다고 고정된 생각을 버려야 할 것이다.

동과 정이라는 것이 상대적이라서 양이 있으면 반드시 음이 존재하듯이 움직임이 있으면 머무름이 상대적으로 있다는 것이며, 움직임이 없으면 머무름도 없다고 할 것이다. 또한 생명이 없으면서 움직임도 없다면 이것은 金의 기운으로 보아야 한다. 하지만 생명과는 관계없이 움직이면 木의 기운으로 보고 木이라고 하여야 한다. 선풍기가 돌아가면 木이라고 할 수가 있으며, 만약 돌아가지 못하고 멈추어 있다면, 이는 木이라고 하지 못하고 金의 기운이 가까운 것이라고 하여 金에 속한다.

동적으로 木의 기운이 전해지면 변화무상할 것이고, 정적으로 木의 기운이 전해지면 고요 속에 깊은 사고(思考)를 할 것이고,

동적에 火의 기운은 끊임없는 폭발(爆發)할 것이고, 정적에는 속병을 앓을 것이고, 동적에 土의 기운은 영역이동이 많을 것이고, 정적이면 확장하려고 궁리할 것이다. 동적에 金의 기운이 전해지면 외형을 단단하게 하려고 할 것이며, 정적에는 내실을 부드럽게 하려고 할 것이다. 동적에 水의 기운이 전해지면 흐름을 주도할 것이며, 정적에는 표면은 고요한데 속으로 강력한 흐름이 이루어진다고 할 것이다.

:: 생(生) 로(老) 병(病) 사(死)

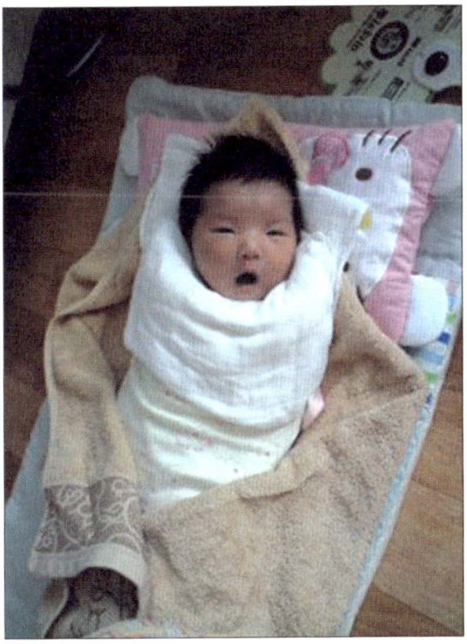

(生) 인연 따라 새로운 생명으로 태어났다.

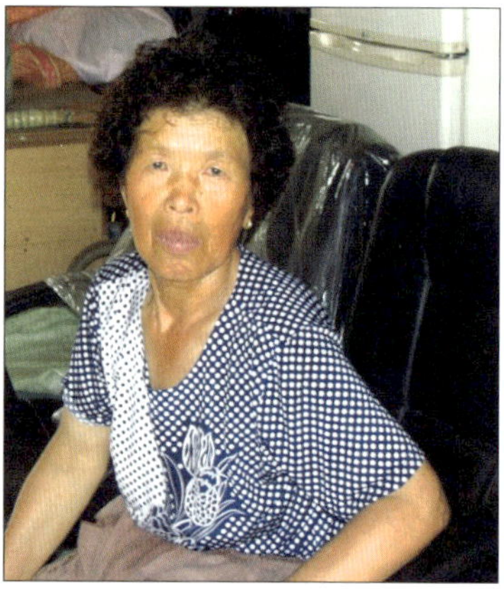

(老) 세월이 흘러서 노환으로 움직이는 것이 불편하다.

(病) 병이 들어 일어서지 못하고 누워만 있다.

(死) 육신을 버리고 인연 따라 가버렸다.

木이라는 오행이 사상(四象)에서 이야기한다면 생(生)로(老)병(病)사(死)라고 할 것이며 이를 나누어서 이야기를 하는 것이다. 나고 늙고 병들고 죽는 것이다. 木이라는 것은 영원한 것이 없다고 한다. 생겨나면 분명히 사라지며 사라진 후에는 반드시 새로운 생명체가 탄생한다는 것과 재생한다는 것이 대자연의 원리이다. 다만 얼마나 오랫동안 존재하는가가 문제일 뿐이다. 생멸(生滅)의 원칙, 즉 나고 죽음이 여기에 해당되며, 또 다른 방향에서 생각을 하여 본다면 모든 것은 소모적(消耗的)이고, 알게 모르게 자신을 조금씩 망가뜨리며 살아간다는 것이다. 하나의 木이 영원하다는 것이 아니고 태어나거나 만들어지면서 노화가 될 것이고, 이러한 과정을 거치면서 고장도 날 것이고, 또한 병으로 고생을 할 것이다. 木이라는 것은 이러한 과정을 반복적으로 하다 보면 마지막에는 죽음을 맞이할 것이고 폐기시켜 버릴 것이다.

생 노 병 사에서 木의 기운을 도움 받으면 수명이 더욱 늘어날 것이며, 火의 기운을 도움 받으면 노화되는 것이 더디어 질 것이다. 土의 기운을 받으며 외형이 좀 더 오래갈 것이고, 金의 기운을 받으면 고장 날 염려가 적을 것이고, 水의 기운을 받으면 폐기되는 위기를 좀 더 연장할 것이다. 이처럼 木을 또 다른 방향에서 이야기하는 것이 가능하다는 것이다. 생 노 병 사에서 木이라는 것은 흐름이라는 것이고, 시간과 연관이 된다는 것이다. 흘러가는 시간을 木이라고 생각하여 본다면 시간은 멈추지 않고 영원히 흐른다는 것이다. 이렇게 흐르는 것으로 표현하지만 정확하게 이야기를 한다면 살아있다는 것이다.

생(生)에 木의 기운이 전해지면 성장하는 것이라고 할 것이며, 火의 기운이 전해지면 왕성한 활동기라고 할 것이며, 土의 기운이 전해지면 세력을 확장하는 시기라고 할 것이며, 金의 기운이 전해지면 강인한 시기라고 할 것이며, 水의 기운이 전해지면 잠시 휴식기라고 할 것이다.

노(老)에 木의 기운이 전해지면 쇠퇴하는 시기라고 할 것이며, 火의 기운이 전해지면 세력이 분열되는 시기라고 할 것이며, 土의 기운이 전해지면 몸집이 줄어드는 시기이며, 金의 기운이 전해지면 유연함이 없어진다고 할 것이며, 水의 기운이 전해지면 흐름이 늦어진다고 할 것이다.

병(病)에 木의 기운이 전해지면 애착을 가질 것이고, 火의 기운이 전해지면 의식만 뚜렷할 것이고, 土의 기운이 전해지면 병세가 악화될 것이며, 金의 기운이 전해지면 거동이 불편할 것이고, 水의 기운이 전해지면 생을 포기할 것이다.

사(死)에 木의 기운이 전해지면 재생(再生)을 준비할 것이고, 火의 기운이 전해지면 소각(燒却)할 것이며, 土의 기운이 전해지면 매장(埋藏)하려고 할 것이며, 金의 기운이 전해지면 원형 그대로 보존(保存)하려고 할 것이며, 水의 기운이 전해지면 염장(鹽藏)하려고 할 것이다.

:: 윤회(輪回)

87년 동안 영육이 하나였으나 이제 육신은 한 줌의 재로 돌아가고 영혼은 윤회를 할 것이다.

한쪽이 심어져서 새로운 싹이 트는 것을 윤회라고 할 것이다.

木을 윤회라고 한다면 이해하기 어렵다고 할 것이다. 하지만 윤회라는 것을 깊이 생각하여 본다면 木이라는 오행이 추구(追求)하는 것은 끊임없이 재생하는 것이라고 생각하여 보자. 결론적으로 윤회라고 하는 것은 돌아오고 돌아가는 것이다. 즉 돌고 돌아서 원래의 모습으로 돌아온다는 것이다. 인간은 인간으로, 짐승은 짐승으로, 잡초는 여전히 잡초로 이어진다는 것이다. 이렇게 끊임없이 돌고 돌아가는 것을 한마디로 木이라고 할 수 있을 것이다.

윤회라는 단어는 바퀴가 구른다는 이야기이며 하염없이 구르고 굴러도 바퀴가 바뀌는 것이 아니고 끊임없이 회전을 하고 있다는 것이다. 木이라는 것을 깊이 생각하여 보면 바퀴처럼 하염없는 윤회의 굴레를 벗어나지 못할 것이며 木의 모양은 변화하고 바뀌어도 본래의 성품은 그대로인 것이다. 다시 이야기한다면 나무는 나무로, 짐승은 짐승으로, 여전히 태어나는 것이지, 짐승이 풀이 되고, 나무가 짐승으로 윤회하는 것은 아니라는 이야기이다.

윤회를 하려면 타 오행의 도움을 필요로 할 것이다. 木의 도움을 받으면 영생(永生)을 할 것이다. 즉 열매로 변화하여도 생명의 끈을 놓지 않고 있다는 것이다. 火의 도움을 받는다면 영혼이 진화할 것이며, 土의 도움을 받는다면 본성은 그대로이지만 외형이 변화될 것이다. 金의 도움을 받는다면 필요로 할 때 윤회할 것이고, 水의 도움을 받는다면 깊이 숨어 있을 수가 있을 것이다. 이처럼 木이라는 것이 타 오행의 도움으로 다양한 모습으로 윤회할 것이며 재생하게 된다는 것이다. 그러므로 재생과 함께 다시 생겨나기 때문에 木을 윤회라고 하는 것이다.

:: 탄생(誕生)

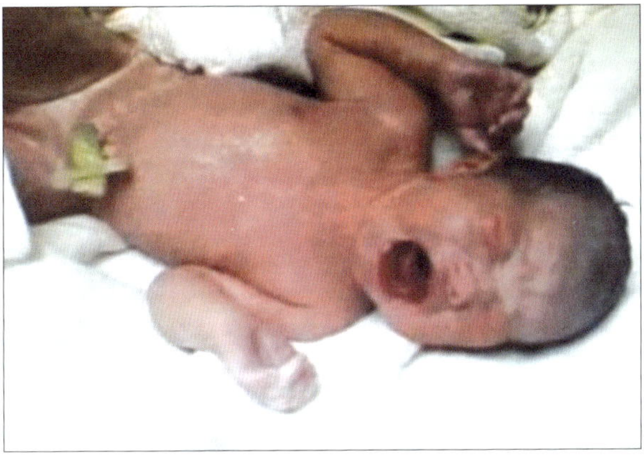

새 생명이 탄생하였다.

木을 탄생이라고 한다면 윤회와 탄생의 차이가 무엇일까 하고 의심을 가진다. 탄생은 모양에 관계없이 새롭게 이루어지는 것이거나 만들어지는 것이며 바로 지금의 이야기이다. 윤회는 돌고 돌아 외형은 바뀔 수가 있어도 본성은 바뀌지 않는다는 것으로 때를 기약할 수가 없다는 것이다. 그래서 또 다른 삶을 위하여 언젠가는 탄생(誕生)하는 것이라고 할 것이다. 木이라는 것은 자신의 마지막을 金에 의지하여 종족을 보존하고 자신의 모든 정보를 보전하기 위함이라고 할 수가 있을 것이다.

이를 다시 이야기한다면 처음에는 나무가 살아 있다가 수많은 시간이 지나면 타의든 자의든 생을 마감한다는 것이다. 그리고는 목재로서 새롭게 필요로 하는 곳에서 생겨나는 것이다. 목재(木材)도 역시 영원하지 못하고 폐기할 때에는 화목(火木)이나 또 다른 용도로 다시 필요한 곳에 쓰인다는 것이다. 이후에 木으로서 오행을 마감하고 타 오행으로 변화되거나 진화가 된다고 생각하여 보자. 이를 두고 탄생이라고 하는 것이다.

탄생을 하기 위하여 타 오행의 도움을 받아야할 것이며 그러하지 못한다면 木이라는 것이 처음부터 존재하지 못한다는 것이다. 木은 오랜 시간을 두고 타 오행과 혼합되어 다양한 모습으로 새롭게 생겨날 수가 있을 것이다.

木의 도움을 받는다고 한다면 木의 본성을 가질 것이며 영원히 木으로 남을 것이다. 火의 도움을 받는다면 연료가 되어서 쓰일 것이며, 土의 도움을 받는다면 화석(化石)이 될 것이며, 金의 도움을 받는다면 광물(鑛物)로 변화할 것이며, 水의 도움을 받는다면 원유(原油)로 변화할 것이다.

:: 해설(解說)

오행(五行)에서 처음으로 공부할 때 접하는 것이 木이라는 것이다. 이렇게 첫걸음부터 木이라는 글에서 헤매게 되는 것이다. 이는 나무木자를 일러서 하는 이야기이므로 그러한 것이다.

木이라는 것을 나무 또는 초목(草木)이라고 간단하게 이야기 한다는 것은 서글픈 이야기일 것이다. 木이라는 글자를 선택한 이유가 다양하게 있다는 것이며 이중 가장 먼저 등장하고 쉽게 이해하는 것이 나무라는 것이다. 그래서 木이라는 것을 설명하는데 있어 가장 잘 어울리는 것이 나무이며, 다양한 뜻을 가지고 있지만 누구나 나무가 전하고자 하는 깊은 의미는 알 수가 없다는 것이다. 그리고 나무라는 종류도 수없이 많을 것이다.

다시 이야기한다면 다년생으로 살아가는 것이 있으며 일년생으로 살아가는 풀 같은 것도 있다. 단단한 껍질을 이용하여 휘어지지 않고 위로만 바라보고 바르게 자라는 것과 부드럽고 잘 휘어지며 낮은 곳에서부터 높은 곳에 이르기까지 자유자재로 살아가는 줄기로 이루어진 것이 있다. 또한 비록 단단하다고 하더라도 꽃을 피우고 열매 맺는 것과 꽃은 피어도 열매를 맺지 않는 것으로 나누어 질 것이다. 꽃이 없다고 하여도 열매를 맺는 것이 있으며 열매를 뿌리에 두는 것과 가지 끝에 두는 것도 있으며 이외에도 수없이 많고 다양하게 이루어진 것이 木이라고 할 수가 있다.

꽃잎이 떨어지지 않고는 열매를 맺을 수가 없을 것이며 씨앗의 썩는 아픔이 없다면 싹이 트는 일이 없을 것이다. 꼭 나무라는 것에서 한정된 이야기만은 아니다. 이러한 木을 조금 더 깊이 있게 생각을 한다면 살아있는 것은 전부 木에 해당한다는 것이다. 비록 나무만이 살아있다는 것이 아니며 다만 살아있는 것으로는 나무가 가장 오랫동안 생명을 유지한다는 것이다.

그러하다면 꼭 나무만이 살아있는 것이 아니다. 하늘에는 날아다니는 다양한 것들이 살아있으며, 땅위에는 짐승과 사람이 살고, 땅속에는 또 다른 것들이 살아갈 것이고, 물속에는 고기들이 살고 있다. 그리고 보이지 않는 것도 수없이 많을 것이다. 이렇게 많은 것들이 살아있으니 모두가 木이라고 할 수가 있을 것이다.

살아있다는 것을 벗어난 이야기를 한다면 분명 동적(動的)이거나 정적(靜的)일 것이라고 할 수가 있다. 나무라는 것은 살아있으면서 움직이지는 못하니 정적이라고 할 수가 있지만 지속적으로 성장하므로 또한 동적이라고 할 수도 있다는 것이다.

즉 동적이라는 것은 생명을 가지고 있으면서 움직이는 것과 생명을 가지고 있지는 않으면서 움직이는 것도 木이라고 할 것이다.

또한 정적이라는 하는 것은 생명을 가지고 있으면서 고정된 것이 있으며 움직이지 않으나 생명을 유지한다면 木이라고 할 것이다. 이러한 木이라도 영원하지는 못할 것이다. 그래서 불가(佛家)에서 생자필멸(生者必滅)이라고 하였는데 생명을 가진 것은 분명 끝이 있다는 것이다. 하지만 이들은 지속적으로 자신의 후손(後孫)을 생산한다는 것이다. 그래서 木이라는 것은 생로병사(生老病死)의 길을 따를 수밖에 없다.

생겨난 것은 무엇이든 사라진다는 것이며, 분명 사라지면 또 다른 것이 생겨난다는 것이니, 이는 쉬지 않고 돌고 도는 것이라고 할 수가 있으며, 이를 불가에서는 윤회(輪回)라는 이야기로 설명하고 있다. 즉 木이라는 것은 결과적으로 윤회를 하기 위한 과정을 표현한 것이라고 할 것이며 오행 속에 분명 돌고 돌아 쉬지 않고 이어지는 것들은 모두가 木에 해당한다고 하는 것이다. 木이 金을 통하여 잠시 머물고 있는 것 같지만 실체는 그러하지 않으며 재생이나 재활을 위하여 기다리는 것이다. 이를 조금 더 자세하게 이야기하여 보자.

· 나무를 木이라고 한다.

처음으로 오행을 접할 때 木을 나무 또는 초목(草木)이라고 배우고 익힌다. 물론 대부분의 서적에도 그렇게 기록이 되어 있다. 사실 木이라는 것은 나무라고 하는 것이 아니고 초목(草木)이라고 하여야 더욱 가까이 접근 할 수가 있을 것이다.

자연 속에 살아있는 것으로는 산천에 흐드러진 초목이 가장 많으며 또한 가장 오랫동안 살아갈 것이며 이들의 생명력도 가장 강하다는 것이다. 그리고 자신의 존재를 가장 쉽게 변화하고 가장 오랫동안 멸종(滅種)하지 않고 살아간다는 것이다. 아마도 그러한 연유로 나무木이라는 글을 선택하였을 것이라고 생각한다. 이렇게 木이라는 것을 이해하는데 가장 근본이 초목이라고 할 것이며 가장 자연스럽게 살아가는 것이 초목이라고 할 수가 있을 것이다.

이렇게 자연 속에서 자연스럽게 살아가는 것이 木이라고 하지만 이들이 자연의 주인은 아니며 또한 초목이 자연을 이끌고 가는 것은 아니다. 다만 木이라는 것을 표현하는데 있어 가장 적합하다는 것이다.

나무라는 것이 분명 흙에 뿌리를 내리는 것도 있지만, 물에 뿌리를 내리는 것도 있으며, 때로는 단단한 바위에 붙어서 살아가는 것도 있다. 나무가 나무에 기생하여 살아가는 것은 있으나 나무가 불이라는 것에 의하여 살아가는 것은 없을 것이다. 이를 다르게 표현한다면 초목은 꽃을 피운다는 이야기가 되는 것이다.

· 나무에서 木의 기운

더욱 강하게 끊임없이 성장하고 자신의 종족(種族)을 위하여 주변의 다른 나무와 강력한 경쟁도 할 것이다. 때로는 서로 의지하면서 자신을 더욱 크고 강하게 자라게 하는 것이며 수직적(垂直的)인 성장을 바랄 것이며 생사의 세력다툼을 자주하는 경우도 있다고 할 것이다.

· 나무에서 火의 기운

꽃이나 꽃가루 또는 향기 같은 것이라고 할 수가 있을 것이다. 또한 나무가 무성하게 자라는 것이나 풀이 자신의 줄기를 넓게 확장하는 것도 火라고 할 수가 있다. 火의 기운은 무형(無形)으로 꽃의 향기일 수가 있지만 유형(有形)으로 이야기를 한다면 화려한 색(色)이라고 할 것이다.

· 나무에서 土의 기운

크기를 土의 기운이라고 할 수가 있다. 土의 기운이 없다고 한다면 몸집이 작고 연약할 것이며 土의 기운이 강하다고 한다면 무성하며 주변의 나무들보다 더 크다고 할 것이다. 또한 나무의 껍질을 土의 기운이라고 할 것이다.

· 나무에서 金의 기운

단단하여 쓰러지지 않는 것이 金의 기운이라고 할 것이다. 그리고 자신의 가지에 열매를 맺거나 뿌리에 자신의 것과 같은 성분을 간직한 열매를 감춘다고 할 것이다. 만약 金의 기운이 약하다고 한다면 수직적 성장은 타에 의하여 어려울 것이며 수평적으로 살아가야 할 것이다.

· 나무에서 水의 기운

생명을 유지하는데 가장 필요로 하는 것이 물, 즉 水의 기운이다. 만약 水의 기운이 없다면 고사(枯死)하고 말 것이다. 水의 기운을 이용하여 자신의 성장을 주도할 것이며, 水가 간식하고 있는 영양분을 흡수하여 성장할 것이며 나무의 목적을 이룬다고 할 것이다.

· 살아있는 것은 모두가 木이라고 한다.

木이라고 시작하는 것은 분명 살아있는 것 중에서는 가장 오랜 세월을 견디어 내면서 자신의 존재를 지키고 있다는 것이다. 이렇게 살아있는 것들은 음(陰)과 양(陽)으로 나누어지는데 음이라고 하는 것은 암컷으로 어떠한 종자(種子)를 배양할 수 있도록 만들어진 것이라고 할 것이다.

양이라고 하는 것들은 자신과 똑같은 유전자를 가지고 있지만 배양을 할 수가 없다는 것이며 음양이 서로 화합하여 새로운 오행을 낳게 되는 것이다. 이것은 살아있다고 할 것인데 살아있는 것은 동적(動的)인 것과 정적(靜的)인 것으로 또 한 번 생각을 하여야 할 것이다.

비록 생명을 가지지 못하였다고 하여도 움직임이 있다면 木이라고 할 것이며 이들은 분명 음양의 이치에 의하여 움직인다는 것이다. 그래서 동적인 것은 즉 회전하는 물체나 아래위로 또는 앞뒤로 움직이는 것들은 타(他)에 의하여 전달되는 동력으로 음양을 구별한다. 그리고 정적이라고 하는 것은 비록 움직임은 없지만 고정된 상태에서 스스로 변화를 일으키는 것이라고 할 수가 있으며 필요에 의하든 아니면 타의에 의하여 변화할 수도 있다는 것이다.

· 살아있는 것의 木기운

강한 경쟁력에서 이겨내려고 자신을 더욱 강하게 하는 것이 木의 기운이라고 말할 수 있다. 그리고 왕성하여 삶의 애착과 욕망이 더욱 강해질 것이며 주변의 오행들을 괴롭힌다고 할 수가 있을 것이다. 자신의 터전으로 확실하게 하려고 하는 강력한 기운이라고 할 것이다.

· 살아있는 것의 火기운

자신의 이익을 생각하여 화려하게 보이려고 할 것이며 과장된 외형으로 자신을 더욱 확실하게 표현하려는 것이 火의 기운일 것이다. 더욱 의욕적이고 도전적이며 대단한 열성으로 수단 방법을 가리지 않고 유혹하거나 보여주려고 노력할 것이다. 나만 바라봐 달라는 식의 몸짓과 언어가 더욱 더 강한 집착을 보일 것이며 결과물을 갖기 위해 본 모습은 감추고 화려한 겉모습과 언어를 선택해 모든 것을 취하려 할 것이다.

· 살아있는 것의 土기운

지속적으로 자신의 세력을 확장하려고 하든지 아니면 지금의 모든 것을 유지하려고 하는 것이 土의 기운이다. 그리고 내실을 채우려는 욕망이 강하고 작은 것으로 많은 것을 가지려고 하는 것도 土의 기운일 것이다. 때문에 내적이든 외적이든 변화가 극심하다고 할 것이다. 외관상으로는 평정을 유지하는 것처럼 보이지만 그 내면은 무수한 갈등에 휩싸여 변화를 겪고 발전을 거듭하고 있을 것이다.

· 살아있는 것의 金기운

자신의 결과를 만들려고 할 것이며 또한 자신의 모습이나 본성을 그대로 변함없이 오랫동안 이어지길 바라는 것이 金의 기운이라고 할 것이다. 金의 기운이 미약하다면 자신의 본성을 유지하기 힘들고 살아가려는 의욕이 약할 것이며 다음을 기약할 수가 없을 것이다.

· 살아있는 것의 水기운

살아가는 데는 水의 기운이 가장 중요하다. 이는 생명의 에너지이며 水기운에 의하여 생명의 변화가 일어나기 때문이다. 水의 기운이 과하여도 어려울 것이고 水의 기운이 약하여도 어렵다. 때문에 적당한 水기운은 편안하고 건강하며 다음을 보장받을 수가 있다.

· 동적(動的)이거나 정적(靜的)인 것도 木이라고 한다.

움직이는 것을 양(陽)이라고 할 것이며 움직임이 없는 것을 음(陰)이라고 할 것이다. 나무는 한곳에 뿌리를 내리고 생(生)을 다 할 때까지 스스로 이동할 수가 없다. 그래서 음이라고 하지만 계속 진화한다는 것이다. 즉 성장을 쉬지 않고 할 것이다. 그래서 음이 있으면 반드시 양이 있다는 것이다. 예를 들어 본다면 한곳에 머물면서 생을 마감하는 식물들은 음이라고 할 것이며 이와는 반대로 한곳에 머물지 못하고 쉬지 않고 이동하는 동물들은 양이라고 할 수가 있다. 하지만 이들의 성장은 한계가 있으며 그렇게 오랫동안 생을 유지할 수가 없다는 것이다.

식물 속에도 위로 자라는 것을 양이라고 할 것이며, 옆으로 자라면서 자신의 영역을 확장하는 것은 음이라고 할 것이다. 이와 마찬가지로 동물도 육식을 하는 것은 양이라고 할 것이며, 초식을 주로 하는 것을 음이라고 할 것이다. 또한 지상으로 나와 있으면 양이라고 할 것이며, 지하로 들어간 것은 음이라고 할 것이다. 또한 기계가 쉬지 않고 돌아간다면 木이라고 할 것이며, 나무라고 하여도 생명을 다한 것이라면 木이라고 할 수가 없다. 다만 본성이 木이였을 뿐이다. 이와 반대로 기계가 돌지 못하고 멈추었다면 木이라고 할 수가 없으며 비록 움직이지는 못하여도 살아있다고 한다면 木이라고 하여야 할 것이다. 그래서 木이라는 것은 다양한 이유에서 움직이거나 살아있어야 할 것이며 그러하지 못하고 죽어 있거나 멈추고 있다면 이는 木이라고 하면 안 된다.

· 동적인 것으로 木의 기운

계속 움직일 것이고 때문에 木의 기운이 강하다면 활동력이 강할 것이다. 외형적이라고 할 것이다.

· 정적인 것으로 木의 기운

계속 살아있다고 봐야 할 것이며 목의 기운이 강하다면 지속성이 강할 것이다. 내적으로 이야기하는 것이며 만약 木의 기운이 약하다면 타의 지배를 당하거나 생명 보전이 힘겨울 것이다.

· 동적인 것으로 火의 기운

자신의 무엇인가를 널리 알리고자 할 것이며 유형이든 무형이든 최대한으로 드러내고자 할 것이다.

· 정적인 것으로 火의 기운

꽃을 피운다고 할 것이고 모양이나 내용물로서 자신의 위치로 유혹을 할 것이다. 만약 火의 기운이 약하다면 활동력과 드러내고자 하는 의욕을 상실할 것이다.

· 동적인 것으로 土의 기운

활동하는 반경이 넓다고 할 것이며 지속적으로 부피가 늘어날 것이다. 양의 성향이 강하여 외적 성장을 주도한다고 하여야 할 것이다.

· 정적인 것으로 土의 기운

내적으로 단단해 지려고 할 것이며 만약 土의 기운이 미약하다고 한다면 움직이고 싶어도 그러한 공간이 없다고 하여야 할 것이다.

· 동적인 것으로 金의 기운

무형적으로 이야기한다면 부드러운 활동이라고 할 것이며 유형적으로 이야기한다면 확실한 흔적을 두려고 할 것이다.

· 정적인 것으로 金의 기운

열매를 맺으려고 할 것이며 이를 더욱 단단하게 하려고 하는 기운이라고 할 것이다. 金의 기운이 일반적으로 정적인 경우가 많다고 할 것이다.

· 동적인 것으로 水의 기운

알게 모르게 활동하려고 할 것이며 그 움직임이 끊임없을 것이다. 때로는 활동적인 것을 억제하려고 할 것이다.

· 정적인 것으로 水의 기운

그 속을 알 수가 없으며 무엇을 전하려고 하는지 알 수도 없다. 그리고 모든 활동을 감추거나 멈추고 쉬어가려고 할 것이다.

· 생로병사(生老病死)가 木이다.

木이라는 것은 생자필멸(生者必滅)의 진리를 벗어나지 못한다. 그래서 생로병사(生老病死)를 木이라고 할 것이다. 생로는 양(陽)이고 병사는 음(陰)이다. 다시 이야기한다면 이러할 것이다. 12연기법에 의하여 수없이 생멸(生滅)을 거듭할 것이며 이를 윤회(輪回)라고 한다. 이러한 구조적인 것을 오행으로 이야기하여 보자.

· 태어나는 과정

음과 양이 서로 결합하는 과정을 시작으로 하여 이를 태(胎)라고 할 것이며, 가장 좋은 조건의 土에서 천천히 자라나는 것을 양(養)이라고 할 것이며, 이렇게 자라나서 하나의 완숙(完熟)한 것으로 태어나는 것을 장생(長生)이라고 한다.

· 늙어가는 과정

한 물건이 생겨나면서부터 가꾸기 시작하는 것을 목욕(沐浴)이라고 하며 이렇게 가꾸어져서 자신의 구실을 시작하는 것을 관대(冠帶)라고 하며 강력한 힘을 쓸 수 있을 때를 건록(建祿)이라고 한다. 이렇게 생하는 순간부터 성장을 거듭하는 것이 결과적으로는 늙어가는 것이라고 하여 노라고 한다.

· **병드는 과정**

지속적으로 늙음을 이겨 내지 못하고 병에 시달림을 당할 것이다. 초 강력한 힘으로 어떠한 곳에서 완전하게 자리 잡은 상태를 제왕(帝王)이라고 하며, 그 자리에서 확실한 구실을 하지 못하고 불량이 자주 발생하고 노후한 상태를 쇠(衰)라고 하며, 지속적으로 보수를 받아 가면서 구실을 하려고 하지만 불가능한 상태를 병(病)이라고 한다.

· **죽음의 과정**

더 이상의 진화나 발전이 없고 새로운 것으로 다시 돌아오기 위하여 지금의 모습이 완전히 사라지는 상태이며 이렇게 이야기를 하여야 할 것이다. 이제는 어떠한 분야에서 더 이상 견디지 못하고 폐기되는 상태를 사(死)라고 할 것이며, 폐기된 상태에서 폐쇄하여 본래의 모습이 완전하게 사라지는 상태를 묘(墓)라고 할 것이며, 알 수 없는 그곳에서 무엇인가의 새로운 형상이 생겨나기 위하여 기다리는 상태를 포(胞)라고 한다. 이를 생로병사의 마지막인 사의 상태라고 할 것이다.

· **생로병사에서 木의 기운**

생멸(生滅)이라고 할 수가 있을 것이다. 나고 죽음의 길에서 木이라는 것은 생이라고 할 것이다. 노(老)에서 木의 기운은 늙음이라고 할 것이며, 병(病)에서 木의 기운은 진행상태일 것이고, 사(死)에서 木의 기운은 환생이라고 할 수가 있다.

· **생로병사에서 火의 기운**

성장(成長)이라고 할 수가 있으며 이는 가장 왕성한 시기라고 할 수가 있을 것이다. 생(生)에서 火의 기운은 화려할 때일 것이고, 노(老)에서 火의 기운은 마지막 기회일 것이고, 병(病)에서 火의 기운은 영혼이 떨어지는 때이고, 사(死)에서 火의 기운은 영육(靈肉)이 분리되는 것이라고 할 것이다.

· **생로병사에서 土의 기운**

두루뭉술하게라고 할 수가 있을 것이다. 생(生)의 귀로에 있는 土의 기운은 하염없이 넓은 것이고, 노(老)에서 土의 기운은 가장 높은 곳이며, 병(病)에서 土의 기운은 가장 좁은 곳이라고 할 것이며, 사(死)에서 土의 기운은 가장 깊고 어두운 곳이라고 할 것이다.

· **생로병사에서 金의 기운**

자신의 모든 것을 함축한 것이라고 할 것이며 이는 본성을 영원히 이어가기 위함이다. 생(生)에서 金의 기운은 많은 것을 두고 싶어 하는 것이며, 노(老)에서 金의 기운은 많은 것을 남기고 싶어 하는 것이다. 병(病)에서 金의 기운은 많은 것이 쓸모없을 것이며, 사(死)에서 金의 기운은 보존할 것이 없다는 것이다.

· **생로병사에서 水의 기운**

결과적으로 영혼이 있다는 이야기일 것이다. 그래서 영원불멸의 길을 구한다는 것이다. 생(生)에서 水의 기운은 고통이라고 할 것이며, 노(老)에서 水의 기운은 불편하다고 할 것이며, 병(病)에서 水의 기운은 포기상태라고 하여야 한다. 사(死)에서 水의 기운은 다음을 위하여 더 깊이 들어가는 기운이라고 할 것이다.

· 윤회(輪回)가 목이다.

결과적으로 木이라는 것은 돌고 돌아서 다시 원점으로 돌아온다는 것이다. 다만 어떠한 모습으로 돌아오는 것인가가 문제일 뿐이다. 진화된 모습인지 아니면 퇴화된 모습인지는 아무도 알 수가 없다는 것이다. 사람이 나고 죽음으로 인하여 새로운 생명이 태어나는데 이를 후손이라고 한다. 이렇게 태어난 후손은 근본적인 선친의 유전인자를 가지고 있다는 것이다. 하지만 진화한 것인지 퇴보한 것인지는 그 후손이 한 생을 마감하여야 알 수가 있다는 것이다. 때문에 이를 살아있는 것은 무엇이든 윤회한다고 할 것이다. 또는 木이라는 것은 모든 것이 재활 가능하다는 이야기이다.

동물도 자신의 종족을 번식하는 것이 목적이며 그래서 영역확장이라는 무서운 싸움을 벌이게 되는 것이다. 그래서 木이라는 것이 공격적이라고 할 수가 있으며 자신들의 경계를 침범 당하는 것을 두려워한다. 지상이나 지하에서 살아가는 것들의 공격성은 더욱 잔인하다. 그래도 이들은 여유가 있어서 자신의 몸속에서 새로운 생명을 키운다. 물속에서 살아가는 고기들도 치열한 생존을 위하여 무리를 이루고 자신들의 존재를 보전하려고 사력을 다할 것이다. 허공을 나는 것들도 자신의 생존을 위하여 부단한 노력을 할 것이며 보다 높이 보다 멀리 더욱 강해야 할 것이다. 이들도 자신의 종족을 위하여 지상에서 번식을 하여야 할 것이다. 이렇게 木에 해당하는 것은 참으로 힘이 들 것이다.

식물들도 동물들처럼 자신의 유전자를 전해 주어야 할 것이며 또한 윤회의 틀에서 벗어날 수가 없다는 것이다. 직접적인 싸움은 할 수가 없지만 다양한 방법으로 자신의 영역을 지키고 확장하여 나간다는 것이다. 때로는 동물을 이용하여 자신의 씨앗을 퍼트리고 때로는 바람을 이용하기도 한다. 물론 자신이 원하는 곳은 아니지만 적응력이 강하기 때문에 곤충이나 조류들을 이용하여 자신이 윤회할 수 있는 곳이면 어떠한 조건이라고 하여도 뿌리를 내릴 수가 있을 것이다. 즉 윤회의 틀을 따른다고 할 것이다. 향기로 유혹하고 때로는 꿀이라는 것으로 유혹하며 열매라는 것으로 많은 것들을 이롭게 하는 것 같지만 사실은 자신의 영역을 확장하고 종족을 번식하려는 수단일 것이다.

· 윤회 속에서 木의 기운

수없는 시간을 견디어 내면서 스스로 영생할 것이라고 생각하며 때로는 자신의 본성을 줄기로 전하여 주고 싶어 할 것이다. 만약 木의 기운이 약하다면 윤회할 수가 없고 멸종하고 말 것이다. 이처럼 木이라는 것에 木의 기운을 더한다는 것은 대단히 강한 것이라고 할 것이다. 木의 기운은 이처럼 끊임없이 목적을 추구하며 종족 번식을 하려고 할 것이다.

· 윤회 속에서 火의 기운

자신의 목적을 위하여 타에 의존하여 전해진다고 할 것이다. 火의 기운은 무형적이라서 가볍고 부드러워 타에 의하여 자신의 본성을 확장하려고 하는 것이다. 또한 火라는 것이 木의 본성으로 생각할 수도 있으므로 木이라는 것에 火의 기운은 절대적이라고 할 수가 있다.

· 윤회 속에서 土의 기운

수없이 많이 동시에 자신의 유전자를 전하려고 할 것이다. 土의 기운은 어떠한 무리라고 할 수가 있으며 이는 윤회의 불확실 때문에 土의 기운을 필요로 하는 것이다. 木이라는 것에서 土의 기운은 다양하지만 절대적이지는 않으며 土속에서 木이 존재하는 것이라고 생각한다면 중요할 것이다.

· 윤회 속에서 金의 기운

언제이든 때를 기다리기 위하여 외적으로 강하고 단단함 속에 자신의 유전자를 감추어서 전하려고 할 것이다. 그리고 木이라는 것은 결과적으로 金의 기운을 이용할 수밖에 없다. 이는 金의 기운이 결실이라서 그러하며 木은 윤회를 하기 위하여 金의 기운을 필요로 한다는 것이다. 하지만 木이라는 것이 전부 金의 기운을 필요로 하는 것은 아니다.

· 윤회 속에서 水의 기운

차고 어두운 水의 기운을 이용하여 자신의 종족을 보전하려고 하는 것이다.

때로는 윤회를 위하여 어둠 속으로 들어가야 할 것이다. 그래야 더욱 강하고 확실한 윤회를 할 수가 있다는 것이다. 木이라는 것은 水의 기운을 다양하게 필요로 한다. 만약 水의 기운이 없다면 木은 멸하고 말 것이다.

2) 火 이야기

오행의 두 번째 이야기는 火에서 하는 것이다. 수없이 많은 과정으로 변화하고 다양한 것들을 하나로 묶어둔 것이라고 할 수가 있다. 분열(分列), 분산(分散)하고 팽창(膨脹)하는 기운을 가진 것은 火라고 하며, 글자의 생김은 사람 인(人)자에 위로 양 머리에 두 점을 두고 있으니, 이는 사람의 마음이 두 개라고 할 것이다. 그리고 위로 오르는 성향이 강한 것으로 火의 기운을 나타낸 것이다. 火는 보이지 않으므로 정신계를 이야기하는데 두 개의 정신 즉 양심(兩心 良心)이라고 하여 마음이 둘인 것이 사람이란 뜻이다. 이는 마음과 생각을 이야기하는 것이다.

火라고 하는 것이 木의 기운을 만나면 더욱 강력한 힘을 발휘할 것이며, 火의 기운을 만나면 폭발할 것이다. 土의 기운을 만나면 조신할 것이고, 金을 만나면 자신의 해야 할 일에 최선을 다할 것이고, 水의 기운을 만나면 지지 않으려고 강력한 시비가 일어날 것이다. 그러므로 크게는 불이라고 하며 어떠한 형체가 없으므로 무형(無形)이라고도 한다. 그리고 열(熱)과 빛(光)으로 표현하는 경우가 많이 있다.

다양한 변화를 요구하므로 안(眼) 이(耳) 비(鼻) 설(舌) 신(身) 의(意)라는 것을 火로 이야기하여야 하며 명암(明暗)이라는 목적을 두고 있다는 것이다. 그리고 火라는 것은 활동(活動)이라고 할 수도 있지만 팽창(膨脹)한다는 것이다. 불은 양(陽)이 강하여 위로만 오르려고 한다. 하지만 불을 열로 교환한다면 양(陽)은 위로 오르고 음(陰)은 아래로 모여들 것이다.

:: 불

불의 특징은 형체가 없고 끝에는 사라지는 것이다

자연에서 바라보는 것은 불이라고 한다. 대표적인 상징으로는 태양을 가리킨다. 태양은 열이 강하게 나기 때문에 엄청난 빛을 발산한다. 이러한 이유로 열의 상징이고 빛을 상징한다고 할 수가 있다. 그러면 왜 火를 불이라고 할 것인가를 묻는다면 당연히 불火라는 언어 때문이다. 자연에서 뜨거운 열과 빛이 동시에 나는 것은 불이라는 것 밖에 없다는 것이다. 그래서 火를 확실하게 자신을 드러내는 것은 오로지 불뿐이라는 것이다.

불이라고 한다면 뜨겁다는 것이다. 그래서 태양을 가장 먼저 생각하게 되고 우리 일상에 없어서는 안 될 절대적이라는 것이다. 火의 대명사이며 가장 기본적인 것으로 불이라고 하는 것이며 자연에서 불보다 더 확실하게 火의 성분을 드러내는 것은 없다. 火의 기운은 분산(分散)을 위주로 하는 것이라고 할 것이다. 그래서 火 오행은 분열(分裂)하는 것도 火라고 하는 것이다. 木이 생겨나서 숲이 우거지는 것도 火의 기운에서 그렇게 되는 것이며 반대로 소진(消盡)되는 기운도 火라고 할 것이다.

인간에게서 火의 기운을 볼 때는 수려(秀麗)한 것처럼 보이지만 가장 힘을 받는 시기에는 과한 친절과 세력이 약한데도 불구하고 정말로 날쌔고 과감하며 결단성이 강한 것처럼 행동한다. 그것도 부족하여 허영심(虛榮心)이 강하고 과하게 꾸미는 외형을 중요시 한다고 할 수가 있다. 이러한 것들이 처음 시작할 때는 의욕적(意慾的)이라고 할 수가 있지만 시간이 지나면서 욕심을 부리고 그 결과는 허영(虛榮)으로 끝나는 것이다. 불꽃의 끝이 갈라지면서 사라지는 것을 보면 이해하기 쉬울 것이다.

火의 기운이 자연에서 강하게 발휘하지만 점점 약화되는 것은 속에서 서로 강력한 투쟁으로 외적인 확장 또는 분열하게 되는 것이라고 할 것이다. 火기운의 특징은 밖으로는 화려하고 강하게 보이지만 안으로는 이미 비어있다는 것이다.

:: 형체가 없다

형체가 없는 그림자

무형(無形)으로 오행 중에 유일하게 형체가 없는 것으로 이루어진 것이 火이다. 火의 특징은 형체가 없다는 것이다. 때문에 불이라고 하는 것만이 火라고 하지 않고 형체가 없는 것도 火라고 하는 것이다.

일상에서 찾아보면 그림자 같은 것을 두고 이야기하는 것이다. 그리고 물상으로 이야기를 한다면 그림이나 사진 같은 것이며 사람으로 이야기한다면 꿈이나 생각, 희망, 정신적으로 일어나는 현상 전부를 火에 속한다고 하는 것이다. 그리고 불처럼 형상은 있지만 실체가 없는 것을 火라고 한다. 자연 속에서 신기루 같은 것이나 극(極)지방의 오로라 같은 것을 火라고 할 것이다.

인간의 눈으로 형상(形象)은 볼 수가 있다고 하지만 실체는 잡을 수가 없는 것이 수없이 많이 존재한다. 또한 형상도 없고 볼 수도 없지만 분명히 존재하는 것도 있다는 것이다. 이러한 것들이 火의 기운을 가지고 있으므로 火라고 하는 것이다.

모든 오행은 유무(有無)형으로 나누어서 이야기를 할 수가 있다. 하지만 무형적인 것을 이야기한다면 火오행이라고 생각을 하여야 할 것이다.

무형으로서 木의 기운을 받으면 불꽃처럼 살아있을 것이며 木의 기운이 없으면 꺼져버린다고 할 것이다. 火의 기운을 받으면 더욱 형상을 밝게 드러낼 것이며 눈으로 확인이 가능하지만 火의 기운이 사라지면 존재한다는 것을 알고 있을 뿐이다. 또한 사람의 영혼 같은 것이라고 할 수가 있다. 土의 기운을 받으면 더욱 확장하고 팽창할 것이며 그 기운이 사라지면 소진되어 버릴 것이다. 金의 기운을 가진다면 그림처럼 드러낼 것이고 金의 기운이 없다고 하면 신기루에 불과할 것이다. 水의 기운을 받으면 아지랑이처럼 아롱거리는데 水의 기운이 사라지면 느낌만이 남아있을 것이다.

:: 열(熱)과 빛(光)

새벽 떠오르는 태양에 의하여 밝음이 시작된다.

열과 빛으로 이야기하는 것이며 유형과 무형을 떠나서 열이 있거나 빛을 발산한다면 火에 속하는 것이다. 밖으로 열이 발산하거나 안으로 열을 감추고 있어도 火이다. 그리고 스스로 빛을 발산하거나 타에 의하여 빛을 발산한다면 이 역시 火라고 할 것이다. 하지만 타 오행에 의하여 빛이 나거나 열이 발생한다면 타(他)오행 속의 火라는 것이다.

대자연 속에 불이 없어도 열이 나는 것이 많이 있다고 할 것이다. 특히 화산지대의 온천 같은 것은 불과는 관계없이 열이 나므로 火라고 하는 것이다. 역시 밤하늘의 달도 반대편의 태양빛을 받아서 반사하는 것이지만 빛이 나는 동안에는 火라고 하는 것이다. 물론 강한 열을 양(陽)이라고 할 것이며 약한 열은 음(陰)

에 속한다고 할 수가 있지만 일정한 기준은 없으며 상대성에 의하여 보다 뜨거운 열이 나면 양(陰)으로 이야기하는 것이다. 이와 마찬가지로 빛이라는 것도 역시 상대에 의하여 빛이 더 강하면 양(陰)이라고 할 것이고 약하면 음(陰)이라고 하는 것이다. 어떠한 기준을 정하고 음양으로 따지는 것은 아니라고 이야기할 수 있다.

열이나 빛이 木의 기운을 받으면 더욱 발산할 것이다. 하지만 木의 기운이 사라지면 열과 빛은 사라질 것이고 암흑(暗黑)으로 변할 것이다. 火의 기운을 받으면 의욕이 대단할 것이며 빛은 더욱 강할 것이다. 그러하지 못하면 의욕은 사라지고 빛은 희미하게 깜박거릴 것이다. 土의 기운을 취한다면 열기(熱氣)의 면적이 넓을 것이고 빛은 더욱 두터울 것이다. 하지만 이러한 土의 기운이 사라지면 열기는 미미하고 그 빛은 자신의 형체도 드러내기 어려울 것이다. 金의 기운을 받으면 열기는 변함없을 섯이고 빛도 변함없이 영원토록 유지할 것이다. 하지만 金의 기운이 사라지면 시간이 흐르면서 열기는 식어가고 빛은 조금씩 사라질 것이다. 水의 기운을 받으면 열은 안으로 스며들 것이고 야광(夜光)으로 변할 것이다. 만약 水의 기운이 사라지면 열은 밖으로 흩어지고 빛은 사라질 것이다.

:: 안(眼) 이(耳) 비(鼻) 설(舌) 신(身) 의(意)

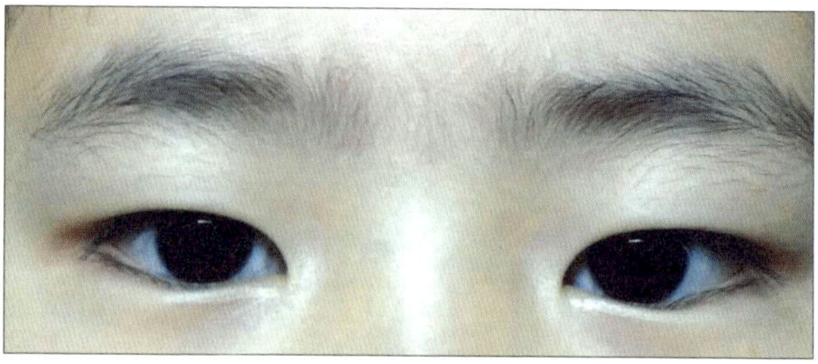

(眼) 눈으로 사물을 보는 것이다.

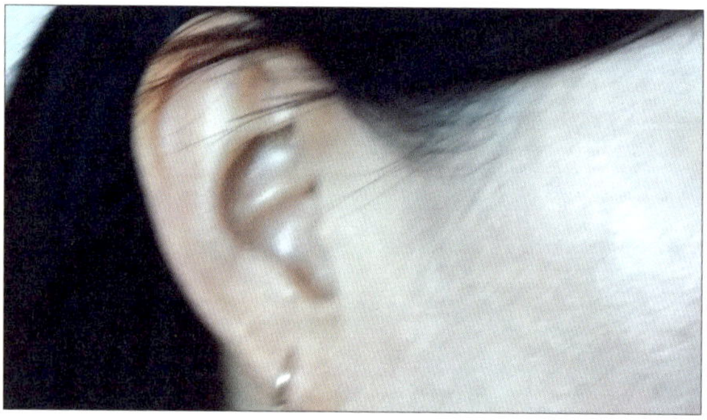

(耳) 보이지 않는 소리를 귀로 듣는다.

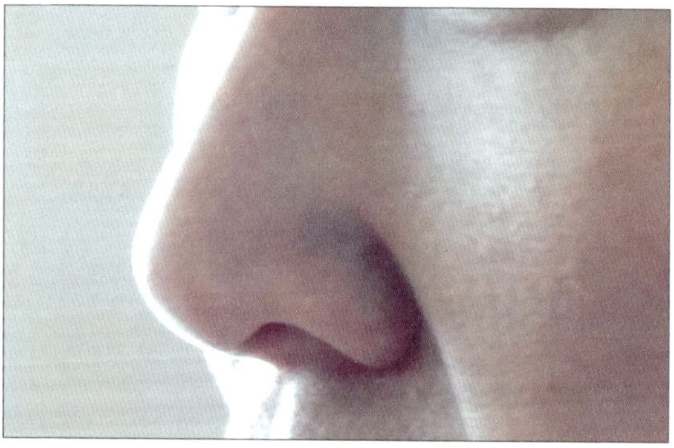

(鼻) 보이지 않는 냄새를 맡는다.

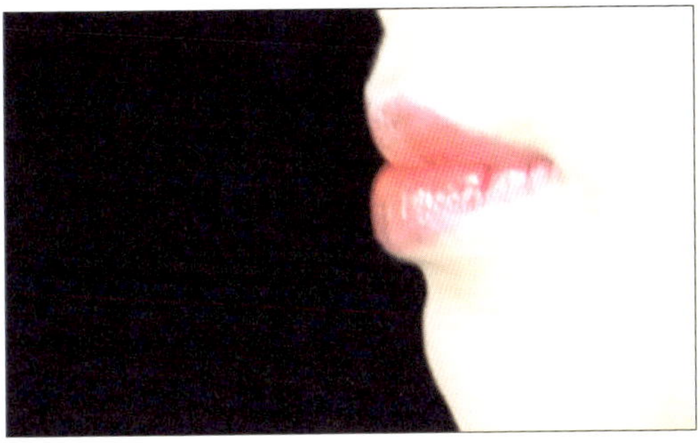

(舌) 입으로 맛을 느낀다.

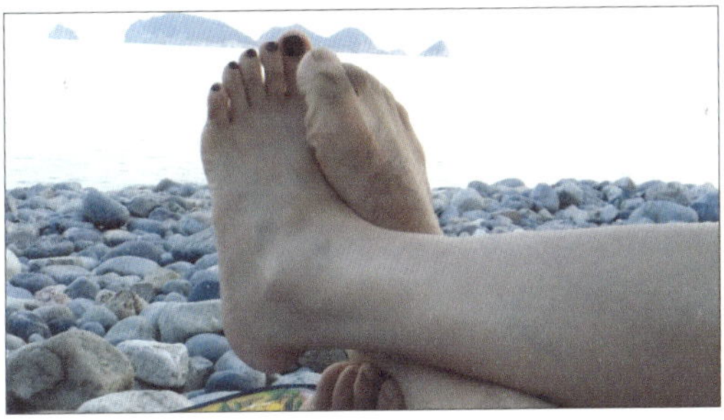

(身) 접촉으로 알아지는 것.

(意) 생각하는 것도 火이다.

안 이 비 설 신 의라고 하는 의식계(意識界)를 火라고 할 수가 있으며 분명 형상이 없어서 볼 수도 없는데 느낌으로 존재한다는 것이다. 즉 느낌도 火라는 이야기이다. 안 이 비 설 신 의는 인간으로 비교하여 그렇게 표현하지만 다르게 표현한다면 색(色) 성(聲) 향(香) 미(味) 촉(觸) 법(法)이라고 할 것이다. 안(色)이라는 것은 눈으로 보는 것이며, 그림자 같은 것이며, 이(聲)는 듣는 귀이며, 파동이라고 할 수가 있으며, 비(香)는 코를 나타내는 것이며, 여러 가지 냄새를 경험에 의하여 알아지는 것이다. 그리고 설(舌)이라는 것은 혀를 이야기하는 것이며, 오감(五感)이 간직하고 있는 맛이라고 할 수가 있으며, 신(身)이라고 하는 것은 육체이며, 접촉에 의한 감각(感覺)일 것이다. 의(意)라고 하는 것은 생각이라고 할 것이며, 오온(五蘊)을 종합하여 판단하는 것이다. 이를 통틀어서 火라고 할 것이다. 이처럼 火라는 것이 불의 내면으로 들어가서 이야기를 하는 것이 된다. 다시 이야기한다면 보이지도 않고 만질 수도 없지만 존재하고 있는 모든 것은 火라고 하여야 한다는 것이다.

인간의 기능에서 안 이 비 설 신 의라고 하지만 현상계(現象界)에서는 색 성 향 미 촉 법이라고 하는 것을 火오행이라고 하는 것이다. 이러한 기운에 木의 기운이 더해지면 더욱 예민하여질 것이고, 火의 기운이 더해지면 더욱 밝아질 것이고, 土의 기운이 더해지면 더욱 더 먼 곳까지 느낄 수가 있을 것이고, 金의 기운이 더해지면 더욱 정확하게 알 수가 있을 것이며, 水의 기운이 더해지면 한곳으로 집중하려고 할 것이다.

:: 명암(明暗)

어두운 밤이면 달은 더욱 밝다.

밝고 어둠이 火라고 할 것이다. 다시 이야기한다면 색이라는 것은 火오행이라는 것이다. 그러므로 검은색도 火라는 것이다. 일반적으로 水오행의 색상이 검은 것이라고 하는데 여기서 검다는 것을 색으로 표현한 것이지 실질적으로 水의 색은 없다. 다만 水는 감추는 것이고 감추는 것은 보이지 않으므로 어둡고 검다는 것이지 색상이 검은 것은 아니다.

명(明)이라고 하는 것은 밝다는 의미도 있지만 화려하다는 것이다. 그래서 꽃이나 화려한 조명 같은 것을 火라고 하는 것이지 전기가 들어간다고 火라고 하는 것은 아니다. 무형이기 때문에 火라는 것이다. 전기가 흐른다고 하여도 형상으로 드러내지 못한다면 알 수가 없듯이 어떠한 모습이 만들어지면 그때 火라고 하는 것이다. 역시 가로등에 불이 켜져 있다면 火이다. 이럴 때

밝고 어둠을 이야기하는 것은 아니다.

검은 색도 火라고 하는데 어두운 밤이 火라고 하는 것이며 이는 색으로 구별할 때의 이야기이다. 시간으로 이야기한다면 水에 해당하며 어두워서 보이지 않으므로 水오행에 속하는 것이지 칠흑같이 어둡다고 색(色)으로 표현할 때는 火오행으로 구별하여야 한다는 것이다. 어둠 속에 별의 빛이 반짝거린다고 할 때 검은 곳에서 밝은 것이 빛이 나는 것이라 색도(色度)의 차이다. 색도는 火에 속하고 탁도(濁度)는 水에 속한다.

명암이라고 오로지 밝고 어둠으로 단정하지 말고 이를 변화하여 명암은 색이므로 색을 가진 것은 무엇이든 火라는 것이다. 그래서 멋진 의상, 아름다운 그림, 화려한 불빛이라고 표현하는 것이다.

명암이 타 오행의 기운을 받으면 어떻게 변화하는지 생각하여 보자. 물론 다양한 이론이 성립되지만 오행으로 이야기하는 것이다. 木의 기운을 받으면 명암이 계속 이어질 것이며, 火의 기운을 받으면 더욱 밝고 어둠은 칠흑 같을 것이며, 土의 기운을 받으면 밝고 어두운 공간이 끝이 없을 것이고, 金의 기운을 받으면 한번 밝은 것은 영원히 밝을 것이고 어둠은 하염없이 이어질 것이며, 水의 기운을 받는다고 하면 밝음이 깊고 어둠은 더욱 탁할 것이다.

:: 희생(犧牲)

火의 전기는 누구를 위한 희생인가.

火의 결론(結論)은 자신을 위하여 존재하는 것이 아니고 희생하는 것이다. 어느 오행도 타 오행을 위하여 희생하는 것은 없으며 火는 자신의 존재를 확실하게 드러내지 못하고 타에 희생하여 드러낸다는 것이다. 때문에 火는 희생과 봉사에 투철하나고 할 수가 있을 것이다. 위험한 곳에는 붉은색으로 표시하고 위급하면 붉은 불빛으로 표시하면서 지나가는 것이다. 이는 희생을 요구하기 때문이라고 할 수가 있다.

자연에서도 불이라는 것이 타를 위하는 것이고 무형에서도 자신의 모습을 드러내지 못하고 열과 빛은 특히 타의 오행에 미치는 영향이 상당히 크다고 할 것이다. 인간의 6식(眼耳鼻舌身意)에 의한 느낌이나 자연에서 색(色) 성(聲) 향(香) 미(味) 촉(觸) 법(法) 같은 것도 타를 이롭게 하는 것이라고 생각하며 그 목적도 火를 위하는 것이 아니고 명암(明暗)으로 타에게 이로움을 주기 위하여 색(色) 성(聲) 향(香) 미(味) 촉(觸) 법(法)이 희생하는 것이다.

:: 해설(解說)

火라는 것을 단순하게 불이라고 하는 것은 이해하는 폭이 너무 좁으며 불이라는 것으로 만족할 수가 없다. 또한 불이라는 것만을 전하려고 火라는 글을 사용하지는 않았을 것이다.

火라는 글은 우리 인간 문화 속에서 상당히 넓은 의미로 사용되고 응용하고 있으며 火라는 한자를 보면 사람인(人)자에 양쪽 머리에 점이 있다. 이는 火라는 것이 사람의 정신을 뜻하는 것이며 정신이라는 것이 생각과 참 나라는 것으로 이루어진 것이라고 할 수가 있을 것이다.

즉 사람들이 자주 말하는 양심(良心)이라는 것인데 이는 윤리적인 이야기이며 사실은 양심(兩心)이라는 것이다. 이는 마음이 두 개라고 할 수가 있는데 육신과 생각을 하나로 묶어서 '내' 라는 마음과 원래의 불생불멸(不生不滅)하고 불구부정(不垢不淨)하며 부증불감(不增不減)하는 '참 나' 라고 하는 마음을 두고 하는 이야기일 것이다. 자연 속에서는 태양을 이야기하는 것이다.

이 불火라는 한자를 약간 변형하면 마음 심(心)자가 되는 것으로 두 점을 바구니에 담아두는 형상이라 마음을 감춘다는 의미인 것이다. 그래서 火라는 것은 다른 오행보다 복잡하고 이해하는 것이 어렵다고 할 수가 있을 것이다.

火를 형상적으로 본다면 밑에서 위로 올라가면서 흩어지는 모습이라고 할 수가 있겠다. 그래서 뜨겁다거나 밝다 또는 화려하거나 꽃처럼 예쁜 것 등을 모두 火라고 한다. 이렇게 간단한 것을 火의 전부라고 할 수가 없으며 이러한 뜻을 전하려고 火라는 글을 지목하지는 않았을 것이니 조금 더 깊이 생각하여 보자.

불이라는 것을 조금 더 변화하여 열(熱)이라는 것과 빛(光)이라는 것으로 나누어서 생각하여 볼 필요가 있을 것이다. 이는 열이라고 하는 것은 모두가 火라는 것이다. 즉 물이라고 하여도 뜨거워서 열이 난다고 하면 火라고 할 수가 있다는 것이다. 방이 뜨겁거나 몸에 땀이 나도 열이라고 할 것이며 이것은 모두가 火에 속한다는 것이다. 또한 빛이라는 것이 꼭 불이 있어 빛이 나는 것이 아니고 달빛도 火에 속하며 별빛도 火에 속한다는 것이다. 일상적으로 광고나 전기에 의하여 이루어지는 여러 가지 형상들도 모두 火에 속한다고 할 수가 있을 것이다. 그리고 사진이나 그림, 영화 같은 것도 火라고 할 것이다.

무형(無形)으로 이루어진 것은 무엇이든 火라고 할 수가 있을 것이며 특히 밝고 어둠이 火에 속한다는 것이다. 즉 불이 없어도 밝으면 火라고 할 것이며 캄캄한 밤도 火라고 한다. 이는 검은 것도 색(色)이고 색이라는 것이 火에 속한다는 것이다. 오행에서 水의 색은 검은 것이라고 하는 것과 색상에서 이야기하는 검은 색과는 다른 의미에서 이해하여야 할 것이다. 오행 속의 水에서 이야기하는 검다는 것은 물이 깊어서 속이 보이지 않는다는 의미에서 이야기하는 것이라고 이해를 하면 쉽다. 아니면 감추어서 보이지 않으니 검다는 것이다. 그리고 열(熱)이라는 것과 온도(溫度)는 다르다는 것이다. 온도를 오행으로 이야기할 때는 水이며, 열(熱)이 나는 것은 火에서 이야기하여야 할 것이다. 즉 열을 火라고 하지만 온도를 이야기할 때는 水에서 이야기를 하여야 한다는 것이다.

火의 진정한 의미를 전하고자 하는 것인데 이는 火라는 것이 불에서 열과 빛으로 발전하여 이것이 다시금 무형으로 또는 밝음과 어둠이라는 색으로 전하고자 하였을 것이다. 그렇지만 깊이 감추어진 뜻을 마지막이라고 할 수는 없지만 나의 생각이 여기서 멈추어 버린 것이라 나의 한계를 원망할 뿐이다. 그래서 정신이라는 것 또는 마음이라는 것을 알 수가 없다는 것이다.

꽃의 화려함이나 향기가 눈과 코를 통하여 들어오는데 이들은 火라고 할 수밖에 없다. 그리고 잡을 수는 없어도 전해지는 파장(波長)에 의하여 들린다는 것과 피부(皮膚)로 느끼는 것도 역시 火라고 할 수밖에 없다는 것이다. 그리고 맛이라는 것과 느낌이라는 것이 있는데, 이 둘은 같은 감각이라고 하여도 목적을 달리한다는 것인데, 또한 이들도 火에 속한다는 것이다. 그리고 이렇게 형성된 오감(五感)을 통제하는 의식, 즉 생각과 마음도 火에 속한다는 것이다. 이처럼 무형(無形)으로 전해오는 火라는 것을 이해하고자 하려면 많은 노력을 필요로 할 것이며 이러한 것을 가장 많이 전할 수 있는 것이 불이라는 것이다. 그래서 불火라고 하는데 이렇듯 깊은 뜻이 감추어져 있는 줄은 알 수가 없을 것이다.

이를 조금 더 자세하게 이야기하여 보자.

● 불을 火라고 한다.

처음으로 오행을 접할 때 火라는 것을 불이라고 배우고 익힌다. 수많은 서적에 그렇게 대부분이 기록하고 있다고 하여도 될 만큼 일반화 되어 있다고 할 것이다. 타 오행보다 더 난해(難解)한 오행이 火라고 하여도 무관할 것이며 이는 형체가 없다는 특징 때문이라고 할 수가 있다. 또한 불이라는 것이 가장 많은 火의 특징을 가지고 있다는 것이다. 그래서 아마도 불火라는 글을 선택하였을 수도 있을 것이다. 자연으로 들어가서 불이라는 것을 한번 생각하여 보자.

자연에서 발생하는 불이라는 것은 다양할 것이며, 인간에서는 생각이나 마음이 火에 속할 것이며, 동물들은 눈에서 강한 빛을 발산하는데, 이를 기(氣)라고 하는 경우도 있다. 때로는 강력한 활동력을 火라고 할 수도 있을 것이다. 식물은 충분한 색(色)으로 자신을 드러내고 있으니 火라고 할 것이며, 때로는 왕성한 성장도 火라고 할 수가 있다. 물속에도 火라는 것이 존재한다는 것을 알 수 있는데, 수생(水生) 동식물들도 화려함이나 자체에서 발산하는 열기나 빛이 있다는 것이다. 불 속에서 타 오행의 기운은 어떤 것인가를 한번 이야기하여 보자.

· 火속에서 木의 기운

불이 꺼지지 않고 지속적으로 타고 있다고 할 것이며, 이렇게 지속적으로 타고 있는 불은 木의 기운 때문이라고 할 것이니, 나무라는 것이 연료가 되는 것이다. 불이라는 것은 꺼지지 않고 타려면 木의 도움이 절실할 것이다.

· 火속에서 火의 기운

불이라는 것이 火의 기운을 가장 많이 가지고 있다는 것이다. 때문에 더욱 강한 화력과 강한 빛을 내는 것이 火의 기운이라고 이야기할 수가 있다. 강한 火의 기운을 가진 불은 자연이 만들어 내는 것이라고 할 수가 있으며, 연료로는 천연가스 같은 것이라고 할 수가 있다.

· 火속에서 土의 기운

土의 기운은 하나의 덩어리로 뭉치려고 하는 것인데 불이라는 것은 응집하려고 하지 않고 팽창과 분열을 하려고 하는 힘이 강하므로 불 속에서 土의 기운이 가장 약하다고 할 수가 있으며 연료로는 석탄 같은 종류라고 할 것이다.

· 火속에서 金의 기운

金의 기운이 존재하기 가장 힘든 곳이 불속이라고 할 수가 있을 것이다. 하지만 불꽃을 자유자재로 부드럽게 움직이는 것이라고 생각을 하여야 할 것이다. 즉 불이라는 것이 어떠한 틀을 갖추지 않고 타고 있다는 것이 金의 기운이라고 할 것이다. 金의 기운을 가진 연료는 구하기 어렵고 고체화된 것이라고 할 수밖에 없을 것이다.

· 火속에서 水의 기운

불이라는 것은 땔감만으로 일어나지 않는다는 것이다. 불이 존재하는데 가장 중요한 것이 水기운이라고 할 수가 있을 것이다. 이는 산소라는 것인데 산소 속에는 水기운이 상당히 중요한 역할을 한다는 것이다. 水기운이 많으면 불이라는 것이 꺼진다고 할 수가 있지만 적당할 때는 가장 이로운 것이 水기운이라고 할 것이다.

● 형체가 없다.

火라고 이야기를 할 수가 있는 것 중에 참으로 이해하기 어려운 것이 무형(無形)과 유형(有形)이라는 것이다. 어떤 것이 무형이고 어떤 것을 유형이라고 하여야 하는지 의문스러울 때가 많다.

쉽게 생각하여 불이라는 것을 관찰하여 보면 분명 눈으로 확인이 가능하며 곁에서 느낄 수가 있는데 실상으로 잡으려고 한다거나 어떠한 곳으로 담으려고 한다면 보이는 불은 사라지고 열기뿐이라는 것을 알 수 있다. 또한 분명히 불이라는 것으로 느끼고 있지만 이는 시각적이거나 피부로 느낄 뿐이지 현실적으로 불이라고 하는 것은 잡을 수가 없다는 것이다.

유형에서 무형으로 생각을 하여 본다면 분명히 전자제품 같은 종류일 것이며 꽃이라도 좋다. 전자제품은 보고 느끼지 못하면서 열 전환을 한다는 것이다. 다시 이야기한다면 파장을 소리나 그림으로 전환한다는 것이다. 또한 꽃은 피었는데 향기는 어디에서 나는 것인지 알 수가 없다는 것이다.

이렇게 이루어진 것 속에도 음과 양이 분명 존재한다는 것이다. 그래서 보이는 것을 양이라고 할 것이며 보이지 않는 것을 음이라고 할 수가 있다.

즉 양이라는 것은 유형으로 어떠한 형태를 갖추고 있는데 실제로 잡을 수가 없다는 것이다. 즉 불꽃이나 구름 같은 것을 이야기하는 것이다. 음이라고 하는 것은 무형으로 어떠한 형태도 없으며 볼 수도 잡을 수도 없다는 것이다. 하지만 존재한다고 인정하는 것을 이야기하는 것이며 일상에서 주고받는 이야기나 꿈 그리고 신기루 같은 것이라고 생각하여 보자.

火라는 것을 유형과 무형으로 구분을 지으려고 하며 이를 다시 음양으로 분리한다면 어디에 기준을 두고 하여야 할 것인지 난감할 것이다. 하지만 음을 떠난 것은 양이며, 양을 떠난 것이 음이라고 하였으니, 상대성에 따라서 구분하여야 할 필요가 있는 것이다.

이는 우리가 피부로 뜨거운 기운을 느낀다고 하는 것으로 빛이 나는 것은 양으로, 빛이 없는 것은 모두가 음으로 구분을 하여야 할 것이다. 또한 음이라는 것은 피부(皮膚)로 느끼는 것이고, 시각적(視覺的)으로 느끼는 것은 양이라고 할 것이다. 예를 들어서 눈으로 볼 수가 있으며 시각으로 유 무형을 떠나서 색감(色感)을 느낀다면 양이라고 할 수가 있다. 색감으로는 밝은 쪽은 양으로 어두운 쪽을 음으로 생각하면 무난하다. 하지만 밤이 어두운 것은 색으로 표현할 뿐이지 火라고 할 수는 없다.

무형적인 火가 살아있는 木의 기운은 향기(香氣) 같은 것이며, 유형적인 火가 살아있다면 피어나는 꽃이라고 할 수가 있을 것이다.

무형적인 火가 형체가 없는 火의 기운은 없다면 뜨거운 열기(熱氣)라고 생각하며, 유형적으로 火라는 것을 생각한다면 수증기(水蒸氣) 같은 것이다.

무형적인 火가 土의 기운을 이야기한다면 공간이라고 할 것이며, 유형적으로 土라는 것을 생각한다면 어떠한 가마 같은 것이라고 생각 할 수가 있다.

무형적인 火 속의 金의 기운은 어떠한 야광(夜光)물체 같은 것이라고 할 것이며, 유형적으로 생각하여 본다면 보석(寶石) 같은 것으로 보아야 할 것이다.

무형적인 火에서 水의 기운은 아지랑이 같은 것이며, 유형적으로 생각하여 본다면 물보라나 물거품 같은 것으로 생각할 수가 있을 것이다.

● 열과 빛(光)

火라고 시작하는 것은 열과 빛을 동시에 나타내고자 하는 것이며, 이는 수없는 시간 동안, 또는 순간적으로 공간 속을 이동하여 나타나는 것이라고 할 것이다.

유 무형을 떠나서 열과 빛으로 전해지는 것은 모두가 火라고 하는 것이다. 열(熱)이라고 하는 것이 뜨거운 것을 이야기하는 것이며 火라고 할 수가 있지만 온도(溫度)를 이야기할 때는 火라고 할 수가 없다. 이는 차갑다고 하거나 따듯하다고 하는 것은 온도이므로 水에 해당하는 이야기이다. 또한 빛이라는 것도 이와 마찬가지로 밝은 색은 당연히 火라고 하지만 검은색도 火에 속하는 것이다.

다시 이야기한다면 색상은 火로 표현하고 온도는 水로 표현하여야 한다는 것이다. 또한 여기서 열이라고 하는 것은 빛이 강하여 발생하는 것을 이야기하는 것이다. 물론 열이 강하여 빛이 난다고 할 수도 있으며, 열이 강하여 빛이 없는 것도 있다. 그리고 빛으로 변화하지 못할 것이다.

하지만 빛이 강하여도 열이 없는 것은 분명히 있다. 그런데 어떠한 곳에 의하여 열로 변화한다는 것이다. 보석의 아름다운 빛을 보고나서 마음이 변화한다는 것과도 같다.

열이 과(過)하여 빛을 발산(發散)하는 것을 무형에서 유형적인 변화라고 할 것이며 아무리 열이 많이 나도 빛을 낼 수가 없는 것을 무형적이라고 할 것이다. 또한 빛이 과(過)하여 열로 전환되는 것을 유형에서 무형적으로 변화한다고 할 것이다. 열이라는 것은 느낌이므로 음에 해당하고 빛은 시각적이라서 양에 해당한다고 할 것이다. 이처럼 다양한 열과 빛을 火라고 하는 오행 하나로 엮어 두었다는 것이다. 또한 火라고 하는 것은 더 복잡하고 다양한 이야기를 하여야 할 것이다.

· **열과 빛 속에 木의 기운**

끊임없이 변화하는 것으로 열에는 뜨거운 열기가 하염없이 발생하는 것이라고 할 것이며 빛으로 이야기를 한다면 태양빛처럼 영원하다고 할 수가 있다.

· **열과 빛 속에 火의 기운**

열과 빛이 더욱 강하고 화려한 것으로 열은 갈수록 더 강하게 뜨거울 것이며 빛은 사라지지 않고 더욱 화려하게 빛이 난다고 할 것이다. 열이 과하면 폭발할 것이고 빛이 과하면 열로 전환할 것이다.

· **열과 빛 속에 土의 기운**

뜨거운 열에 의하여 열이 뭉쳐있는 것으로 고기압 같은 것이라고 할 수가 있으며 빛이 공간 속에 흩어지지 않고 뭉쳐있는 것으로 어둠을 밝히는 빛이라고 할 것이다.

· **열과 빛 속에 金의 기운**

강한 열기가 뭉쳐서 밖으로 발산하는 것이 아니고, 자체에서 빛을 감싸고 있는 덩어리라고 할 수가 있으며, 열에 의하여 끊임없이 깊숙한 땅속의 마그마 같은 것이라고 할 것이며, 빛으로는 야광주 같은 것이나 보석처럼 아름다운 빛을 가진 것이라고 할 수 있다.

· **열과 빛 속에 水의 기운**

쉬지 않고 흐르는 용암이나 온천수 같은 것으로 항상 열을 안고 있다는 것이다. 빛으로는 구름이나 안개를 표현하는 경우나 신기루처럼 안개 속에 드러나는 그림도 빛 속의 水의 기운으로 이루어지는 것이다.

● 안(眼) 이(耳) 비(鼻) 설(舌) 신(身) 의(意)를 火라고 한다.

열기나 빛이라는 것에서 벗어나 눈으로 보고 귀로 듣는 것이나 코로 냄새를 분별하는 것 또는 혀로 맛을 구별하는 것과 피부로 느끼는 것은 모두가 火에 속하며 특히 생각하는 것은 분명히 火라고 할 것이다. 때문에 지금까지의 열이나 빛이라는 개념이 완전히 사라진 상태이며 이는 완전한 무형으로 감각이라고 하는 것에 의하여 알아지는 것이라고 할 것이며 이를 火라고 하는 것으로 이야기하여야 할 것이다.

우리는 무한한 공간을 나누어서 알기 쉽게 활용하려고 시간이라는 것을 만들어 두고 편리하게 사용하고 있다. 이를 火라고 할 것이며 때문에 오행 가운데에서도 火라는 오행의 중요성이 대단하다는 것이다. 즉 모든 오행 속에는 火라는 것이 들어 있는데 매우 중요한 역할을 한다는 것이다.

火의 반대편에 자리하는 水에도 火라는 것이 있으며 다양한 기운으로 화기를 드러내고 있다는 것이다. 이처럼 火의 중요성을 강조하는 것은 이 학문이 살아있는 것을 중심으로 하였으며 살아있는 모든 것은 火라는 오행이 없으면 생존하는 것이 힘이 들 것이고 변화를 쉽게 할 수가 없다는 것이다.

그래서 생명을 가진 것으로는 火가 당연히 으뜸이다. 또한 생존하지만 火를 가지고 있지 않으면 참으로 난감할 경우가 많이 있다.

· 느낌 속의 木기운

눈(眼)에 속하는 것으로 감각이 아니라 시각이라는 것으로, 시각이 없다고 한다면 촉각이 예민하게 발달할 것이며, 허상으로는 꿈을 꾸는 것과 같은 것이며, 실상으로는 눈으로 보는 것이다.

· 느낌 속의 火기운

코(鼻)에 해당한다고 할 것이며 후각이라고 한다. 또한 생각이라는 의(意)도 火의 기운이라고 할 것이며 후각으로 들어와 의에서 분별하여야 한다는 것이다. 허상으로는 착삭(錯覺)이라고 힐 것이며 실상으로는 기억이라고 할 것이다.

· 느낌 속의 土기운

귀(耳)에 해당한다고 할 것이며 어떠한 공간 속에 진동하는 것을 소리로 전환하여 듣고 이를 기억한다는 것이다. 허상으로는 이명(耳鳴)같은 것이라고 할 것이며 실상으로는 주변에서 일어나는 소리를 듣고 분석한다는 것이다.

· 느낌 속의 金기운

몸(身)에 해당하는 것으로 물체에 접촉하여 느낌을 전해 주는 것이다. 타 오행의 기운은 무형적인 이야기가 가능하지만 金기운은 유형적이라고 할 것이다. 그래서 촉감이라고 할 수가 있으며 허상으로는 간접적으로 촉감을 느끼고자 하는 것이며 실상은 직접적으로 접촉하여 알아지는 것이다.

· 느낌 속의 水기운

맛(舌)에 해당하는 것으로 이는 혀에서 오감(五感)을 감지한다고 하며 다양한 맛을 분별할 것이다. 허상으로 이야기를 한다면 편견에 의하여 일방적으로 판단하는 것이라고 할 것이며 실상은 입안의 혀에서 다양한 맛을 분별하는 것이라고 할 것이다.

● 명암(明暗)을 火라고 한다.

결과적으로 火라고 하는 것은 불이라는 것으로 많은 뜻을 전하고자 한 것이지 불이라고 하는 것은 아니다. 火라는 오행을 전하고자 하는 것은 결과적으로 밝고 어둠이라는 것이다. 이를 다시 이야기한다면 색상(色相)으로 표현되는 것이며 색상은 밝고 어둠을 구별하는 것이다.

즉 검은색도 火라고 하는 것이다. 다만 감추고자 하는 의미에서 어둠을 생각할 것이며 깜깜하다는 의미에서 검은 색으로 표현할 뿐이다. 천년의 어둠도 한순간에 밝아진다는 것을 깊이 있게 생각하여 보자. 다른 것으로 비교한다면 깊이 감추어둔 것을

水라고 할 것이지만 어느 날 갑자기 빛을 보기 시작하였다면 이는 火에 속한다고 할 수가 있다. 그래서 명암(明暗)을 火라고 하는 것이다.

유형과 무형을 떠나서 열과 빛으로 이야기할 수도 있으며 또한 안(眼) 이(耳) 비(鼻) 설(舌) 신(身) 의(意)처럼 전하는 것도 있다. 이렇게 다양한 방향으로 火라는 것을 생각하고 또한 현실 속에서 전하고자 하는 火와 비현실 속에서 전하고자 하는 火는 완전히 다른 것이며 실상의 火가 있을 것이며 허상의 火도 있다는 것이다.

때로는 다른 오행 속에서 火라는 것을 전하는 것도 있으며 火라는 오행 속에서 타 오행을 이용하여 다양하게 火를 드러내고자 하는 것도 있다. 이때 구별할 수 있게 하는 것이 색(色)이라는 것이다. 즉 꽃이 피는 것이 木이며, 향기 같은 것은 火이다. 낮과 밤은 土이며, 보석의 화려함은 金이다. 비구름 속의 우레는 水이다. 이렇게 타 오행을 이용하여 火를 더욱 강하게 드러내는 것이지만 火의 근본적인 결과는 활동성이라고 하여야 할 것 같다.

· 밝고 어둠 속에서 木의 기운

낮과 밤이 연속적으로 흐르는 현상처럼, 한번 밝으면 계속 밝고, 한번 어두우면 계속 어둠이 지속되는 것이 木기운이라고 할 것이며, 현실적으로는 일정한 간격으로 명암이 교차하는 것이지만, 비현실적으로 이야기를 한다면 백야(白夜)현상처럼 밤낮없이 계속 밝을 것이다.

· **밝고 어둠 속에서 火의 기운**

확실하게 명암이 구별되는 것이라고 할 것이며, 밝은 것은 더욱 밝게, 어두운 것은 더욱 어둡게 하는 것이 火의 기운이며, 현실적으로는 맑고 투명하여 밝은 것이며, 비현실적으로는 안개나 구름에 의하여 밝은 것이 가려지는 것이라고 할 것이다.

· **밝고 어둠 속에서 土의 기운**

공간 속에 확실하게 명암이 구분되는 곳이라고 할 것이다. 즉 밝은 공간과 어두운 공간을 土의 기운이라고 할 것이며 현실적으로는 밝은 곳이라고 할 것이며 비현실적으로는 어두운 곳이라고 할 것이다.

· **밝고 어둠 속에서 金의 기운**

명암에서 金의 기운은 보존(保存)하는 것이나 보전(保全)하는 것이라고 할 것이다. 즉 명(明)이라고 하는 것은 양의 기운으로 보존에 해당하고, 암(暗)은 음의 기운으로 보전에 해당할 것이다. 이를 현실적으로는 보존하는 것이라고 할 것이며 비현실적으로는 보전하는 것이다.

· **밝고 어둠 속에서 水의 기운**

탁(濁)한 기운으로 명암을 더욱 확실하게 분리하여 주는 것이 水의 기운이라고 할 것이다. 현실적으로는 강한 水의 기운이 없다고 할 것이며, 비현실적으로는 안개나 구름으로 인하여 장애를 일으키는 것이라고 할 것이다.

● 희생

火라고 하는 것은 깊이 있게 생각하여 보면 지속적으로 움직이면서 팽창을 하려고 하는 것과 움츠리려고 하는 것으로 이야기를 할 수가 있다는 것이다. 움츠린다고 하는 것과 거두어들인다고 하는 것은 분명 다른 뜻이다. 때문에 火라는 오행은 분명히 강한 활동성을 표현한다고 할 것이다.

다양하게 변화하는 火의 오행을 이해하고 이를 사방팔방으로 응용할 수가 있다면 자연을 상당히 많이 이해하는 사람이라고 할 수가 있을 것이다. 특히 火라는 오행은 난해(難解)하고 무형이라서 볼 수가 없으므로 더욱 이해하기 어렵다는 것이다. 마지막으로 火오행의 본성이 강한 활동으로 희생을 한다는 것이다. 이러한 활동성에서 타 오행은 어떤 역할을 하는지 이야기하여 보자.

· 활동성에서 木의 기운

유형과 무형으로 변화무상하며 잠시도 머물지 못하는 것은 木의 기운을 위하여 더욱 희생할 것이며 이는 강제성이 아니고 자연스럽게 이루어지는 것이다.

· 활동성에서 火의 기운

더욱 강력한 활동력으로 인하여 폭발적인 힘을 가하는 것이 火의 기운이라고 할 것이며 지나친 희생과 활동은 오히려 괴로울 것이다.

· 활동성에서 土의 기운

미약하고 가벼운 火의 기운이 土의 공간을 위하여 세력을 확장하고 더 넓은 공간을 이루어 많은 것을 의욕적으로 살아가게 할 것이다.

· 활동성에서 金의 기운

변화를 위하여 더욱 강하고 부드러운 것이 金의 기운을 위하여 최선을 다하여 무엇인가 이루어 내려고 할 것이다.

· 활동성에서 水의 기운

강력한 통제력을 가진 水의 기운을 변화시키려고 더욱 火의 기운이 희생하여 활동할 수 있게 노력하는 것이다.

3) 土 이야기

오행에서 세 번째로 시작하는 것이 土이다. 타 오행보다 이해하기 어려운 것이 土의 기운이며 이는 타 오행은 음과 양으로 나눌 수가 있지만 土는 음과 양으로 나누지 못하고 4등분을 하여야 한다는 것이다. 즉 음에서 양으로 진행하는 土와 양에서 양이 완성되는 土 그리고 양에서 음으로 이어지는 土와 음에서 음이 완성되는 土가 있다는 것이다. 그리고 자연에서 모든 것을 오행으로 이야기하여야 하는데 木火와 金水가 하지 못하는 이야기 전부를 土에서 하여야 한다. 그러므로 土오행은 어마어마하게 방대하다고 할 수가 있다.

크게는 타 오행의 모태(母胎)가 되기도 하고 때로는 타 오행을 연결하거나 전환(轉換)하는 역할을 한다. 다시 이야기한다면 마디를 이어주는 공간이라고 생각하여 보자. 이외에 木의 답답함을 풀어주는 土가 있으며, 火가 분열하여 소신되는 것을 막아주는 土가 있으며, 金의 강인함을 조절하는 土가 있으며, 그리고 水의 순수함을 유지하는 土가 있다.

土라고 하는 오행은 타 오행보다 특이한 성향을 가지고 있다고 생각을 하여야 할 것이다. 특이한 성향이라는 것이 다름 아닌 서로의 공간이 다르다는 것이다. 그러한 공간이 네 가지로 이루어지고 있는데 첫째는 적당한 습도(濕度)로 인하여 타 오행이 적응하기 좋은 환경을 갖추고 있다고 할 것이다. 두 번째 공간은 너무 뜨거워서 모든 것을 태워버릴 것 같은 환경으로 이루어진 곳이라고 할 것이다. 세 번째 건조하고 메말라서 타 오행이 적응하는데 좋은 조건이라고 할 수는 없다. 마지막으로 모든 것이 활동할 수 없도록 얼어있는 공간이라고 할 수가 있다.

土라고 하는 것을 단순하게 흙이라고 말한다면 곤란하다. 다만 흙이라는 성분이 土라는 오행이 전하고자 하는 뜻을 가장 많이 가지고 있다고 생각을 하여야 할 것이다. 그래서 土라고 하는 것이 처음에는 흙이라고 배우고 다음에는 무엇이든 받아들이는 것으로 익히게 된다. 이후에 土가 전하고자 하는 깊은 뜻을 우리는 알 수가 없다는 것이다. 아마도 이러한 뜻을 우리는 자연에서 찾아보아야 할 것이며 몇 가지로 줄여서 이야기한다면 이러할 것이다.

높고 낮음이나 공간적으로 또는 지형적으로 이야기할 수가 있으며 모든 오행을 연결하는 '매개체'라고 할 수도 있다. 그리고 土의 기운은 움직임이 둔하고 변화를 싫어하며, 土가 木의 기운을 만나면 공간이 지속적으로 변화하려고 할 것이며, 火의 기운을 만나면 공간을 더욱 확장하려고 할 것이다. 土가 土의 기운을 만나면 일체의 변화를 원하지 않고, 金의 기운을 만나면 변화를 싫어할 것이고, 水의 기운을 만나면 차고 최대한 압축된 공간을 필요로 할 것이다. 또한 土의 기운 속에 양의 기운이 강하면 土의 공간은 편안할 것이며, 다양한 변화로 새로운 것이 많이 생겨날 것이며, 음의 기운이 강하면 土의 공간은 답답하고 불편할 것이며, 새로운 변화는 어렵고 변함이 없거나 소멸되어 버릴 것이다. 이를 조금 더 상세하게 분석하여 이야기하여 보자.

:: 흙

농사를 짓기 위하여 흙을 뒤집어 두었다.

자연에서 바라보면 土라는 오행이 전하고자 하는 뜻을 흙이 가장 많이 가지고 있다는 것이다. 우리 주변에 흔한 것이 흙이라는 것이다. 하지만 흙의 중요성을 이해하는 사람은 의외로 적을 것이다. 흙이라는 것이 있어서 삶을 시작할 수가 있고 흙이라는 것이 있으므로 의(衣)식(食)주(住)가 해결되는 것이다. 다시 이야기한다면 土에서 시작하여 土에서 마무리를 한다는 이야기이다. 이처럼 소중한 土를 간단하게 火生土한다는 생각을 하며 火가 없으면 土가 있을 수가 없다는 생각을 버려야 할 것이다.

자연에서 찾아보는 흙이란 참으로 다양할 것이다. 木의 기운이 강하면 흙과 물이 적당하게 있어서 동식물이 풍요롭게 살아갈 수 있는 흙이 있는가 하면 火의 기운이 강하면 수분은 전혀 없어 응집(凝集)이 안 되고 동식물이 가장 싫어하는 메마른 사막 같은 모래흙으로 이루어진 곳도 있다. 또한 金의 기운이 강하면 수분이 없고 습도 낮고 건조하고 흙 속에 작은 돌이 많이 있어서 딱딱하여 동식물들이 잘 자라지 못하여도 참고 견디며 적응하면 살아갈 수 있는 흙이라고 할 것이다. 水의 기운이 강하면 너무 추워서 흙이 꽁꽁 얼어붙어 동식물들이 가장 살아가기 힘든 것이라고 할 수가 있는 곳도 있다.

흙이라는 것의 특성은 주는 대로 받고 받은 대로 돌려준다는 것이다. 그래서 흙은 정직하다는 것이며 변화를 잘 모르고 쉽게 움직이지 않는다는 것이다. 그래서 변화에 적응하는 시간이 필요하며 타협적이고 순종하는 편이다. 또한 흙은 무엇이든 받아들이며 조건을 따지지 않는다고 한다. 土의 성향이 이러하므로 타 오행이 土를 이용하지 않으면 안 된다는 것이다.

우리가 이야기하는 자연이란 인위적(人爲的)이지 않고 저절로 이루어진 환경(環境)이라고 하는데 주변을 둘러보면 산과 들이 있으며 하늘과 바다가 있다. 산에는 나무가 무성하고 들에는 농작물이 무성할 것이고 하늘은 높고 넓어서 끝이 보이지 않고 그 속에는 조류 외에도 알 수 없는 것들로 가득할 것이며 광활한 푸른 바다 속에는 수없이 많은 종류의 어류나 해초류가 살고 있다는 것이다. 이러한 공간들이 土라는 것이며 꼭 흙이라고 생각하면 안 된다. 자연에서 火生土는 살아있는 것이 죽어서 흙으로 돌아가는 것을 火의 生이라고 할 수가 있다. 우주 공간도 크게는 土이며 자연이라고 할 수가 있지만 여기서 이야기하는 자연의 영향은 받지 않는다.

:: 무엇이든 받아들이다

허공은 형체가 없는 것을 받아들인다.

土라는 것이 흙이라고 생각하다 보면 생각하는 폭이 좁아지고 흙을 떠난 이야기를 할 수가 없을 것이다. 여기서 土라는 것은 흡수하는 것이라고 한다. 무엇이든 받아주고 한곳으로 모이도록 하는 것을 土라고 하는 것이다. 다시 이야기한다면 집안이나 가방이나 상자 같은 것을 이야기하는 것이다. 이들의 공통점은 담아두는 그릇이라는 것이다. 집에는 사람과 가재도구를 넣어두고 가방은 집에서 밖으로 나오면서 필요로 한 것을 담아서 들고 다니는 것이고 상자는 많은 것을 보관하기 용이하도록 만든 것이다. 이처럼 무엇이든 담아둘 수 있는 것은 土라고 할 것이다. 여기서 火生土는 무엇이든 받아들이려면 공간을 만들어야 하는데 이러한 공간을 확장하는 것을 火라고 할 수가 있다. 즉 火의 분열이나 확장을 生이라고 표현한 것이다.

무엇이든 받아들이는 것이 타 오행의 기운을 받으면 어떻게 되는지 이야기하여 보자. 木의 기운이 강하면 재생을 할 것이고 火의 기운이 강하면 공간을 확장하여 담아두는 그릇이 커지길 바라는 것이다. 土의 기운이 강하면 하염없이 받아들여서 공간을 채우려고 할 것이다. 金의 기운이 강하며 공간이 변함없이 튼튼하고 영원하길 바랄 것이며 水의 기운이 강하면 土의 공간을 보이지 않게 할 것이다.

:: 높고 낮음

높은 바위 사이에 낮은 지붕

흙은 끝없는 평야(平野)가 아니다. 넓은 들이 있으면 높은 산도 있을 것이고 산이 높으면 골짜기도 깊을 것이다. 이러한 이치처럼 土라는 것은 높고 낮은 것을 표현한다는 것이다. 그리고 들녘이 넓으면 물이 흐르는 하천은 얕을 것이다. 다시 이야기한다면 높고 낮은 것이나 깊고 얕은 것을 土의 오행으로 이야기를 한다는 것이다. 타 오행에서는 이러한 표현을 하지 못할 것이며 할 수도 없다는 것이다. 이는 상대성의 표현이 네 가지이므로 그러한 것이다. 土의 음양으로 이야기한다면 '고저(高低)'로 표현하는데 土의 특성이 중도이므로 높고 낮음의 사이에 깊고 얕음이 발생한다는 것이다.

일상에서 공간(空間)이나 요철(凹凸)된 것은 전부 土와 관련되어 있다는 이야기다. 예를 들어 홈이 깊다고 표현을 한다면 홈의 공간이 土이며 깊은 것도 土라는 것이고 그 물건의 크기도 土에 해당한다. 그래서 넓고 좁고, 크고 작고, 높고 낮고, 깊고 얕은 것을 土로 표현한다는 것이다. 즉 공간을 이야기하는 것이다.

높고 낮음을 타 오행의 기운을 받는다면 이야기는 완전히 다르게 표현할 수가 있을 것이다. 木의 기운이 전해지면 높고 낮음이 자꾸 변화하는 것 같은 느낌이 들 것이고, 火의 기운이 전해지면 높고 낮음의 차이가 한없이 커져만 보일 것이다. 土의 기운을 받으면 높고 낮음의 차이가 있다는 느낌을 가지지 못할 것이다. 金의 기운을 받으면 그 형태가 정해진 것 같으며 水의 기운을 받으면 최대한으로 줄여진 느낌이라고 할 수가 있다. 이렇게 타 오행의 기운이 전해지는 대로 土의 이야기는 과장될 수도 있으며 때로는 없는 듯이 표현할 수도 있다는 것이다. 土라는 것이 다양한 것을 전하고자 하는데 특이한 것은 공간적인 것을 이야기하는 것이다. 여기서 火가 어떻게 土를 생하는 것인지 의심을 가져 보면 火의 느낌으로 土를 표현하는 것이 투명하고 밝아서 土의 모습을 확연히 알 수가 있다는 의미에서 火生土를 한다는 것이다.

:: 습(濕)하고 메마르며(炭) 건조(乾燥)하며 얼어있다(凍)

(濕) 적당한 수분으로 좋은 환경이다.

(炭) 뜨거워서 불모지가 되었다.

(燥) 건조하여 메말라 버렸다.

(凍) 눈이 내려 얼어서 살 수가 없다.

다른 용어로 전하기가 난감하여 글자 그대로 옮겨서 이야기하여야 할 것 같다. 이는 아주 좋은 공간이라고 할 수가 있으면 木의 기운이 강하게 작용하는 것으로 진(辰)이라고 하며 이를 습(濕)이라고 한다. 金의 기운이 강하게 작용하는 공간으로 원만하지 못하고 불편한 곳을 술(戌)이라고 하며 이를 건조(乾燥)한 공간이라고 한다. 축(丑)이라는 공간은 고정되어서 변화를 할 수가 없는 곳이라고 생각하며 水의 기운이 강하게 작용하여 동(凍)이라고 표현한다. 미(未)라고 하는 공간은 모든 것이 끝까지 화합을 하지 못하고 끊임없이 분열 확장하려고 하는 곳이며 火의 기운이 강하게 작용하여 탄(炭)이라고 표현한다.

:: 있음과 없음

木이 있고 없음의 차이

金이 있고 없음의 차이

土라는 곳에는 공간적이고 무엇이든 보관이나 담아두는 것으로 또는 끊임없이 받아들이는 곳이라고 생각하여 본다면 과연 이러한 곳이 존재 가능한가를 이야기할 것이다. 그래서 土가 전하고자 하는 깊은 의미를 새겨 볼 필요가 있다고 하는 것이다. 이처럼 土를 이해한다는 것이 어쩌면 한계의 벽에 부딪쳐서 주춤할 것이다. 木의 기운으로 넓은 공간을 만들고 수없이 많은 것을 새롭게 태어나게 할 것이며 金의 기운으로 높은 곳을 만들고 끝없이 자신의 고유한 본성을 이어가려고 할 것이다. 火의 기운으로 밝고 넓은 웅덩이를 만들고 넓은 곳으로 하염없이 먼 곳까지 자신의 영역을 확장하려고 할 것이다. 水의 기운으로 어둡고 좁은 공간을 만들고 귀한 것을 위하여 더욱 진취적으로 변화하려고 할 것이다.

:: 연결(連結)

봄에서 붉은 여름을 지나 가을로 이어주는 다리

수없이 많은 뜻을 전하는 土의 결론은 무엇이든 연결하여 주는 매개체인 것이다. 다시 이야기한다면 土를 이용하지 않고는 변화가 어렵다는 것이다. 음양과 土라는 공간을 만들어 주지 않는다고 한다면 오행이 태초에 생겨나지 못한다. 음과 양의 치열한 충돌 속에서 木 火 土 金 水가 생겨나면서 자연이 이루어지는 것이다. 우주 공간 속에서 우리가 살고 있는 곳에만 오행이라는 것이 자연의 흐름에 따라서 만화방창(萬化方暢)하는 것이며 이렇게 다양한 사물이 생겨나고 사라지는 것이 土의 기운에서 결론이 나는 것이다.

木의 기운이 강하면 서로의 영역문제로 치열한 경쟁을 土에서 할 것이며, 火의 기운이 강하면 土의 공간은 팽창으로 폭발할 것이다. 土의 기운이 강하면 아무런 변화를 하지 않으려고 할 것이며, 金의 기운이 강하면 土의 역할을 다하지 못할 것이다. 水의 기운이 강하면 土의 공간은 생사를 떠나서 모든 것이 멈추고 기다리는 상태로 들어갈 것이다.

:: 해설(解說)

오행이라는 것을 처음 공부하면서 木生火하고 火生土한다고 배우고 또한 당연히 그럴 것이라고 생각을 하였다. 하지만 土라는 것이 태극이 생겨나면서 같이 형성되었다는 것이다. 그래서 火生土라고 하는 이야기는 극히 일부분에서 통하는 이야기일 것이다.

火를 불이라고 생각한다면 타고 나면 재가 남을 것이다. 이를

土로 생각을 하였다는 것이다. 하지만 정확하게 이야기한다면 土라고 하는 오행은 타 오행을 이어주고 음양이 균형을 유지하고 서로의 화합을 이루도록 도와주면서 중간에서 경계를 이루고 있는 부분이 土라고 하여야 할 것이다.

다시 이야기한다면 土라는 오행은 다른 오행과 다르다고 생각을 하여야 할 것이다. 즉 오행이라고 하는 것보다는 삼태극에 속한다고 하여야 할 것이며 오행이라 아니라 사상이라 하는 것이 정확한 표현이다. 하지만 사상을 연결하는 고리가 土이기 때문에 중앙에 土를 배치한 것이라고 생각한다.

또한 土生金한다고 하지만 실질적으로 土가 金을 생하여 주는 것은 아니다. 다만 土속의 열로 인하여 金이라는 것이 생겨난다고 이야기하는 것이 옳은 이야기 같다. 다른 이야기로 한다면 土라는 것은 담아두는 그릇 같은 의미이기 때문에 다양한 의미에서 土生金하는 것이라고 생각하여야 할 것이다. 즉 金이라는 것이 덩어리 같은 것으로 단단하여야 한다면 표피가 있을 것이다. 이럴 때의 표피가 土라고 할 수가 있다.

土가 흙이라고 하는 것은 모든 것은 마지막에 흙으로 돌아간다는 것이다. 즉 무엇이든 마무리는 土에서 이루어진다는 것이며 흙이라고 하는 것은 살아있는 것들의 고향과도 같은 것이라고 할 것이다. 때문에 다른 오행들은 土를 이용하여 변화와 진화를 거듭한다고 할 수가 있다. 또한 土라고 하는 것이 하나의 모양으로 이루어진 것이 아니고 다양한 모양이라고 할 것인데 이를 크게 네 가지로 줄여서 두었다. 이러한 것들이 어떠한 공간을 이루고 있으며 이러한 공간 속이 어떻게 채워져 있는가를 알아야 할 것이다. 그리고 끊임없이 변화를 요구하는 곳과 그러하지 못하는 곳을 이해하여야 할 것이며 끊임없이 분열하려고 하는 곳이 있는가 하면 고정되어서 변화를 절대로 하지 않으려고 하는 공간도 있을 것이다.

이러한 土는 자신의 이익은 전혀 생각하지 않고 오로지 타 오행을 위하여 희생만 당한다고 할 수도 있다. 그래서 土의 존재가 유형적인 것과 무형적인 것으로 나누어져 있다고 할 것이다. 그리고 아무런 이익이 없이 타 오행을 서로 연결하는 매개체로 만족을 다한다고 할 것이다. 이러한 매개체도 시작하는 공간과 왕성한 공간 그리고 결과를 구하는 공간과 변화를 거부하고 모든 것을 감추고자 하는 공간으로 나누어져 있다는 것을 알아야 한다. 이러한 것을 좀 더 자세하게 알아보기 위하여 보충설명을 하여 보자.

● 흙이라고 한다.

처음 오행을 접하면서 세 번째로 등장하는 土라는 것을 우리는 흙이라고 배워왔다. 이는 흙土라는 한자에서 그대로 받아들여서 그렇게 알고 이를 지금까지 아무런 의심 없이 그렇게 전해온 것이다. 아무래도 자연 속에서는 당연히 흙이라고 생각하여야 할 것이다. 공부하는 나 자신도 흙이라는 대지 위에서 태어나 생활을 하면서 살아간다는 것이다. 그리고 그 삶이 끝이 나면 다시 흙 속으로 묻혀서 사라지고 말 것이다. 그래서 오행의 가운데에 土라는 것을 두었을 것이며 이를 흙이라고 하여 살아있는 것이며 타 오행이 흙을 이용하여 다양한 변화와 진화를 한다는 것이다.

이렇게 수없이 많은 것들이 흙이라고 하는 것 위에서 또는 흙 속에 자연스럽게 살아가고 있으니 흙을 土로 선택하였을 것이며 흙에 뿌리를 내리고 살아가는 나무나 흙을 이용하여 화기(火氣)를 저장하며 흙을 이용하여 생겨나는 金이라는 것과 흙 위나 흙 속에 집을 짓고 모든 것을 의존하는 다양한 물이 있다. 또한 흙이라고 하는 것이 여러 가지 형태나 종류로 이루어져 있다. 적당한 물기를 머금은 비옥한 흙이 있는가 하면, 수분이 전혀 없어 뭉쳐지지 못하고 바람에 휘날리는 것도 있으며, 한때는 수분이 많아서 비옥한 흙이었지만 오랜 시간이 흐르면서 수분이 증발하고 잘게 부서져 작은 알갱이로 이루어진 흙이 있으며, 아주 단단하게 굳어버린 흙도 있다.

· 흙 속의 木의 기운

땅 속에는 수없이 많은 생명들이 살아간다고 할 수가 있다는 것이다. 木이라는 것이 흙을 이용한다는 이야기가 되는 것이지 흙이 살아서 움직인다는 이야기는 아니라는 이야기다.

· 흙 속의 火의 기운

대지(大地)는 언제나 열기를 안고 있으며 이렇게 안고 있는 열기가 심하면 화산폭발이라는 것으로 이어진다. 또한 火의 특성으로 팽창을 흙에서 이야기를 한다면 지진(地震)이라고 할 수가 있을 것이다.

· 흙 속의 土의 기운

아무래도 흙이라는 것이 어떠한 공간에서 바라보면 일정한 간격이나 평평하지 못하고 굴곡이 있을 것이며 높낮이도 일정하지 못하다는 것으로 생각하여야 할 것이다.

· 흙 속의 金의 기운

아무래도 다양한 종류의 흙에서 金이라는 것을 이야기한다는 것이 좀 무리인 것 같다. 하지만 땅 속이나 대지 위에는 흙이라는 것이 강한 열에 의하여 덩어리로 이루어진 것이다. 물론 이를 파쇄(破碎)한다면 또 다시 흙으로 돌아간다는 것이다.

· 흙 속의 水의 기운

흙이 많은 수분을 안고 있다는 것이다. 이러한 흙을 辰土로 표현하는 것이다. 때로는 늪 같은 것으로 이루어져서 흙이 계속 변형되는 경우를 생각하여보자. 또 다르게 표현을 한다면 지하수라고도 할 수가 있을 것이다.

● 무엇이든 받아들이다.

土라고 시작하는 것은 처음에는 흙이라고 생각하고 그렇게 배우고 익힌다. 하지만 土라는 오행이 흙이라고 단정하는 것보다는 어떤 형태로 변화하는가를 알아야 할 것이다. 이번에는 土라는 오행이 무엇이든 받아들이는 것으로 어느 오행도 하지 못하는 것을 土는 스스로 희생을 하지만 자신의 존재를 알리고 싶어하지도 않을 것이다. 이러한 土에는 음(陰)과 양(陽)의 공간이 완전히 다르다는 것이다.

양의 공간에서는 무형적인 것을 받아들이며 음의 공간에서는 유형적인 것을 받아들인다는 것이다. 즉 양이라고 하는 것은 연기나 냄새 같은 것을 이야기할 수가 있으며 인간의 영혼도 양적이라고 할 것이다. 그래서 하늘로 올라간다는 것이다.

음적인 것은 유형적이라고 할 수 있으며 모든 사물(事物)이 흙으로 돌아간다는 것이다. 즉 인간의 시체도 결국 흙으로 돌아가야 할 것이며 썩는 것이나 타는 것이나 단단한 것이나 흐르는 것이나 모두가 공간이나 흙으로 돌아간다고 할 것이다.

결과적으로 土라고 하는 것은 희생적이면서 자신의 이익을 챙긴다고 할 것이다. 그래서 타 오행이 土를 이용하여 변화와 발전을 꿈꾸고 있지만 실상으로는 土에게 이용당하는 것이다. 여기서 이익이라고 하는 것은 土가 무엇이든 받아들이므로 인하여 변화를 한다는 의미이다. 때문에 土라는 것이 한 번 움직이면 엄청난 이변이 일어난다고 할 것이며 이로 인하여 수많은 변화가 일어날 것이다. 일상적으로 농부가 밭을 갈고자 하는 것은 보다 많은 변화를 원하기 때문이다. 즉 수확을 거두고자하는 생각에서 시작되는 것이다.

그러면 土가 무엇이든 받아들인다고 생각하고 타 오행과 만나면 어떠할지 한번 생각하여 보자.

· 무엇이든 받아들이는 木의 기운

많은 것을 받아들이고 이를 끊임없이 변화시킨다는 것이다. 즉 유형적으로 이야기한다면 수분이 증발하여 위로 오르면 이들이 다시금 모여서 비로 내린다는 것이다. 무형으로 이야기한다면 산소를 몸속으로 흡수하여 생명을 유지한다는 것이다.

· 무엇이든 받아들이는 火의 기운

무형으로 화(化)하려면 火의 기운이 필수적이라고 할 것이다. 만약 火의 기운이 없다면 무형으로 변화하지 못한다는 것이다. 또한 유형으로 변화하려고 하여도 火의 기운이 꼭 필요로 할 것이다. 때문에 火의 기운이라는 것은 공간을 채우는데 가장 강력한 기운으로 작용한다고 할 수가 있을 것이다.

· 무엇이든 받아들이는 土의 기운

공간 속에서 다양한 기운들이 서로 같은 기운으로 모여드는 것을 土의 공간이라고 할 것이다. 즉 구름이라는 것도 무거운 먹구름과 가벼운 흰 구름이 따로 따로 뭉쳐서 각각의 세력을 만들어가는 것은 土의 기운이다. 이러한 기운을 土 속의 土기운이라고 할 것이다. 또는 받아들이는 土기운과 빠져나가는 土기운을 이야기할 수도 있다는 것이다.

· 무엇이든 받아들이는 金의 기운

받아들이는 공간에서 金의 기운은 만들어진 공간이 깨어지지 않게 유지하는 것이라고 할 것이며 유형적으로 이야기한다면 이미 만들어진 것이라고 할 것이며 무형적으로 이야기한다면 흩어지지 않는 응집력을 金의 기운이라고 할 수가 있을 것이다.

· 무엇이든 받아들이는 水의 기운

어떠한 공간 속에 水의 기운은 끊임없이 흐름이 있다는 것이다. 다시 이야기한다면 유형적으로는 강이라는 것을 土 속에 물이라는 것이 쉬지 않고 흐른다는 것이며 무형적으로는 허공에 구름이 머무르지 않고 계속 흐르는 것이 水의 기운이라고 할 것이다.

● 넓고 높고 깊으며 때로는 얕다.

土라고 하는 것이 흙이나 또는 받아들이는 것으로 생각하는 것에서 조금 더 진화된 생각을 하여 본다면 이러할 것이다. 높은 것을 양(陽)이라고 하고 낮은 것을 음(陰)이라고 할 것이며 오행에서 높고 낮음을 土라고 하는 오행으로 가늠한다는 것이다. 다시 이야기한다면 지상과 지하로 구분하여 지상의 높이나 크기는 土라는 오행으로 설명이 가능하다는 것이다.

일상적으로 생각하는 土라는 고정된 관념에서 벗어나 폭넓게 한 번 생각 하여 보자. 土라는 것이 공간이라는 뜻을 두고 있는데 공간이라는 것은 크게 두 종류로 나눌 수가 있다. 즉 하늘과 땅이라고 할 것이다. 그런데 우리는 하늘이라는 것을 土라고 생각하지 못하고 오로지 흙土라는 글자의 뜻에 따라 땅이라고 생각하고 있다는 것이다. 하지만 이 글을 읽는 순간부터 흙土라는 생각을 버리고 땅도 공간이라는 생각을 하여야 할 것이다. 그리고 공간이라고 하는 것은 무엇인가가 채우려고 하는 것이다. 또는 채워가려고 한다고 생각하여야 한다. 또한 채워져 간다는 것은 항상 일정하지 못하고 먼저 채워지는 곳이 뒤에 채워지는 것보다 높을 것이며 상대적으로 뒤에 채워지는 것은 낮다는 것이다. 이러한 높이를 土라는 것으로 알 수가 있다는 것이다.

지금 채워져 가는 공간이 있는가 하면 이미 채워져서 고정된 공간도 있을 것이다. 그런가하면 채워졌다가 외부의 어떠한 작용에 의하여 흩어지는 것도 있으며 그러하지 못하고 서서히 굳어져 확실한 자신의 공간을 유지하려는 것도 있을 것이다. 이렇게 공간 속에서 높낮이를 土라는 오행으로 구별을 한나는 것이다. 물론 타 오행도 이처럼 크기를 나타낸다는 것을 알고 있어야 한다. 그러면 공간 속에서 오행의 작용을 알아보자.

· 높고 낮음과 넓고 좁음에서 木의 기운

木의 기운으로 다양한 변화가 있다는 것이다. 높낮이의 변화 또는 좁은 것은 더 넓어지는 것이나 넓은 것이 좁아지는 것도 木의 기운이라고 할 것이다. 여기서 木의 기운은 분명히 정적이지 못하고 동적일 것이고 변화할 것이다.

· 높고 낮음과 넓고 좁음에서 火의 기운

土의 다양한 모양 속에서 火의 기운은 확실한 모습을 드러내는 것이라고 할 수가 있을 것이다. 즉 공간적인 차이를 확실하게 드러내는 것은 분명 火의 기운이라고 할 것이며 이는 형체가 있고 없고의 차이라고 할 것이다. 火의 기운을 유형과 무형에서 바라본 것이다.

· 높고 낮음과 넓고 좁음에서 土의 기운

공간적인 것을 크기로 변화하여 생각하여야 할 것이다. 그러므로 土의 기운을 이야기할 수가 있다는 것이다. 즉 높은 것은 얼마나 높을 것이며 또는 얼마나 넓은 것이며, 깊이가 어느 정도인가를 土의 기운에 의하여 이루어진다는 것이다.

· 높고 낮음과 넓고 좁음에서 金의 기운

정해진 공간이 일정하게 유지하는 것을 金의 기운이라고 할 것이다. 金의 기운이 약하다고 한다면 일정한 모양을 유지하기 어려울 것이고 金의 기운이 없다고 한다면 높고 낮음이나 깊은 곳은 찾아볼 수가 없을 것이다. 이는 본래의 모양을 보존하지 못하기 때문이다.

· 높고 낮음과 넓고 좁음에서 水의 기운

정해진 공간에서 水의 기운을 이야기하는 것이 참으로 난감할 것이다. 하지만 깊고 얕음에서는 水의 기운으로 이야기하여야 한다. 높고 낮음은 木의 기운으로 판단할 것이며, 넓고 좁음은

火의 기운으로 이야기하여야 할 것이며, 金의 기운은 변화를 이야기할 것이다.

· 습하고 건조하며 차고 열기로 가득한 공간

土라고 하는 공간을 네 가지로 표현한다면 좋은 공간과 건조한 공간과 열기로 가득한 공간과 냉기로 가득한 공간으로 나눌 수가 있다. 이를 자연적으로 이야기한다면 좋은 공간이라는 것은 무엇이든 확장하려는 것으로 이야기가 가능할 것이며 이를 辰土라고 하며 건조한 공간이라는 것은 줄이려고 하는 이야기가 가능할 것이며 이를 戌土라고 한다. 또한 열기로 가득한 공간은 무엇이든 팽창하려고 하는 이야기가 가능할 것이며 이를 未土라고 하며 냉기로 가득한 공간은 무엇이든 변화하지 못하게 고정된 이야기를 할 수가 있는 공간을 丑土라고 생각하여야 할 것이다.

오행을 공부하면서 세상사의 모든 것을 다섯 가지로 초 압축하였다고 생각하여야 할 것인데 그중에서 土라는 오행이 가장 다양하고 이해하기 어려울 것이다. 이는 土라는 오행의 변화하는 과정이나 무엇을 전하려고 하는지를 다양한 방향으로 생각하지 못하고 단순하게 흙이라는 것으로만 이해하기 때문이다.

土가 변화하는 과정을 크게 네 가지로 나누었는데 이는 辰土의 시작하는 과정과 未土의 성장하려는 과정 그리고 戌土의 마무리하려고 하는 과정을 두고 있으며 끝으로 자신의 모습을 숨기려고 하는 丑土가 있다. 이렇게 변화하는 이야기를 한쪽 방향으로만 생각하지 말고 다양한 방향으로 변화무상하게 생각하여야 한다는 것이다. 물론 이러한 土의 변화도 음과 양으로 다시 나누어서 이야기할 수가 있어야 할 것이며 이러한 음양 속에서 또 다른 오행의 작용도 이해하고 이야기할 수가 있어야 진정한 土를 이해한다고 할 수가 있다. 변화하는 土를 더욱 다양한 방향으로 이해하여 보자.

● 좋은 공간

무엇인가가 시작할 수 있으면 좋은 공간이라고 할 수가 있으며 일반적으로 흙이라는 것을 이해한다면 적당한 수분을 함유하고 있어서 많은 생물들이 이롭게 살아가는 곳으로 좋은 土라서 더 많은 것을 생산할 수 있는 곳이라고 할 것이다. 부정적이지 못하고 긍정적이라 생각하며 서로에게 이로움을 주는 오행으로 음의 기운에서 양의 기운으로 변화하는 공간이라고 생각을 하여야 한다.

양적으로 생각한다면 수직적이라고 할 수가 있으며 외형적이라고 할 수가 있으며 모든 것이 왕성하여 경쟁적으로 자신의 영역을 확보하려고 할 것이다.

음적으로 생각한다면 수평적이고 내실을 중요시하는 것이라고 생각한다. 이러한 공간을 辰土의 공간이라고 한다.

· 辰土 속의 木의 기운

무엇이든 확장할 수가 있는 공간이라고 생각하여야 할 것이다. 木의 기운으로 자신을 보다 더 크게 내적이든 외적이든 이룰 수 있는 공간이라고 이야기할 수가 있다.

· **辰土 속의 火의 기운**

무엇이든 화려한 변화를 할 수가 있다. 이는 火의 기운으로 모양을 크고 화려하게 외적으로 팽창할 수가 있다는 것이다. 또한 보이지 않는 특유의 향기를 가질 수도 있는 공간이라고 할 수가 있다.

· **辰土 속의 土의 기운**

강력한 공간 확장을 주도하고 세력을 공격적이면서 또 다른 모습으로 변화하려고 이어주는 것은 바로 土의 기운 때문일 것이다. 만약 土의 기운이 약하다고 한다면 변화하는 것이 어렵다고 할 것이다.

· **辰土 속의 金의 기운**

그동안 보존하였던 것을 보여주기 위해서 金의 기운은 더욱 부드러워 질 것이며 외부로부터 공격을 받는다고 하여도 견디어 내려는 기운이 金의 성향에서 나오는 것이다. 그리고 깊이 간직한 유전인자도 金의 기운이다.

· **辰土 속의 水의 기운**

가장 좋은 조건을 만들기 위하여 절대적인 것이 水의 기운이다. 만약 水의 기운이 약하거나 없다고 한다면 이 공간은 또 다른 공간으로 변화하고 말 것이다. 때문에 水의 기운에 의하여 결정되는 것이다.

● 건조한 공간

이번에는 무엇이든 시작하려는 것이 아니고 무엇이든 정리하여 마감하려는 이야기를 하여 보자. 이러한 土를 여기서는 건조한 공간으로 戊土로 표현한다. 일반적으로 건조한 공간이라고 하는 土는 좋은 환경이라고 할 수가 없으며 모든 것을 오랫동안 보존하려고 수분을 건조시키는 공간이라고 할 것이다. 긍정적인 성향보다는 부정적인 성향이 강하고 공격적이지 못하고 방어적이라고 볼 것이며 외적 중심이 아니고 내적 중심으로 결실을 더욱 중요시 한다.

양적인 성향에서 음적인 성향으로 변화하는 과정이라고 생각하여야 할 것이다. 또한 양적으로 생각하여 본다면 외부의 도움으로 더욱 강력한 마무리를 요구할 것이다.

음적으로 생각하여 본다면 더욱 더 내실을 단단하게 하여 외부의 공격으로부터 자신을 보호하려고 최선을 다하려고 할 것이다. 이는 사람으로 생각한다면 장년층에 속하며 한 생을 정리하는 단계라고 할 것이며 자연으로 본다면 가을에 해당하며 추수하여 다음을 위하여 준비를 하는 과정이라고 생각하여야 할 것이다. 이러한 준비가 없다면 추운 겨울을 견디지 못하고 생을 마감할 것이다. 이를 戊土라고 한다.

· 戊土 속의 木의 기운

활동력을 멈추고 다음을 위하여 자신을 최대한 응축하려고 할 것이다. 동안의 에너지를 압축하여 새로운 공간을 만날 때까지 외적으로는 정적이며 내적으로는 미세한 움직임으로 또 다른 공간을 기다리는 기운이 木라고 할 것이다.

· 戊土 속의 火의 기운

무엇이든 적당한 조건으로 거두어들이려고 火의 기운을 필요로 할 것이다. 만약 火의 기운이 미약하거나 없다고 한다면 金의 보존력을 상실할 수도 있을 것이며 타 오행이 변화를 하거나 진화하는데 상당히 어려움을 가질 것이다. 적절한 火의 기운이 매우 중요한 역할을 한다.

· 戊土 속의 土의 기운

건조한 공간 속에서 土의 기운은 흩어지지 않고 이미한 공간을 지속적으로 유지하는 기운이라고 할 것이다. 동안 조건 없이 받아들이고 있었던 것을 그만두고 내실을 강하게 하려고 하는 것이 土의 기운이다.

· 戊土 속의 金의 기운

많은 것을 받아들여서 보존하고 보전하려면 金의 기운이 절실하다. 결실을 위하여 최소한의 수분을 남겨 두고 외적으로 단단하게 하려고 하는 金의 기운이 없거나 미약하다면 金의 뜻을 이루기 어려울 것이다.

· 戊土 속의 水의 기운

건조한 공간에서 水의 기운은 스스로 희생을 하여 타 오행을 이롭게 하려고 할 것이다. 이는 水의 기운이 강하면 건조한 공간의 본성을 잊어버리고 타 오행에 많은 변화를 준다고 할 것이다. 때문에 水의 기운을 아주 미약하게 필요로 한다는 것이다.

● 냉기로 가득한 공간

우리가 공부를 하면서 土라고 한다면 우선적으로 생각할 수 있는 것이 흙이라고 하는 것이다. 그런데 이러한 흙이라고 하는 네 개의 공간 속에 꽁꽁 얼어있는 공간이 있다.

이렇게 추워서 얼어있는 공간을 丑土로 표현하였으며 과연 무엇을 할 수가 있을까 하는데 얼어있다는 것을 다른 의미에서 한 번 생각하여 볼 필요가 있을 것이며 이를 다양한 방향에서 이야기하여 보자. 이렇게 얼어있는 공간 속에서 존재하고 있다면 밖으로 활동할 수가 없으니 분명히 안으로 숨어서 활동할 것이고 그 활동력을 최소한으로 줄여서 꼭 필요한 것 이외에는 하지 않는다고 생각하여야 할 것이다. 때문에 좋은 공간이라고 할 수가 없으며 양적이지 못하고 음적으로 이루어진 공간이라고 생각하여야 할 것이며 양적으로 가려고 준비하는 단계라고 생각을 하여야 할 것이다.

개구리가 멀리 뛰기 위하여 많이 웅크리듯이 강한 음의 기운에서 견디어 내어야 강한 양의 기운을 펼칠 수가 있다는 것이다.

그래서 공격적이지 못하고 방어적으로 일체의 외부와 차단하고자 할 것이며 고정된 공간 속에 움직임 없이 때를 기다린다고 생각하여 보자. 이를 사람으로 비교하여 이야기한다면 이러할 것이다. 말년으로 한 생을 정리하고 어두운 음의 세계에서 새로운 인연을 기다리는 공간이라고 할 수가 있으며 일반적인 삶에서 생각하여 본다면 이러할 것이다. 한겨울 추위로 집밖으로 나가지 못하고 집안에서 최소한의 활동과 생활을 하면서 따스한 봄을 기다린다고 생각하여 보자. 짐승들이 겨울잠을 자는 것과 같은 이치이며 이를 여기서는 丑土라고 표현한 것이다.

· 丑土 속의 木의 기운

木의 기운이 가장 견디기 어려운 곳이라고 할 수가 있을 것이다. 밖으로 자신의 뜻을 전하지 못하여도 안에서 생명을 유지하면서 때를 기다린다고 할 것이다. 겨울에 저장하고 있는 종자나 씨앗 같은 것을 생각하면 이해가 쉽나.

· 丑土 속의 火의 기운

火의 기운을 절실히 요구하는 공간이라고 할 수가 있지만 火의 기운을 필요로 하지는 않는다. 차고 어두운 공간에서 火의 기운은 감각(感覺)이라고 할 수가 있을 것이다.

· 丑土 속의 土의 기운

차고 어두운 공간을 최대한 압축하는 기운이 土라고 할 수가 있을 것이다. 수축하여 가장 힘겨운 공간 속에서 모든 것이 스스로 변화할 수 있도록 마련된 공간이라고 할 수가 있다.

· 丑土 속의 金의 기운

金의 기운이 가장 필요로 하는 공간이라고 할 수가 있을 것이다. 이는 차고 어두운 공간이 없으면 金의 기운은 변화할 수가 없으며 자신의 기운을 전해줄 수가 없다는 것이다. 金의 기운은 이러한 공간에서 더욱 강인한 기운을 만들어 낸다고 할 수가 있다.

· 丑土 속의 水의 기운

가장 강한 기운을 가지려고 할 것이며 더욱 차고 어두운 공간을 이루어서 확실한 변화를 하려고 기약 없이 水의 기운은 더욱 강력하게 압축하려고 할 것이며 더욱 강인한 오행으로 진화하려고 할 것이다. 이러한 水의 기운이 없다고 한다면 더 이상의 진화는 어려울 것이며 멈추지 못하고 외적으로 확장만 할 뿐이다.

● 열기로 가득한 공간

이번에는 火의 기운이 강한 공간이다. 土의 다양한 공간을 이야기하면서 좋은 조건으로 무엇이든 시작하려는 공간과 다음을 생각하여 마무리하려는 공간 그리고 기약 없이 그대로 멈추고 기다리는 공간을 이야기하였다. 마지막으로 자신의 뜻을 넓게 펼치려고 하는 공간을 未土라고 표현한다. 무엇이든 받아들여서 확장하고 내적으로 다져지는 것이 아니고 외적인 것을 더 중요시하는 공간이다.

흙으로 비교하여 이야기하여 보면 火의 기운이 강하여 흙이라는 것이 강한 열에 의하여 응축할 수 있는 水의 기운을 증발시켜 버리고 그로 인하여 분열되고 이렇게 분열된 흙은 외부의 흐름에 약하고 불안하여 먼지처럼 날리는 수도 있으며 때로는 최소한의 水의 기운으로 알알이 뭉쳐진 모래 같은 것이라고 할 수도 있다는 것이다. 이러한 흙에서 무엇이 이루어진다는 것은 희박한 이야기가 되는 것이다. 즉 사막이나 흙먼지로 이루어진 척박(瘠薄)한 땅이라고 생각하고 이러한 곳에서 무엇이 존재할 것인가를 한번 생각하여 본다면 이해하기 쉬울 것이다.

음의 기운은 아주 미약하고 양의 기운이 너무 강하여 이러한 현상이 일어난다고 할 것이다. 이렇게 강한 열기로 이루어진 공간 속에서 내적으로 무엇인가를 받아들인다고 할 수가 없을 것이다. 때문에 내적으로 받아들여야 할 것도 水의 기운을 증발시키고 가볍게 하여 외적으로 분해하여 버릴 것이다. 아니면 태워서 한줌의 재처럼 미세한 가루로 만들어서 공간 속을 자유로이 유영(遊泳)하게 할 것이라고 생각하여 보자. 이는 멀리 보내기 위하여 그렇게 한다면 좋을 것이지만 생명체를 가진 것이라면 상당히 불안할 것이다. 다행히 좋은 공간 속으로 들어간다는 약속이 있다면 좋겠지만 그러하지 못하다면 참으로 불행하다. 때문에 기약 없고 어떠한 변화가 일어날 것이라는 예측도 불허한 공간이라고 할 수가 있으며 이러한 공간은 강한 火의 기운으로 인하여 끊임없이 팽창하려고 할 것이다. 이를 사람으로 비교하여 이야기한다면 자신의 감정을 다스리지 못하고 침착성을 잃어

버리고 매사에 흥분된 상태로 주변을 불안하게 할 것이다. 이를 여기서는 未土라고 한다.

· 未土 속의 木의 기운

지속적으로 木의 기운을 필요로 할 것이다. 이는 뜨거운 기운은 멈출 수가 없다는 것으로 어떠하든 움직인다는 것이다. 그래서 더욱 강한 木의 기운을 요구할 것이다. 이러한 공간 속에서의 木이라는 것은 강력한 활동력이라고 할 것이다.

· 未土 속의 火의 기운

火의 기운이 더해진다면 강력한 팽창으로 공간이 폭발할 것이다. 그래서 양의 기운이 강한 火의 기운은 더 넓은 공간을 요구할 것이다. 다시 이야기한다면 끊임없이 공간을 확장하려고 하는 기운이라고 할 것이다.

· 未土 속의 土의 기운

뜨거운 기운으로 확장된 공간이라서 土의 기운이 불확실하다고 할 수가 있을 것이다. 이는 지속적으로 팽창하고 폭발하여 경계가 불확실하다는 의미일 것이다. 그래서 土의 기운이 미세하여 역할을 할 수가 없다고 생각하여야 할 것이다.

· 未土 속의 金의 기운

뜨거운 공간 속에서 金의 기운은 부드러움이라고 표현하여야 할 것 같다. 뜨거운 기운 속에 유형적인 金의 기운은 견디기 어려워 최소한으로 이루어질 것이며 무형적으로 표현한다면 부드러움이 金의 기운인 것이다.

· 未土 속의 水의 기운

밝고 건조한 공간 속에 水의 기운을 느껴 본다고 하는 것은 참으로 어려운 경험일 것이다. 뜨거운 공간 속에 타 오행을 이야기한다면 水의 기운은 분명 아지랑이 같은 기체로 이루어진 것이 水의 기운일 것이다.

● 무형과 유형적인 것으로 나눔

지금까지의 이야기에서 완전히 흙이라는 성분을 기본으로 두지 않고 이야기하는 것이라고 생각한다. 土라는 것이 무엇이든 받아들이고 흡수한다는 것은 어떠한 공간이 채워져 있는 것인가 아니면 비어 있는가를 이야기할 수가 있다. 다시 이야기한다면 유무(有無)를 알아보는 것이라고 할 수가 있다.

하늘이라는 공간은 양적이고 비어 있는 공간이며 이는 무형적이라고 할 것이며 땅이라는 공간은 음적이며 채워져 있는 공간이라고 할 수가 있으니 유형적이라고 할 수가 있을 것이다. 때문에 土라고 하는 것은 실상 존재하는가와 존재하지 않는가를 따져 보는 것으로 생각하여 다양한 이야기를 하여야 한다.

하늘의 무형적인 공간을 양으로 이야기한다면 넓고 맑다고 할 수가 있으며 음적으로 이야기한다면 낮고 어둡다고 할 수가 있다. 땅의 유형적인 공간을 양적으로 표현한다면 위로 넓고 돌출된 것이라고 할 수가 있으며 음적으로 표현한다면 좁고 깊은 계곡으로 생각하여 보자. 그래서 土라는 것을 존재하는 것인가 아니면 완전히 비어 있는 것인가를 이야기할 수가 있다는 것이다. 지금부터 土라는 오행의 이해를 넓게 하여 보자. 그러하지 않고 단순하게 흙이라는 막연한 생각 속에서 土라고 하는 오행을 이해하려고 한다면 참으로 어리석은 생각일 것이다. 흙이라고 생각한다면 지상의 공간과 지하의 공간을 생각하여 지상은 무형적이며 양적이고 지하는 유형적이며 음적인 공간이라고 생각하여야 할 것이다.

· 무 유형 속의 木의 기운

무형에서 木의 기운이라고 할 수 있는 것은 움직임은 있는데 볼 수가 없다는 것이며 유형으로는 끊임없이 변화하는 것이라고 할 수가 있다. 사람으로 이야기한다면 나이가 들어갈수록 늙어지는 것을 이야기할 수가 있을 것이다. 나이는 시간으로 볼 수가 없지만 육신은 공간적으로 노화(老化)하는 것을 알 수가 있다는 것이다.

· 무 유형 속의 火의 기운

이는 열(熱)과 빛(光)을 비교하여 보자. 열이라는 것은 무형으로 분명히 느끼지만 볼 수는 없다. 하지만 빛이라고 하는 것은 분명히 볼 수는 있는데 잡을 수는 없다는 것이다. 이처럼 분명 공간 속에 존재하는 것을 알 수가 있지만 火는 무형이라서 느낌

뿐이다.

· 무 유형 속의 土의 기운

土라는 공간은 허공이라는 무형으로 이루어진 공간이라고 하지만 땅은 거대한 공간이라고 하지 않고 덩어리진 것으로 유형이다. 땅이라고 하는 것은 유형으로 이루어진 것이면 무엇이든 받아들이고 있다는 것을 경험으로 인하여 알 수가 있다. 하지만 허공 속으로 사라지는 것은 거대한 무리일 경우에는 형상은 볼 수가 있지만 무리가 적으면 형상을 볼 수가 없다. 분명 허공도 무형으로 이루어진 모든 것을 받아들이는 것은 분명하다.

· 무 유형 속의 金의 기운

공간 속의 金의 기운은 허공 속에는 수없이 많은 박테리아나 세균들이 존재한다. 물론 이를 육안으로 확인할 수 없다는 것은 무형적이다. 하지만 육안으로 확인되는 꽃가루는 유형에 속한다고 할 수가 있으며 이를 확대 해석한다면 씨앗이나 열매라고 할 수가 있을 것이다.

· 무 유형 속의 水의 기운

하늘의 구름이나 공기속의 수분을 무형적 水의 기운이라고 이야기할 수가 있을 것이다. 이들이 분명 존재하고 있다는 것을 알고 있지만 이러한 입자들이 모여서 거대한 덩어리를 이루고 있는 것이 물이라고 한다. 이를 유형적 水의 기운이라고 할 것이며 또 하나의 공간을 만들 것이다. 이를 우리는 바다 또는 호수라고 한다.

● 매개체이다.

마지막으로 土라고 하는 오행이 하고자 하는 목적은 타 오행이 원만하게 조화를 이루도록 도와주고 그 뜻이 이루어지도록 상호작용을 한다는 것이다. 또한 음양의 균형을 이루도록 할 뿐만 아니라 순수하고 새로운 오행이 생겨나도록 도와준다는 것이다. 그리고 상호 오행간의 균형도 이루도록 할 뿐만 아니라 상호간의 원활한 흐름을 조율하고 또한 상호오행의 부적절한 관계까지 중재하는 역할을 한다는 것이다. 土가 모든 음양과 오행의 중간에서 적절한 중재역할을 잘 한다면 또 다른 오행 속의 오행이 새롭게 생겨 날 것이다.

궁극적으로 土라는 것이 모든 것을 위하여 희생한다는 것이며 자신의 이익을 생각하지 않는 것으로 보아야 할 것이다. 따라서 土라는 오행이 무엇을 전하고자 하는지는 깊이 있게 생각하여 보자.

처음에는 유(有)와 무(無)에서 다양한 공간을 이루고 있을 것이며 이러한 공간도 아래와 위로 나누어진다고 한다. 이러한 공간을 이용하여 수없이 많은 것을 조건 없이 받아들이고 이렇게 받아들인 것을 하나의 덩어리로 만들거나 때로는 그 모양을 감추어 두기도 한다는 것이다. 필요에 의하여 드러내기도 하고 소멸하기도 하는데 이럴 때 어떠한 조건에 의하여 또 다른 무엇인가가 생겨나게 되는 것이다. 이를 우주 공간에서 이야기한다면 작은 물질들이 우주 공간을 유영(遊泳)하다가 어떠한 조건에 의하여 뭉쳐져서 새로운 행성이 생겨난다고 생각하여 보자. 이렇게 뭉쳐지는 동안에 강한 충돌로 인하여 아주 작은 입자(粒子)로 변화하는 것도 있을 것이다.

결과적으로 이야기한다면 土라는 공간 속에서 또 다른 무엇인가를 생겨나게 하려고 자신이 희생한다는 것이다. 이렇게 희생하여 서로에게 이익 되게 하거나 아니면 목적이 다한 것을 분해하여 또 다른 것으로 변화하여 새로운 인연을 만나게 하려고 하는 오행이 土라는 것이다.

사람으로 비교하여 이야기한다면 이러할 것이다. 알 수 없는 어두운 그곳에서 부모라는 인연을 만나서 새로운 생명을 부여받게 되는 것이다. 그래서 육신(肉身)자체를 土라고 하는 것이다. 이렇게 생겨난 육신은 각각의 공간 속에서 자신의 능력에 따라 살아갈 것이며 어느 정도의 시간이 지나고 나면 육신은 또 다른 공간 속으로 들어가서 흩어질 것이고 본성의 마음도 오행의 흐름에 따라 끝없는 공간을 유영(遊泳)하면서 또 다른 인연을 위하여 때를 기다린다고 할 것이다. 이처럼 모든 것은 土라는 오행을 이용하여 생멸을 이어간다고 할 것이다.

· 매개체 속에서 木의 기운

木의 기운은 공간을 최대한 이용하여 자유로운 유영(遊泳)으로 자신의 영역을 이어가면서 영원한 생을 유지하려고 할 것이며 끊임없는 활동으로 주인이 되고자 하는 것이다.

· 매개체 속에서 火의 기운

火의 기운은 공간 속에서 자신의 기운을 드러내어 또 다른 오행을 위하여 희생하려고 할 것이다. 비록 형체는 없어도 최선을 다하여 팽창할 수 있도록 하는 기운이다.

· 매개체 속에서 土의 기운

土의 기운은 공간을 최대한 활용하여 더 많은 것을 받아들이고 이를 다른 기운과 화합하여 새로운 오행이 만들어지는 것을 원할 것이다. 때로는 오행의 마침표를 土에서 할 수 있게 모든 것을 정리하여 준다.

· 매개체 속에서 金의 기운

金의 기운은 공간 속에서 하염없이 부드러워 걸림 없이 자신의 존재를 영원히 전하고자 하는 것이다. 때문에 金의 기운은 土의 공간을 가장 좋아할 것이며 만약 土라는 공간이 없다고 한다면 金의 뜻은 이루어지기 어렵다.

· 매개체 속에서 水의 기운

水의 기운은 土의 공간을 가장 잘 활용하고 水의 기운이 응집하는 공간으로서 영원한 안식처로 이용할 것이다. 水의 기운은 土를 이용하여 자신의 모습을 다양하게 변화한다고 할 것이며 土가 없으면 水의 오행은 사라지고 말 것이다.

4) 金 이야기

오행의 네 번째 이야기는 金이다. 단 하나의 뜻을 전하려고 하는 것이 아니고 다양한 변화를 하나의 오행 속으로 압축(壓縮)하여 전하고자 하는데, 이를 우리는 쉽게 이해하지 못하고 학문이 전해 주는 것으로 만족을 느끼고 익히며 그 이상도 이하도 없다고 생각한다. 하지만 나무木이나 불火, 그리고 흙土와 물水자는 각각의 오행이 전하고자 하는 깊은 뜻을 많이 간직하고 있지만 쇠金자는 아닌 것 같다. 차라리 돌 석(石)자가 맞을 것 같은데 무엇 때문에 쇠金자로 표현하는지 알 수가 없다. 이는 돌에서 가공되어 나오는 것이 쇠라서 그렇게 이야기하는 것이며 오행 중에 2차 가공된 언어로 표현하는 것은 오로지 金뿐이다.

金이라는 오행이 전하는 것은 자신이 강하다고 하여 돌이나 쇠 같은 것으로 드러낸다. 하지만 이를 조금 더 이해하여 본다면 씨앗이라고 하는 다양한 열매들을 생각하여 볼 수가 있다. 열매가 많은 뜻을 가지고 있는 것이 아니고 다양한 종자라는 것을 열매로 표현한 것이다. 이러한 열매는 자신이 오랫동안 변함없이 자신의 모습을 유지하려고 하기 때문이다. 다시 이야기한다면 꽃가루처럼 연약한 것이 있는가 하면 연꽃의 씨처럼 하염없이 단단한 것도 있다는 것이다. 또한 다양한 모양과 방법을 통하여 최대한 자신을 보호하면서 살아남을 수 있도록 선택한다는 것이다.

열매의 종류도 다양할 것이다. 그래서 태(胎) 란(卵) 습(濕) 화

(化)로 나누었으며 이렇게 생겨난 씨앗들이 어떠한 환경에서 자신의 존재를 보존하려고 강하게 또는 부드러운 모습을 할 것이며 이는 어떠한 결과를 요구하기 때문이다. 金이라는 것이 강함의 대명사처럼 알고 배워왔다. 하지만 金오행의 깊은 뜻을 알고 보면 그렇게 강한 것으로 이해하는 것도 좋지만 어느 오행보다 부드럽고 유연하다는 것을 느낄 수가 있을 것이다.

표면적으로 드러내는 모습이 강하고 단단하게 보이지만 내면에 감추고 있는 것은 그러하지 못하다고 할 것이며 때로는 표면부터 부드럽고 연약한 것도 많이 있다. 이는 金오행을 깊이 있게 이해한다면 눈으로 확인도 가능하며 실질적으로 주변에는 그러한 것들이 많이 존재하기에 쉽게 알 수가 있다.

분명 金이라고 할 수가 없지만 이들을 金이라고 하여야 하는, 金이 전하고자 하는 본래의 뜻을 알아야 할 것이다.

외적으로 단단하고 강하게 보이면서 내적으로는 하염없이 부드러운 것이 열매라고 하는 것이며, 이를 상식적으로 나뭇가지나 뿌리에 맺어진 것을 열매라고 한다. 하지만 포유류는 알이나 열매라고 하지 않고 정자(精子)라고 하거나 정충(情蟲)이라고 할 것이며, 파충류나 다양한 곤충들이 낳는 것은 알이라고 한다. 그런데 알이라는 것이 습한 곳에서 나는 것도 있지만 식물의 꽃가루처럼 너무 작아서 화분(花粉)이라고도 한다. 또 다른 표현을 한다면 종자(種子)라고 하는 것도 많다. 이처럼 겉이 강한 것을 대표하는 이야기보다 자신을 오랫동안 전하고자 하는 것이 金의 목적일 것이며, 강하고 단단한 것에서부터 하염없이 부드러운 것까지 金이라고 할 수가 있을 것이다. 때로는 바람마저도 金의 기운을 가진 것이라고 할 수 있다. 또한 사람이 봄이 오면 무거운 옷을 벗고, 겨울이 오면 또 다시 두꺼운 옷으로 갈아입듯이, 金의 기운이 강한 가을에는 양기를 안으로 감추려고 한다. 반대로 木의 기운이 강한 봄에는 음의 기운은 감추고 양의 기운을 밖으로 드러낸다고 한다.

열매가 처음에는 예쁘고 어느 정도 익어 가면 착색이 되어서 탐스럽지만, 오래 두면 시들고 표면이 거칠고 과즙은 마르고 씨앗이 썩거나 갈라질 것이다. 사람도 이처럼 늙으면 살이 쳐지고 뼈가 약해져서 자리에 누워 버리는 것이다.

:: 쇠

철 구조물 아래 철길이 있고 중간에는 철로 만들어진 기차와 탱크

자연에서 쇠라고 하는 것보다는 오히려 돌이라고 하는 것이 더 어울리는 언어 같은데 왜 쇠라는 단어를 사용하는지 모르겠다. 아무래도 쇠보다는 돌이 먼저이며 돌 속에서 쇠가 나오는 것이다. 그래서 음양오행의 이야기는 후대에 누군가가 전해오는 구전(口傳)을 언어로 표현하였으며, 구전을 그대로 기록하지 못하고 주필(主筆)자의 생각으로 기록한 것 같다. 사실 자연에는 쇠라는 것이 없다. 다만 돌 또는 바위라고 하는 것이 있을 뿐이다. 쇠라는 것이 2차 가공되어야 생겨나는 것인데, 왜 쇠 金자로 표현하는지 알 수가 없다. 그리고 자연에서 쇠는 金生水가 될 수 없지만 바위에서는 물이 흐른다는 것으로 알 수가 있을 것이다.

돌이라고 하는 것이 金오행이 전하고자 하는 뜻을 가장 많이 가지고 있다는 것이다. 단단하고 오랫동안 변화하지 않고 모양이 부드럽고 속에는 또 다른 성분의 쇠를 가지고 있으면서 때를 기다릴 줄 아는 것이 金의 전하고자 하는 의미이다. 이처럼 쇠가 아니고 자연 속에서는 돌이라고 하는 것인데 우리들 주변에 흔하게 있으므로 귀하게 취급을 하지 않는다. 하지만 쇠로 2차 가공이 되면 그야말로 귀금속이라는 언어로 바뀌는 것이다.

쇠에서 木의 기운은 재생(再生)하는 것이라고 할 수가 있을 것이다. 火의 기운은 2차 가공되어 형상(形狀)을 기억하는 것이라고 할 수가 있을 것이며, 土의 기운은 하나의 덩어리라고 할 것이며, 金의 기운을 가진 것은 쇠를 2차 가공하여 더욱 강력한 종류일 것이며, 水의 기운은 열에 의하여 녹아 흐르는 것이라고 할 수가 있을 것이다.

:: 돌(石)

돌을 다듬어서 성곽을 세웠다.

처음 金이라는 오행을 배울 때 가장 많이 듣는 것이 돌이 아니면 쇠일 것이다. 왜 돌이라고 하는지 무엇 때문에 쇠라고 하는지는 표현하는 글자가 쇠金이라서 그렇게 알고 있다. 이러한 이야기가 틀린 것은 아니다. 그러하다고 전체를 대변할 수도 없다는 것이다. 돌이 가지고 있는 성향이 가장 金오행에 잘 어울린다고 할 수는 있다. 즉 돌이라고 하는 것이 처음에는 한 점의 먼지에서 시작한 것이며 쇠의 성분이 많이 들어있는 것을 '광석'이라고 한다. 그래서 2차 가공한 것을 쇠라고 하는 것이다.

돌이라고 하는 것은 수없이 많은 시간이 지나도 그 모습이 변함이 없는 것은 단단하기 때문일 것이다. 돌이라고 하는 것은 스스로 움직임이 없으며 타에 의하여 변화하거나 진화가 가능한 것이다.

돌에서 木의 기운은 변화하는 것이라고 할 것이며, 火의 기운은 다양한 색(色)이나 모양을 두고 이야기할 수가 있을 것이며, 土의 기운은 크기를 이야기하고, 金의 기운은 단단함을 이야기할 것이며, 水의 기운은 돌 속에 스며든 수분을 이야기할 것이다.

:: 단단하다

쇠를 다스리는 망치

金이라는 오행이 두 번째로 전하는 뜻은 단단하다는 것으로 자연 속에서는 당연히 열매나 종자 같은 것이라고 할 수가 있다. 이는 돌이나 쇠의 특징이 단단하다는 것이며 오랫동안 견디기 위함이다. 오랫동안 견디어야 하는 것은 씨앗이라고 할 것이며 이들은 껍질이 단단한 것이 많으며 때로는 껍질이 연한 씨앗도 많이 있다.

金이라고 하는 오행의 목적은 보존(保存)이므로 金의 기운이 강하다고 하여야 하지만 보존을 강하고 단단하다고 뜻을 이루는 것은 아니다. 때문에 부드러움이 필수적일 때도 있다는 것이다. 즉 열매는 외적으로 단단하면서 내적으로 부드럽다고 할 수가 있을 것이다. 껍질이 단단하여 부드럽고 연약한 종자를 보존할 수가 있다는 것이다.

단단함에 木의 기운은 오랫동안 보존하려는 것이며, 火의 기운은 수분을 막아주는 것이며, 土의 기운은 안팎으로 공간 확보를 하는 것이며, 金의 기운은 외부의 충격에 견디어 내는 것이고, 水의 기운은 더욱 응축하는 것이라고 할 것이다.

:: 강하고 부드러움

강하고 부드러운 대나무

金은 단단한 것을 원칙으로 하는 것이다. 하지만 단단하게 이루어져야 하는 원인은 오랫동안 자신의 모습을 변함없이 유지하려고 하는 것이다. 그래서 단단하여 본래의 성품을 가지는 것도 있지만 단단한 것이 오히려 잘 깨어져 오랫동안 전할 수가 없고 부드러운 것이 더욱 오랫동안 견딜 수가 있다는 것이다. 강함과 부드러움의 차이는 어떻게 알 수가 있는지도 궁금할 것이다. 이는 강함을 단단한 것으로 생각하지 말고 다른 방향으로 생각하여 보면 좋을 것 같다. 강함이라고 하는 것은 외적이지 않고 내적으로 생각하여 보자. 인간으로 이야기한다면 정신력과 육체를 동시에 이야기하는 것이며 단단한 것은 물질적인 표현이다. 즉 인간의 몸으로 표현한다면 체격이 단단하다고 하며 정신이 단단하다는 표현은 하지 않는다. 부드러운 것의 목적은 오랫동안 전해지기 위하여 어떠한 환경에도 적응을 잘한다는 의미이며 단단한 것의 목적은 오랫동안 깨어지지 않으려고 하는 것이다.

강함과 부드러움에서 木의 기운인 곡직(曲直)은 이러할 것이다. 직(直)은 더욱 바르고 곡(曲)은 더욱 유연하게 할 것이며, 火의 염상(炎上)은 더욱 열기가 거세고 빛은 화려하게 할 것이며, 土의 가색(稼穡)은 외부가 변화하여도 내부에는 변함없는 본성을 유지하려고 할 것이며, 金의 종혁(從革)은 보존을 위하여 확실한 변화를 할 것이며, 水의 윤하(潤河)는 모이면 강하고 부드러우면 흐름이 자유스러운 기운이다.

:: 태(胎) 란(卵) 습(濕) 화(化)

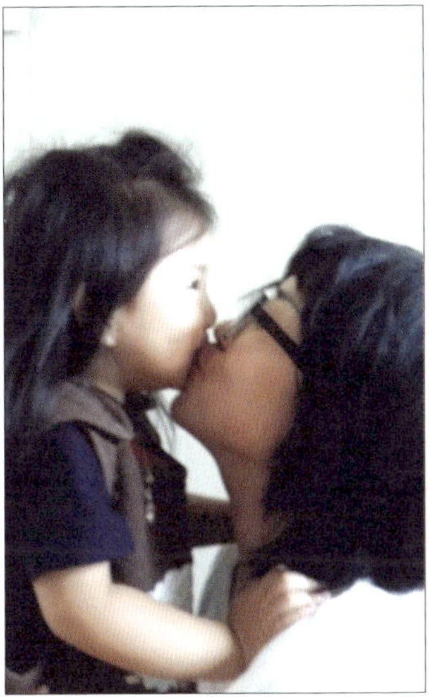

(胎) 모태에서 번식한다.

(卵) 알을 통하여 번식한다.

(濕) 물속에서 번식한다.

(化) 가루를 이용하여 번식한다.

오랫동안 잘 간수하여 남아 있으려면 꼭 단단하여야 할 이유는 없다는 것이다. 즉 환경에 알맞게 모양을 바꾸어서 전해 주면 되는 것이다. 때문에 다양한 변화를 일으킨다고 할 수가 있다. 때로는 단단하게 또는 부드러워지든가 아니면 모태(母胎)의 주머니를 이용하는 방법도 있지만 아주 가볍게 하여 걸림 없이 하는 방법도 있다. 이렇게 다양한 방법을 통하여 자신의 기운을 전하는 것은 金의 기운이 강하게 스며들어 있기 때문이라고 할 것이다. 이러한 기운이 없다면 지금의 유전적(遺傳的)이라는 단어는 사용할 수가 없었을 것이며 무엇이든 처음으로 생겨나서 자신의 존재를 남기지 못하고 사라질 것이다. 金의 기운이 강하게 남아있기 때문에 유전적으로 전해지면서 영생을 꿈꾸고 있을 것이다. 이처럼 金의 기운은 무엇이든 보존하려고 하는 기운이 강하다고 할 것이다.

태란습화에서 木의 기운을 받으면 목적을 이룰 때까지 생을 유지할 것이며, 火의 기운을 받으면 완벽한 부화라고 할 것이며, 土의 기운을 받으면 자신의 공간을 충분하게 이용할 것이며, 金의 기운을 받으면 보존을 위하여 최선을 다할 것이다. 그리고 水의 기운을 받으면 충분한 에너지가 충만하여 오랫동안 그 모습을 유지할 수가 있을 것이다. 이처럼 다양한 오행의 기운에 따라서 많은 의미를 달리할 것이다.

:: 보존(保存)과 보전(保全)

변함없이 지금까지 이어온 보물(寶物) 석등(石燈)과 건축물(建築物)

씨앗은 자신의 성분을 가지고 오랫동안 견디면서 적당한 때를 만나면 스스로 발아한다는 것이다. 즉 열매는 때가 되면 저절로 단단하여 지고 이들이 조건이 맞으면 저절로 싹이 튼다고 할 것이다. 그래서 보존도 하고 보전도 한다고 할 수가 있다. 金이라는 것이 왜 단단하여야 할 것이며 왜 부드러워야 하는 것인지를 이해하여야 할 것이다. 이러한 것을 알지 못하고 단순하게 돌이나 쇠의 성분만을 가지고 있다고 이해한다면 金이 원하는 목적을 놓치게 되는 것이다.

보존은 본래의 성품을 유지하여 발전하고 진화하려고 하는 것이라고 생각하며, 보전이라고 하는 것은 본래의 모습을 그대로 유지하려고 하는 것이라고 할 것이며, 金의 기운을 간직하였다고 보는 것이다. 金의 기운은 자신이 보존하는 것이 아니고 타 오행이 보존하도록 하는 것이며 또한 보전할 수 있도록 기운을 전하는 것이다.

木의 보존성은 영원한 존재라고 할 것이며, 火의 보존성은 언제라도 조건이 맞으면 火의 기운을 발산할 수 있도록 하는 것이며, 土의 기운에서는 필요를 느끼지 못할 것이며, 金의 보존성은 본성이라고 할 것이며, 水의 보존성은 자신의 모습을 변화하는 것으로 만족할 것이다.

:: 결론(結論)

힘겨운 삶의 끝에는 풍성한 결실이 맺어진다.

金은 어떠한 방법을 가리지 않고 결실을 위하여 자신의 모든 것을 하염없는 시간이 흘러도 전하는 것이 목적이라서 때에 따라 아주 유연하게 변화한다는 것이다. 그렇게 하여야 보존할 수가 있으며 또한 보전도 가능하다는 것이다. 그래야 결실을 맺는다고 할 것이니 金의 결과를 결실이라고 하는 것이다. 때문에 金은 자신의 결실을 위하여 수단과 방법을 가리지 않고 타 오행을 이용한다. 때로는 木을 이용하여 살아있는 생명체가 스스로 활동하여 수정하거나, 火를 이용하여 일시에 보이지 않을 만큼의 작은 화분(花粉)으로 변화할 것이다. 土를 이용하여 보다 넓은 곳으로, 보다 높이 올라갈 것이며, 金을 이용하여 깨지지 않게 단단한 껍질을 이용하기도 하고, 水를 이용하여 자신의 뜻을 이루기도 한다는 것이다. 이렇게 金이라는 것은 목적을 위하여 다양한 방법으로 뜻을 이룬다고 생각을 하여야 할 것이다.

:: 해설(解說)

金이라고 하는 오행의 또 다른 공간이 형성되어 있는데 이 공간 속으로 들어가서 조금 더 깊이 있게 이해하여 보자는 것이다. 어느 오행이든 한 방향으로 생각하고 이해를 한다면 이는 잘못된 것이라고 할 수가 있다.

무극이라는 공간 속에서 크게 음과 양으로 나누어서 이야기하는데 이 두 세력에서 알 수 없이 많은 것들이 생겨나며 이렇게 생겨난 것들을 다섯 가지로 묶어둔 것이 오행이라고 하였다.

다시 이야기한다면 이렇게 나누어진 오행 속에 金이라는 덩어리가 무엇으로 이루어진 것인가를 공부하려고 한다면 처음에는 쇠라고 하는 것에서 시작하여 어떻게 변화하며, 어떠한 형태로 가야하는지 알아보고, 이들이 다양하게 변화하는 것도 이해하여야 할 것이며, 목적이 무엇이며, 어떠한 결과를 감추고 그렇게 하는지를 알아야 할 것이다.

만약 이러한 깊은 뜻을 이해하지 못하고 글이 전해주는 상(像)으로만 이해하고 이야기한다면 후학들에게 아무런 도움이 되지 못하고 자신도 오행공부를 하였다고 할 수가 없다. 즉 金이라고 하는 것이 단단하다는 것으로 생각하지 말고, 왜 단단하여야 하는가를 생각하여 보자는 것이다. 그리고 이유를 알았으면 '꼭 그렇게 단단하여야만 하는 것일까?' 하는 의문을 가져보고 목적에 따라서 분명히 또 다른 이유가 있다고 생각하여 보자.

또한 金이라는 오행 속에서 다른 오행의 기운이 분명히 존재한다는 것을 어떻게 이해하고 공부하여야 하는지 좀 더 깊이 있게 알아보자.

· **돌이나 쇠라고 한다.**

金이라고 하면 가장 먼저 떠오르는 단어가 쇠이다. 아니면 바위나 돌이라고 할 것이다. 이는 쇠金자를 오행으로 표현하기 때문이며 金의 특징상 2차 가공되어야 가능하다는 의미에서 쇠라고 하는 것이다. 자연에서는 쇠라는 것이 없으며 돌에서 쇠가 나온다는 것은 더 이상 이야기할 필요는 없다는 것이다.

가장 金의 기운을 많이 가지고 있는 것은 쇠라고 하는 것이지, 바위라 할 수는 없다. 이는 바위 속에서 쇠의 성분인 철이 나온다는 것이며, 작게는 돌이라고 하며, 돌이라는 것이 土의 기운이 강하기 때문에 金이라고 단정(端正)하기에는 무리이다.

바위도 다양하게 이야기할 수가 있을 것이다. 다시 이야기한다면 쇠의 성분이나 바위의 강도에 따라서 수없이 많은 이야기를 하여야 할 것이며 쓰임에 따라서 이야기도 달라질 것이다.

특히 쇠나 바위 같은 것은 타 오행의 기운이 작용하기 힘이 든다고 할 것이다. 이는 쇠라는 것이나 바위라는 것이 외부에서 강한 타 오행의 기운에 의하여 형성되었기 때문이라고 할 수가 있다. 특히 火의 기운이 가장 강하게 작용하였다고 할 것이다. 金이라는 것이 가장 절실하게 필요로 하는 것이 적절한 火의 기운이라고 할 것이다. 이처럼 쇠나 바위 속에서의 타 오행의 기운은 어떻게 이해를 하여야 하는지 한번 생각하여 보자.

· 쇠나 바위 속의 木의 기운

木의 기운이 가장 적응하기 힘든 곳이 바로 쇠나 바위라고 할 수가 있을 것이다. 이는 金剋木이 가장 많이 작용한다고 할 것이다. 자연 속에서 바라본 바위는 木의 기운이 필요로 하지 않는다고 할 것이다.

쇠나 바위라는 것이 생명도 없고 스스로 움직이지 못하며 소멸되어 가는 것도 木의 기운이라고 할 것이며 수없이 많은 시간이 흐른 후에 土속에서 金은 조금씩 생겨나는 것을 木으로 표현하는 것이다.

· 쇠나 바위 속의 火의 기운

火의 기운으로 바위 속의 쇠를 추출(抽出)할 수가 있다. 하지만 火의 기운은 바위 속에 존재하지 못한다고 할 것이다. 이는 바위 속에 강한 水의 기운으로 火의 기운이 소멸되었다고 할 수가 있다. 하지만 외적으로 火의 기운에 의하여 쇠나 바위가 이루어진다고 할 수가 있으며 이로 인하여 내적으로는 火의 기운이 미치지 못하고 활동하는 것도 어렵다고 할 것이다. 하지만 미약하게 火의 기운을 가진다고 한다면 석탄(石炭)같은 것이라고 할 수가 있을 것이다.

· 쇠나 바위 속의 土의 기운

土속에서 오랜 시간이 흐르면서 土의 압력과 열에 의하여 형성된 것을 바위라고 한다. 이렇게 형성된 바위는 자신의 공간을 시간이 흐르면서 土의 기운에 의하여 확장을 하거나 때로는 줄어드는 경우가 있을 것이다. 또한 바위라는 것이 또 다른 강한 물체와 부딪쳐 깨어지고 쪼개지면서 결국 土라고 하는 흙이 되는 것이다. 이처럼 끊임없이 반복되는 관계를 이루고 있다.

· 쇠나 바위 속의 金의 기운

바위 속에서 金의 기운을 이야기한다는 것은 바위 속에 또 다른 단단한 오행이 있다는 것이다. 이를 火의 기운을 이용하여 추출하면 쇠라는 것이 생겨난다. 이렇게 생겨난 쇠는 火의 기운에 의하여 더욱 강한 쇠가 탄생하게 되어있다. 즉 이는 바위 속의 金의 기운이라고 할 것이다. 단단한 것을 더욱 단단하게 하려면 火의 도움이 필수적이라고 할 수가 있을 것이다. 쇠나 바위 속에 火의 기운은 미약하지만 외부로부터 火의 기운을 받지 못한다면 쇠나 바위 속의 金의 기운은 약하다고 할 것이다.

· 쇠나 바위 속의 水의 기운

바위 속에는 미세한 틈이 있으며 이 속에는 水의 기운이 가득하다고 한다. 이러한 水의 기운이 바위틈에서 외부의 온도에 따라서 밖으로 뭉쳐서 떨어지기도 하며 때로는 위로 솟아오르기도 한다. 하지만 쇠 속에는 水의 기운이 없다고 할 것이다. 다만 차다는 것이 水의 기운 때문이라고 할 수가 있다. 역시 외부 火의 기운에 의하여 水의 기운을 드러낸다고 할 것이다.

● 열매나 씨앗처럼 단단한 것

앞장에서 쇠라고 하고 또는 바위라고 표현하였다. 하지만 조금 더 진화(進化)된 생각을 하는 사람들은 씨앗이나 열매라고 할 것이다. 이는 단단하다는 것에서 진화된 생각이라고 할 것이다. 단단하다는 것이 꼭 바위나 쇠로만 표현한다면 잘못된 생각일 것이다. 열매도 단단하고 씨앗도 단단한 것이 있으며 때로는 하염없이 부드러운 것도 있을 것이다.

즉 연꽃의 씨앗 같은 것은 수없이 많은 시간이 지나서야 싹이 트는 것을 볼 수가 있다는 것이다. 아니면 한쪽 부분을 깨트려 주어야 한다. 그래서 씨앗이나 열매가 단단하다고 생각하고 金으로 표현하는 것이다. 이렇게 金이라는 오행의 변화는 열매에서 또 다른 변화를 표현할 것이다.

즉 열매나 씨앗이 꼭 단단하게만 이루어진 것이 아니고 부드러운 것과 가벼운 것도 있을 것이다. 다시 이야기한다면 金이라는 것이 씨앗이라고 생각하고 씨앗의 목적을 생각한다면 종자(種子)가 되는 것이고 이러한 종자는 환경이나 보전하는 방법에 따라서 다양하다는 것이다.

씨앗이라고 하는 것은 자신의 유전적인 인자를 흙 또는 조건에 맞는 곳에 심어서 더 많이 번식하고 주변의 변화에 적응할 수 있게 자율적 조정이 가능하도록 되어 있다는 것이다. 다시 이야기한다면 하나의 종자를 끊임없이 이어 나가는 것이라고 할 것이다.

열매라고 하는 것은 음양의 조화에 의하여 맺어진 결과물이라고 할 것이며 이렇게 맺어진 열매 속에서 가장 좋은 것으로 다음에 더 많은 것을 거두고 자신의 존재를 오랫동안 전하려는 목적으로 보관하여 두는 것을 씨앗이라고 하며 조건이 맞을 때에 파종(播種)하여 더 많은 것을 보전하고 보존하려고 할 것이다. 때문에 金이라는 것이 단단한 것에서 벗어나 오랫동안 자신의 본래 목적을 위하여 수없이 많은 뜻을 가지고 있다는 것이다. 이러한 깊은 뜻을 이해하려면 상당히 어려울 것이다. 이러한 뜻을 알고자 하여 자연을 가까이 한다면 보다 쉽게 이해하고 또한 눈으로 볼 수가 있다고 할 것이다. 이러한 열매나 씨앗 속에서의 타오행의 기운을 이야기하여 보자.

· **열매나 씨앗 속의 木의 기운**

열매 속에는 분명히 새로운 생명의 종자(種子)가 있다는 것이다. 씨앗이라는 것은 木의 결실이라고 할 수가 있으며 金과 木의 기운은 서로 克을 하는 것 같으나 깊이 생각하여 본다면 하나의 일체감으로 느껴지는 부분이 많다. 때문에 어떠한 조건이 맞으면 새로운 생명이 생겨날 것이고 이를 木의 기운이라고 할 것이다. 만약 木의 기운이 없다고 한다면 본래의 목적을 잃어버리고 말 것이다.

· **열매나 씨앗 속의 火의 기운**

火克金하는 조건으로 열매나 씨앗 속에서의 火의 기운은 피한다고 할 것이다. 이는 火의 기운이 작용한다면 열매는 붉은 색으로 완전히 익혀진 상태라고 할 것이다. 하지만 씨앗 속에서 火의 기운이 강하게 작용한다면 씨앗은 자신의 뜻을 이룰 수가 없다. 그래서 외부에서 火의 기운을 이용하여 내부의 수분을 증발하여 본래의 목적인 보존과 보전하려는 것이다. 때문에 火의 기운은 역시 외적으로 작용하는 것을 요구할 뿐이지 내적으로는 미약한 것이 좋다.

· 열매나 씨앗 속의 土의 기운

土의 기운은 상당히 중요한 역할을 한다고 할 수가 있다. 열매의 껍질이나 씨앗의 씨방을 土라고 할 수가 있으며, 열매나 씨앗 속에서 土의 기운이 사라진다면 열매와 씨앗은 존재할 수가 없다. 여기서 土의 기운은 뭉쳐지는 기운이라고 할 것이다. 즉 土의 기운에 의하여 무엇인가 생겨나고 또한 이렇게 土의 기운 속에 또 다른 오행의 기운이 작용하여 열매와 씨앗이 생겨난다고 할 수가 있다. 이는 金의 기운 속에 土의 기운이 있으며 역시 土의 기운 속에 여러 기운들이 있다는 것이다.

· 열매나 씨앗 속의 金의 기운

열매 속의 씨방(房)을 金의 기운이라고 할 수가 있을 것이며 또한 씨방 속의 씨 '핵(核)'을 金의 기운이라고 할 수가 있을 것이다. 또는 열매가 단단하게 익어가는 것이라고 할 수도 있으며, 씨앗 속의 金의 기운은 더욱 견고하게 굳어져서 자신의 뜻을 전하려고 하는 것이라고 할 것이다. 만약 金의 기운이 약하다고 한다면 본성을 전할 수가 없을 것이다.

· **열매나 씨앗 속의 水의 기운**

열매의 과즙이나 씨방을 감싸고 있는 부분이 水의 기운이라고 할 수가 있으며 만약 水의 기운이 미약하다면 오랫동안 보존 가능할 것이며 水의 기운이 강하다면 오랫동안 보존하는 것이 불가능하지만 외부의 환경에 따라서 金 기운이 강한 씨가 살아남으려면 때론 강한 水의 기운을 원하는 경우도 있을 것이다. 하지만 강한 水의 기운으로 인하여 씨가 썩어버릴 수도 있다. 때문에 水의 기운이 강하다면 속성을 요구하여야 할 것이고, 水의 기운이 미약하다면 장기적이라고 할 수가 있다.

· **부드러움과 강함이다.**

지금까지의 金이라는 오행은 유형적인 것을 기본으로 하여서 이야기를 하였다. 하지만 金의 목적에서는 어떠한 형체를 두고 하는 것이 아니고 金오행이 전하고자 하는 목적이 무엇인가를 이야기하려고 한다.

金이라고 하는 오행의 기본은 쇠나 바위처럼 단단하고 하염없는 시간이 흘러도 변화하지 않고 원형을 유지하는 것으로 알았고 또 자신의 유전적(遺傳的)인 정보(情報)를 보전하고 본래의 모습을 되도록 보존하려고 하는 것을 金이라고 하였다.

이렇게 전하고자 하는 것이 종자(種子)이며 이러한 종자의 모양이 다양하게 나누어지므로 인하여 그 모양이 다양한 방법으로 전해지는 것이다. 이들을 깊이 생각하여 본다면 강한 것과 약한 것이 아니고 굳센 것과 유연한 것을 이야기하고자 하는 것이다.

金이라고 하는 것이 단단하고 강하다는 생각으로 지금까지 전해지고 있는 것이 사실이다. 이는 아주 잘못된 것이라고 생각하며 金이라는 오행을 완전하게 이해하지 못하고 단순하게 외형적인 것으로만 이야기하여서 그러할 것이다.

金이라는 오행을 깊이 속으로 들어가서 이해하여 보면 가장 유연하면서 굳세고 외적으로 가장 단단한 것 같으면서 한편으로는 가장 여린 것이 金이라고 할 것이다. 이는 乙庚이 合金하는 깊은 이유를 이야기하는 것이다.

그래서 강한 것도 金이요, 부드러운 것도 金이라고 한다. 강하고 굳센 것이 바위요, 유연하여 깨어지지 않은 것이 바람이다. 바람이 왜 金오행에 속하는가는 깊이 생각하여 보면 알 수가 있다.

자연에서 가장 부드럽고 강한 것이 바람이라고 할 수가 있기 때문에 金의 오행으로 이해하여야 할 것이다. 또한 바람이라고 하는 것은 시간이며 시간은 공간 속에 존재하므로 인하여 土生金이라고 하는 것이다.

굳세고 유연한 것을 자연에서 유형적인 것으로 표현한다면 정액 속의 정충(精蟲)이라고 할 수가 있을 것이다. 이해가 되지 않는다면 우리 인간사를 정자로 생각하여 보면 될 것이다. 이러한 관계 속에서 타 오행의 작용을 알아보자.

· 강하고 부드러움 속의 木의 기운

金이라고 하는 것을 종족 번식을 위하여 외적으로 강하면 속이 부드럽고 외적으로 부드러우면 생명력이 강하다는 것이다. 유연한 것이 내적으로 움직임이 없다면 木의 기운이 없다는 것이다. 또한 외적으로 강하다고 한다면 안으로 살아있어야 할 것이며 그러하지 못하다면 木의 기운이 없는 것이라고 할 수가 있다. 木의 기운이라는 것이 움직이는 것이며 살아남기 위한 것이라서 그렇게 생각하는 것이다. 때문에 木의 기운이 굳건하다는 것은 외적으로 꺾어지지 않으려고 할 것이며 내적으로는 끝없이 보존하려고 하는 것이라고 할 것이다. 木의 기운이 유연하다고 하는 것은 외적으로는 타원형 같다는 것이고 내적으로는 부드럽지 못한다면 보전할 수가 없다는 것이다.

· 강하고 부드러움 속의 火의 기운

火의 기운으로 더욱 활발하게 할 것이며 또한 더욱 확장할 수 있게 할 것이다. 다시 이야기한다면 세포분열(細胞分裂) 같은 것이라고 할 수가 있다. 그러하지 못한다면 金이 전하고자 하는 뜻은 이룰 수가 없을 것이다. 火의 기운은 외부에서 내부로 전하는 것을 더욱 필요로 할 것이다. 만약 내부에서 火의 기운이 강하게 작용한다면 역시 金의 목적을 이루지 못할 것이며 또한 내부에서 火의 기운은 목적에 따라서 조금 다르지만 미약한 것이 좋다. 그래야 오랫동안 보전할 수가 있을 것이다.

· 강하고 부드러움 속의 土의 기운

土의 기운은 흩어지지 못하게 하려고 하는 것이며 타 오행의 도움으로 외형을 미약하게 조금씩 확장하려고 하는 기운이다. 이러한 기운이 아주 작은 덩어리를 만드는 것이라고 할 것이다. 이렇게 만들어진 덩어리를 필요에 따라서 金의 기운이 강하면 단단하게 할 것이며, 水의 기운이 강하면 하염없이 유연할 것이며, 木의 기운이 강하면 더욱 커질 것이며, 火의 기운이 강하면 가볍게 할 것이다. 土의 기운이 없으면 金의 핵은 환경에 적응하지 못할 것이다.

· 강하고 부드러움 속의 金의 기운

金의 기운이 강하게 작용한다면 부드러워서 걸림이 없을 것이며 또한 더욱 강하고 단단하여 자신의 의지와는 상관없이 오랜 시간을 여행할 것이다. 때문에 본성을 보존하려고 더욱 단단하게 하여야 할 것이며 한 없이 부드러움으로 걸림 없이 전해주려고 할 것이다. 金의 기운은 강유(强柔)를 동일하게 작용할 필요가 있다고 할 것이다. 그래야 시절인연에 의하여 어떠한 결과를 유지할 것이고 변화되지 않고 파괴되지 않게 하여야 金의 기운이 강하게 결실을 맺을 수가 있다.

· 강하고 부드러움 속의 水의 기운

강함 속의 水의 기운은 에너지이고 감추고 있다는 것이다. 무엇인지는 모르지만 갑갑하고 어두운 공간 속에서 조금의 변함도 없이 그대로 참고 있는 것이 水의 기운일 것이며, 최대한 참고 견디는 것이라고 할 것이다. 만약 水의 기운이 없다면 전하고자 하는 것을 전하지 못할 것이다. 이는 핵심적인 정보를 유지하는데 필요한 에너지를 최대한 응축하여 보관하기 때문이다.

· **태(胎) 란(卵) 습(濕) 화(化)로 변화할 것이다.**

金이라는 오행이 다양한 모양으로 많은 것을 전하려고 할 것이다. 하지만 학문적으로 전해 주는 것 이외의 것은 알 수가 없다는 것이다. 자연에서는 수없이 많은 것을 전하려고 하지만 이를 알고 이해하려고 하는 사람은 그리 많지 않다는 것이다. 다섯 개의 공간을 만들어 두고 자연적인 것을 유형과 무형에 따라서 나누어 둔 것인데, 金이라고 하는 오행의 공간 속에도 다른 오행들처럼 알 수 없는 많은 뜻을 전하여 주고자 할 것이다. 아무리 단단하고 강한 것이 金이라고 하지만 변화한다는 것이며 왜 그렇게 변화하는지 이해하여야 할 것이다. 金이라고 하는 오행의 형태는 보전하고 보존하려고 한다는 것인데 무엇을 보전하고 보존한다는 것인지 알아보자.

인간사에서 멀게는 오행을 이야기하고 크게는 공간이나 덩어리로 이야기를 하지만 가까이는 살아가는 이야기를 다섯 종류로 나눈 것이다. 이럴 때 가까이에서 바라보는 金이라는 것은 열매나 곡식일 것이고 곡식을 먹거리로 생각할 수도 있다는 것이다. 하지만 곡식 이전의 열매에서 다양한 모습으로 보전하고 보존한다는 것이다. 이렇게 전하는 것이 크게는 네 가지로 나눌 수가 있는데 이를 '태란습화' 라고 하는 것이다. 이러한 것들은 환경의 지배를 받으므로 인하여 보존하고 보전하는 방법이 다르다.

가장 좋은 환경 속에서 완벽하게 보전하고 보존할 수가 있는 것을 '태(胎)' 라고 한다. 이는 자신의 체내에서 일정한 기간 동안 키우면서 유전적인 정보를 전하여 주는 것이라서 그러할 것이지만 동시에 많이 낳지 못한다는 단점이 있다. 하지만 철저한 보호본능으로 인해 수많은 정보를 편안하게 보전하여 주고 최대한 안전하게 보존된다는 장점도 있다. 金의 기운이 가장 약하고 부드러운 것이라고 은밀하게 전해지고 있다는 것이다.

조금은 불안하고 위험한 환경 속에서 자신의 유전적인 것을 단단한 알이라는 것으로 전해주는 것을 '란(卵)'이라고 한다. 그래서 오랫동안 자신의 유전적인 정보를 가지고 전할 수는 있어도 항상 불안하다는 단점이 있다. 그래서 완전한 보전은 가능하지만 오랫동안 보존할 수는 없으므로 동시에 많이 낳는다고 할 것이다. 金의 기운이 완전히 노출되어 있어서 항상 불안하고 환경적인 조건이 맞아야 부화(孵化)할 것이다.

습한 기운이 강하고 환경적으로 안전하지 못한 곳에서 자신의 유전적인 정보를 전하는 것을 '습(濕)'이라고 하는데 항상 위험하므로 인하여 상당히 많은 개체를 동시에 낳고 최소한의 시간을 이용하여 보전과 보존이 가능하도록 할 것이다. 金의 기운이 약하고 노출되어 있으며 보호받지 못한다. 기온의 변화에 민감하여 적당한 환경이 만들어지면 동시에 많은 것이 부화할 것이다.

환경적으로 가장 불안전하고 전하고자 하는 방법도 불안전한 것을 '화(化)'라고 할 것이다. 또한 자신의 유전적인 정보도 불안전하게 보전하고 보존할 것이다. 그래서 시간을 두고 많은 양을 외부의 도움을 받아서 하염없이 무작정 방출한다고 할 것이다. 金의 기운이 연약하여 다양한 변화를 이룰 것이다.

이렇게 태란습화는 환경의 지배를 받으므로 인하여 다양한 방법으로 자신의 모든 것을 전하고자 할 것이다. 이를 크게 네 가지로 줄인 것을 이야기하며 이들도 金이라는 오행으로 보아야 한다. 이러한 金을 조금 더 자세하게 이야기하여 보자.

· 태(胎)

태(胎)라고 하는 것은 자신의 체내에서 완전한 모양을 갖추어질 때까지 기다렸다가 때가 오면 분만하여 밖으로 드러내는 것이다. 이렇게 밖으로 나온 이후에 어느 정도 성장할 때까지 적당한 보호를 받으며 성장한 이후에는 본능적으로 살아가는 것이다.

· 태속의 木의 기운

태에서는 쉬지 않고 움직이거나 생을 유지하며 때로는 성장하는 것이 木이다. 이는 체내에서 자신의 모든 정보나 생김새까지 전해 주어야 하기 때문에 木의 기운이 강하게 작용한다고 할 것이다. 木의 기운이 미약하게 작용한다면 보전이나 보존이 어려울 것이고 또한 무엇인가가 부족한 상태로 밖으로 나올 것이다. 보전이나 보존하려는 木의 기운은 진화(進化)일 것이며 결실을 원한다고 할 것이다.

· 태속의 火의 기운

태에는 火의 기운은 상당히 중요하다. 만약 火의 기운이 없다고 한다면 심각한 손상을 입을 것이다. 세포가 분열하는 것도 火의 기운일 것이고 때로는 강력한 水의 기운인 어둠 속에서 火의 기운인 안(眼) 이(耳) 비(鼻) 설(舌) 신(身) 의(意)가 감각이나 촉각이 골고루 발달한다는 것이다. 그리고 항상 火의 기운으로 살아간다는 것이다. 조금이라도 火의 기운이 떨어지면 많은 장애를 일으킨다고 할 것이다. 보전이나 보존하려는 火의 기운은 유전적인 인자를 전하는 것이다.

· 태속의 土의 기운

하나의 작은 핵(核)이라고 하는 세포가 지속적으로 분열하면서 자신의 몸집을 키운다는 것이다. 이렇게 몸집이 커지는 것이 土의 기운이라고 할 것이다. 만약 土의 기운이 약하다고 한다면 다른 기운들이 서로 화합을 하지 못하여 균형을 이루지 못할 것이다. 보전적인 土의 기운은 외형적인 모습을 유지하는 것이라고 할 것이다. 또한 보존하려는 土의 기운은 덩어리가 소멸하지 않고 원래의 모습 그대로 이어가려는 기운일 것이다.

· 태속의 金의 기운

金의 기운이라고 할 수가 있는 것은 유전적인 핵(核)이라고 할 수가 있으며 핵은 다른 오행의 기운으로 분열하면서 이를 지탱하려고 하는 金의 기운이 생겨난다. 가장 중요한 부분을 변함없이 이어받는다는 것이 어렵고도 힘이 든다는 것이다. 만약 金의 기운이 없다고 한다면 아무리 좋은 환경이라고 하여도 멸종(滅種)할 것이다. 때문에 金의 기운이 강하면 보존하려는 능력이 뛰어날 것이다.

· **태속의 水의 기운**

태라는 것은 水의 기운에 의하여 보전과 보존이 된다고 하여야 할 것이다. 시작도 水의 기운으로 생겨나고 마지막에도 水의 기운이 사라지므로 인하여 마감하는 것이라고 할 것이다. 타 오행의 중요도가 높지만 水의 기운이 없다고 한다면 태라는 것은 있을 수가 없다. 또한 水의 기운이 너무 강하면 차가워서 안 될 것이고 약하면 온도 조절과 에너지가 부족하여 안 된다. 때문에 보존하려면 적당한 水의 기운이 꼭 필요하다는 것이다. 水의 기운으로 타 오행의 기운을 적절하게 조정하면서 변화를 요구하는 것이다.

· **란(卵)**

란(卵)이라고 하는 것은 자신의 유전적인 성분과 종자를 단단한 껍질 속에 넣어서 밖으로 드러낸다는 것이다. 단단한 것은 언제든지 깨어질 수가 있으므로 한 번에 상당히 많은 수(數)를 생산한다고 할 수가 있으며, 이렇게 밖으로 드러낸 것은 환경적인 조건이 만들어지고 적당한 火의 기운에 의하여 생사(生死)가 결정될 것이다. 성숙되지 못하고 단단한 껍질의 보호 속에서 외부의 조건에 의하여 다양한 변화를 일으킨다고 할 수가 있다.

란으로 보전하려고 하는 것은 수없이 많다. 하지만 이들은 환경의 지배를 받아야 할 것이며 또한 환경 적응력이 약하므로 짧은 시간에 많은 수를 동시에 생산하여야 할 것이며 또한 일시에 조건을 맞추어 부화하여야 할 것이다. 만약 동시에 최대한 많이 전하지 못한다면 멸종의 위기를 맞이할 수도 있다. 때문에 상당히 불안한 상태라고 할 수가 있지만 환경적으로 그러한 조건이 성립되었기 때문에 강한 金의 기운만을 생각하면 안 되는 것이다.

· 란 속의 木의 기운

외적으로는 정적이지만 내적으로 살아있다는 것이다. 木의 기운이 없다면 보전이나 보존을 하고자 할 명분이 없으며 이는 단순히 단단한 덩어리에 불과 하다고 할 것이다. 하지만 木의 기운으로 끊임없이 전하고자 하는 것을 보전하고 보존할 것이다. 외형적으로는 보존한다고 할 것이며 내적으로는 木의 기운이 강하게 작용하여 유전적인 정보를 보전할 것이다. 또한 외부로부터 火의 기운을 받으면 木의 기운은 더욱 자신의 뜻을 전하고자 할 것이다.

· 란 속의 火의 기운

란의 특성상 외적으로 火의 기운을 가장 많이 필요로 한다. 그리하여 내적으로는 최소한 火의 기운을 가지고 있으며 밖으로부터 火의 기운에 의하여 안에서 변화가 다양하게 일어난다고 할 것이다. 이러한 변화에 의하여 보존은 가능하지만 보전적인 역할은 떨어진다고 할 것이다.

· 란 속의 土의 기운

土의 기운은 세 가지로 되어 있다고 할 수가 있다. 외부에 딱딱한 부분은 金의 기운이라고 하지만 껍질이라는 덩어리는 土의 기운이다. 이러한 내용물이 덩어리로 이루어져 있는데 중심부에 전하고자 하는 유전적인 정보가 있으며 이러한 유전적인 정보를 보호하고 환경적으로 火의 기운을 받으면 본래의 모습으로 변화한다고 할 수가 있다. 외부의 껍질은 보전을 위하여 土의 기운으로 감싸고 있으며 내부에는 보존을 위하여 덩어리져 있다. 이렇게 이루어진 덩어리는 水의 기운이지만 어떠한 덩어리는 土의 기운이라고 할 것이다.

· 란 속의 金의 기운

외부의 단단한 껍질이 金의 기운으로 이루어져 있다. 하지만 껍질이라고 하여 모두가 단단하게 이루어져 있지는 않다는 것이다. 또한 단단하지 못하다고 하여 金의 기운이 없다고 할 수는 없다. 오로지 유전적인 내부의 인자를 金이라고 하여야 할 것이다. 그래서 외적으로는 보전을 위하여 金의 기운이 필요로 할 것이고 내적으로는 보존을 위하여 金의 기운이 필요로 하는 것이다.

· 란 속의 水의 기운

외적으로는 水의 기운이 아주 미약하다고 할 것이다. 하지만 내적으로는 완전히 水의 기운으로 이루어져 있다고 할 것이다. 외적인 水의 기운은 습한 곳에서 가능할 것이며 유전적인 金의 기운에 水의 기운이 없으면 보전은 가능하지만 보존이라는 것이 어렵다고 할 것이다. 水의 기운이라는 것은 자신을 감추는 것도 水의 기운이라고 할 수가 있으므로 깊이 감추어져 있다고 할 수도 있다. 그래서 란의 특성으로 전하고자 하는 것을 겹겹이 싸고 있다고 할 것이다.

· **습(濕)**

습(濕)이라고 하는 것은 水의 기운이 많은 곳이며 이러한 곳에서도 오행이 존재한다는 것이다. 그러한 가운데 자신의 모습이나 성분을 전하려고 하는 것들이 있다. 때문에 환경이나 기온의 급속한 변화에 따라서 생사(生死)가 결정되므로 많이 생산하고 빨리 부화(孵化)를 하여야 할 것이다. 이러한 것들은 水의 기운처럼 부드럽게 알을 낳고 이들이 자연 속에서 타 오행의 도움으로 부화하여 스스로 살아갈 수 있는 환경을 선택할 것이다.

金오행 속에 水의 기운을 가진 것이 습이라고 생각을 하여야 할 것이다. 여기에서는 강하고 단단하다는 의미에서 생각을 한다면 잘못이다. 오로지 종족 번식의 원칙에 의하여 이야기를 하고 이해를 하여야 할 것이다. 다양한 金의 변화를 이해한다는 것이 참으로 난감할 것이지만 단순하게 金이라는 것은 번식을 위한 것으로 모두가 金에 속하는 것이라고 생각하여 보면 쉽게 이해를 할 것이다.

습이라는 것은 水의 기운이 강하여 생겨난 것으로 이해하지만 아무리 水의기운이 강한 곳이라고 하여도 번식이라는 원칙이 있다고 한다면 이는 金오행으로 생각하여야 할 것이다.

· 습속의 木의 기운

木의 기운이 습한 것을 만나면 참으로 견디는 것이 어렵다. 보전을 위하여 자신의 알맞은 환경으로 습한 곳을 선택하여 살고 있다는 것이다. 습한 것은 동적(動的)으로 이야기할 수가 있으며 이는 보존을 위하여 흐름에 흔들거리는 것이라고 할 것이다. 그러하지 못하고 정적(靜的)이면 견딜 수가 없을 것이다. 습한 곳에서 金이라고 하는 것을 이해하기 어려울 것이다. 하지만 金이라는 것을 열매나 씨앗이라고 생각한다면 물속에 낳은 알도 金에 해당하는 것이다.

· 습속의 火의 기운

습에서 火의 기운이라고 하는 것은 적당한 온기를 이야기하는 것이다. 차고 더운 것을 水의 기운에서 이야기할 수가 있는데 水오행 속에서 火의 기운을 이야기하여야 한다는 것이다. 때문에 火의 기운이 미약할 것이다. 그러하지 못하고 火의 기운이 강하면 金은 녹아 버릴 것이다. 하지만 火의 기운이 없다고 한다면 습한 곳에서 보전하고 보존하려는 金의 뜻을 이루지 못할 것이고 위험에 처하게 된다는 것이다. 火라는 것이 꼭 밝고 따스하다고 할 수가 없으며 기온을 이야기할 때는 水오행 속의 火의 기운이라고 할 것이다.

· 습속의 土의 기운

土라는 기운으로 서로 뭉쳐서 하나의 덩어리로 환경에 적응하여 자신의 유전적인 것을 전한다고 할 수가 있다. 강한 土의 기운으로 뭉쳐져서 흩어지지 않고 처음의 모습을 유지하고 본래의 뜻을 전하려고 하는 것이며 그렇게 환경적인 고난을 극복하여 때와 조건이 맞으면 진화하고 변화할 것이다. 습에서 土의 기운은 상당히 강하다고 할 것이며 土의 기운이 없다면 보존할 수가 없다고 할 것이다.

· 습속의 金의 기운

金오행이 습에서는 '종자(種子)' 라는 것이다. 하지만 습에서의 金의 기운은 바로 유연성(柔軟性)이며 강하고 단단한 것을 원하지는 않는다. 최대한 유연하여 자연의 변화에 적응하면서 타 오행의 도움으로 보전과 보존을 위하여 끈질기게 견디어야 할 것이다. 때문에 보전하려는 金의 기운은 부드러워지고 유연하여야 할 것이며 보존은 유전적인 인자를 변화하여 본래의 성체인 木으로 변화하는 것이 金의 기다림이며 결과이다.

· 습속의 水의 기운

액체로 이루어져서 水의 기운이라고 할 수가 있다. 水의 기운이 많아서 습하다는 것인데 이렇게 습한 기운에서 액체로 보전하고 보존한다는 것이다. 그리고 자신의 유전적인 정보도 이러한 환경에 잘 알맞도록 보전해 줄 것이다. 水의 기운이 강하여 습한 환경이 만들어지며 이러한 곳의 水의 기운은 액체(液體)로 이루어져야 잘 적응할 것이다. 만약 액체로 이루지 못한다면 습이라고 할 수가 없으며 水의 기운이라고 할 수가 없을 것이다.

· 화(化)

화(化)라고 하는 것은 자신의 유전적인 정보를 가진 씨앗을 미세한 가루처럼 가볍게 하여 먼 곳까지 이동할 수 있게 한 것이다. 때문에 한 번에 수없이 많은 가루를 동시에 뿌리며 이들이 다양한 환경의 변화에 적응하도록 유전적인 변화를 할 수 있게 되어 있다는 것이다. 자연적인 조건이 맞으면 다양한 모습으로 피어난다고 할 것이다.

화(化)라고 하는 것은 가볍다는 의미이며 공기 속에서 바람을 이용하여 원하거나 원하지 않거나 타력에 의하여 옮겨지는 것이다. 金이라는 것이 다양한 변화를 하고 단단하다는 뜻을 가지고 있지만 꽃가루가 金오행에 속한다고 한다면 이해하기 어렵다. 하지만 金은 열매이고 열매는 씨앗이며 씨앗은 종자라고 생각하여 보자. 때문에 화분(花粉)도 엄격히 씨앗이며 金이라고 하는 것이 당연한 것이다.

지금까지 생각하였던 金이라는 오행은 엄청나게 큰 바위에서 쇠 같은 것이며 보석이나 열매라고 하였다. 하지만 가장 작은 꽃가루까지 金이라고 이해하여야 한다. 즉 金이라고 하는 것은 종자라고 생각하여야 할 것이다.

무작정 단단하다는 고정된 생각을 버리고 꽃가루 같은 것도 金오행 속에서 火의 기운이 강한 것이라고 생각하여야 할 것이다. 다시 이야기한다면 金이라는 오행 속에서 火의 기운을 이야기하는 것이며, 또 다시 火의 기운 속에 또 다른 오행을 이야기하는 것이다. 아무리 작아도 자신의 유전적인 정보를 가지고 보전하고 고유의 모습을 보존한다는 것은 오로지 金오행에서 가능하다는 것이다. 이를 조금 더 깊이 생각하여 보자.

· 화(化)속의 木의 기운

자력(自力)이 아닌 타력(他力)에 의하여 이동하는 경우가 많으며 특히 바람을 이용하는 경우가 가장 많다는 것이다. 그렇게 가벼워도 생명체인 木의 기운이 있다는 것이다. 그리고 金오행 속에서 火의 기운으로 보전하는데 그렇게 전해지는 것이 본래의 모습으로 보존 가능하다는 것이다. 특히 대기 속에서 먼지 속에는 수없이 많은 바이러스가 포함되어 있다고 한다. 이러한 바이러스도 여름날의 火의 기운이 강할수록 더 높이 더 멀리까지 갈 수가 있을 것이다.

· 화(化)속의 火의 기운

火의 기운이 더욱 강하여 化라는 것이 더욱 높이 더욱 멀리까지 자신의 유전자를 보내고자 하는 것이다. 火의 기운이 없다고 한다면 유동적이지 못하여 보전하기 어려울 것이고 火의 기운이 강하다면 환경적으로 보존이 어려울 것이다. 습도가 조금 올라갈 때 火의 기운이 어느 정도 강해지고 이러한 때를 맞추어서 化하는 것들은 보전과 보존을 위하여 더 높이 더 멀리 퍼져갈 것이며 겨울날에는 건조하여 습도가 낮고 火의 기운이 미약하므로 인하여 그러하지 못하므로 겨울에는 化하는 것이 어렵다고 한다.

· 화(化)속의 土의 기운

土의 기운을 어떻게 표현하여야 하는지 난감하다. 이때 土라는 것을 공간으로 생각하여야 할 것 같다. 가루처럼 작은 것도 하나의 덩어리라고 할 수 있다. 하지만 化라는 것은 높은 곳에서 휘날리듯이 하여야 할 것이다. 化속의 土의 기운은 높다는 것이다. 化가 멀리까지 가기 위하여 土의 기운을 이용하여야 한다는 것이다. 즉 다시 이야기한다면 化속의 土의 기운은 외적으로는 높은 곳이라고 할 것이지만 내적으로는 미세한 化의 덩어리라고 할 것이다. 아무리 작아도 化가 전하고자 하는 보전과 보존을 가지고 있다는 것이다. 만약 土의 기운이 없다면 化의 종류는 멸종하고 말 것이다. 보전하고 또한 土의 기운을 이용하여 보존할 것이다.

· 화(化)속의 金의 기운

아무리 가볍고 작아도 자신의 종족을 보진하려는 것을 金의 기운이라고 할 것이다. 金의 기운이 化로 변화한 것 속에서 다시 金의 기운을 생각한다는 것이 보존하려는 기운이라고 할 것이다. 즉 아무리 작은 존재라고 하여도 종자(種子)의 성분을 가진 것은 金이라고 할 것이다. 그리고 부드러워서 어디에도 걸림이 없다는 것이다. 만약 化속의 金의 기운이 딱딱하다면 많은 장애를 받을 것이며 멀리까지 퍼져나가지 못할 것이다.

· 화(化)속의 水의 기운

化로 변화한 것이므로 水의 기운을 절대로 싫어한다. 이는 水

의 기운이 강하면 뜻을 이루지 못하고 보전할 수가 없다는 것이다. 그리고 외부에 水의 기운이 강하면 化는 멀리 가지 못하고 水의 기운으로 인하여 떨어지고 말 것이다. 水의 기운에 의하여 化한 기운이 보전할 수도 없을 뿐만 아니라 보존성도 희박하다는 것이다. 때문에 水의 기운은 아주 미약하게 바라는 것이라고 할 것이다.

● 보전(保全) 또는 보존(保存)하려는 뜻이 강하다.

지금까지의 金이라고 생각하였던 것은 사물이나 형상으로 이야기를 하였지만 이번에는 金오행이 전하고자 하는 뜻을 알아보자.

金이라고 하는 것이 자연에서 바위나 열매 정도로 알고 이해하고 있다. 하지만 바위와 열매가 전하고자 하는 것은 무엇일까 하고 생각하여 보면 당연히 자신을 오랫동안 전하려고 하거나 아니면 보존하기 위하는 것이라고 생각한다. 또 다른 수많은 뜻을 가지고 있지만 가장 근본적인 것은 보전이나 보존하고자 한다는 것이다. 그러기 위해서는 단단하여야 할 것이며 이를 형상으로 표현하려면 돌이나 쇠 또는 씨앗으로 표현하는 것이라고 생각한다.

무엇인가를 보전하려고 한다는 것이 그리 쉬운 것은 아니다. 많은 조건을 갖추어야 가능할 것이다. 그러하지 못한다면 오랫동안 이를 잘 지켜내지 못할 것이다. 자신의 모양은 조금 변화를 가져올 수는 있어도 본성을 그대로 유지하고 후대로 전해진다는 것이 참으로 어렵다고 할 것이다. 보전(保全)이라는 것은 외부의 모습이 변화되지 않게 원형 그대로 오랫동안 이어진다는 뜻으로 온전하게 잘 유지하는 것이다.

무엇인가를 보존한다는 것은 외적으로 약간의 변형은 있을 수가 있으나 내적으로 전혀 변함없이 있는 그대로 본래의 뜻을 그대로 변함없이 남아있게 하려고 하는 이야기이며 이렇게 보존하려면 金의 기운으로 상당히 단단하여야 가능할 것이다. 유형과 무형을 떠나서 오랫동안 변함없이 후대로 이어지는 것을 이야기 한다. 보전이든 보존이든 변함없이 오랫동안 전해진다는 것이 중요하며 이렇게 전하려고 한다면 외적으로 상당히 견고하여야 할 것이다.

자신의 모습이나 본성을 다음에 펼치기 위하여 있는 그대로 전하여야 할 것이며 그러기 위해서는 단단하고 강하여야 할 것이다. 이것이 金이라는 오행이 취해야 할 목적이라고 생각한다.

보전하고 보존하기 위하여 오랜 시간동안 외부로부터 타 오행의 도움과 공격을 많이 받아야 할 것이다. 그러하지 못한다면 金의 기운이라고 하는 것은 생겨날 수가 없으며 뜻을 이어가기는 더욱 어려울 것이다. 金오행은 내적으로 타 오행이 작용하는 것보다 외적으로 더 많이 작용을 받아서 이루어진 오행이라고 생각하여 보자. 그러면 보전과 보존하려는 金의 오행 속의 타 오행은 어떠한 기운을 가지고 있는지 분석하여 보자.

· **보전하고 보존하려는 木의 기운**

木의 기운을 유지하기 위하여 金의 기운으로 변화한 것이다. 원형을 유지하면서 본래의 정보를 그대로 전한다는 것이 그리 쉽지는 않을 것이다. 木의 기운은 새로운 무엇인가를 이루어 내기 위하여 金오행 속에 깊이 감추어져 있을 것이다. 이렇게 감추어서 전하는 것은 생로병사의 길에서 벗어날 수가 없다는 의미도 있을 것이다. 역시 木의 기운이 작용하기 때문이며 결과적으로 木의 종점이 金이라고 할 수가 있으며 강력한 木의 기운을 숨기고 있다고 할 수가 있으며 金의 기운은 木을 지키기 위함이라고 할 수도 있다.

· **보전하고 보존하려는 火의 기운**

외부로부터 火의 기운이 절실하게 필요로 하는 것이다. 밖에서 안으로 火의 기운이 침투하여 水의 기운을 최대한 줄이고자 할 것이며 이는 오랫동안 보전과 보존하기 위하여 단단해야 하기 때문이다. 그렇게 밖에서 火의 기운으로 보전과 보존을 위하여 많은 도움을 받고 나면 내적으로 火의 기운이 아주 미약하게 필요로 할 것이다. 미세한 火의 기운은 가장 응축된 상태를 유지하여 본래의 성품을 유지하기 위함일 것이다.

· **보전하고 보존하려는 土의 기운**

보전과 보존을 하려고 한다면 土의 기운을 이용하여 하나로 뭉쳐서 핵(核)을 속으로 감싸주어야 할 것이다. 土의 기운이 없으면 흩어져 버리고 전할 것이 없다. 그러므로 보존한다는 것은 상상도 할 수가 없으며 무엇인가가 전하고자 한다면 어떠한 덩어리 또는 무엇인가가 뭉쳐져 있어야 할 것이다. 때로는 최소한의 입자도 土의 기운에 의하여 생겨난다고 할 것이며 그렇게 형성된 공간을 土의 기운이라고 하는 것이다. 土의 기운이 없다면 전하고자 하는 유전적인 정보를 한 곳으로 모으지 못할 것이며, 또한 土의 기운이 없다면 본래의 뜻을 펼칠 수 있는 공간이 없어서 보전도 보존도 할 수가 없다.

· 보전하고 보존하려는 金의 기운

金의 강한 기운이 작용하지 않는다고 한다면 본성도 없을 것이고 전하고자 하는 의지력도 없으며 본래 金의 기운은 깊숙이 木의 기운을 감추고 보전하려고 하는 것이 목적이다. 金의 기운이 강할수록 보전도 보존도 오랫동안 가능할 것이다. 만약 金의 기운이 약하다고 한다면 본래의 목적을 재생한다고 하여도 기능이 많이 떨어질 것이다. 물론 木의 기운이라고 하는 것은 다양한 뜻을 가지고 있을 것이다.

· 보전하고 보존하려는 水의 기운

水의 기운은 보전과 보존하고자 하는데 그다지 도움이 안 된다고 할 것이다. 보전과 보존하려고 하는데 水의 기운이 강하게 작용한다면 참으로 난감할 것이다. 하지만 水의 기운이라는 것은 최후에 불생불멸(不生不滅)하기 위함이니 보전하고자 하는 의미나 보존하려는 깊은 뜻이 水의 기운에서 비롯된다고 할 것이다. 여기서 水의 기운이란 감춘다는 의미로 생각한다면 최고의 보전과 보존이 될 수도 있다.

● 결실을 위하여

金이라는 오행의 결과는 결실이라고 할 수밖에 없다. 다시 이야기한다면 金이라는 것은 무엇인가를 온전하게 유지하려고 할 것이며 또한 잘 간수하여 본래 가지고 있는 본성을 오랜 시간이 지나도 변함없이 그대로 간수하고자 하는 기운이라고 할 것이다. 그래서 단단하고 강하여야 할 것이며 때로는 하염없이 부드럽고 유연하면서도 굳세게 이어간다는 것이다.

이는 분명히 자신의 정보를 끊임없이 전해 주고 하염없는 시간 속에 무엇인가를 위하여 공간을 채우려 하기 때문에 결실이라고 할 수밖에 없다. 만약 어떠한 결실을 원하지 않는다고 한다면 바위처럼 단단하고 쇠처럼 강하게 하여 그 모습을 그대로 변함없이 지켜 나아갈 필요가 없다는 것이다.

다른 오행들도 각각의 목적을 가지고 있겠지만 특히 金이라고 하는 오행은 시작부터 자연스럽지 못하고 2차적인 이야기를 하는 것이다. 어떠한 결실을 거두고자 하는 것이라고 생각을 하여야 할 것 같다. 결실을 맺으려면 절대적로 강하여야 하지만 최대한 유연하여야 한다는 것이 金이라는 것이다. 그러하지 못한다면 이는 보존할 수가 없으며 오랫동안 보전이 안 되는 것이다. 金의 결실을 위하여 타 오행의 결실은 어떠한지 알아보자.

· 결실 속에서 木의 기운

무엇인가를 위하여 자신을 희생하고 결실을 맺는 것은 木의 기운 때문이라고 할 수가 있다. 가장 깊은 그곳에서 조용히 때를 기다리는 것은 윤회이며 새로운 탄생을 위함이라고 할 것이다. 그렇게 木의 기운은 끊임없이 본성이 끊어지지 않고 하염없이 이어지는 것을 원하는 것이다. 만약 木의 기운이 없다고 한다면 새로움이라는 것은 없을 수가 있으며 미약하다고 한다면 윤회나 재생을 하여도 본성회복은 어렵다고 할 수가 있다.

· 결실 속에서 火의 기운

처음의 모습을 변화하는데 火의 기운이 가장 필요로 할 것이다. 만약 적당한 火의 기운이 없다면 새롭게 변화하려는 활동력이 약하여 결실을 볼 수가 없을 것이다. 또한 火의 기운이 강하게 작용한다면 결실을 맺기 전에 화기(火氣)에 의하여 金이라고 하는 것이 생겨날 수가 없으며 火의 기운이 없다고 한다면 결실 이후에 본래의 뜻을 이루기 어렵다고 할 수가 있을 것이다. 金 오행은 火의 기운에 의하여 가장 많은 변화를 일으킨다고 할 것이다.

· 결실 속에서 土의 기운

어떠한 덩어리를 만들거나 공간을 이루는 것이 土의 기운이며, 이렇게 만들어진 공간속에 보전하기 위한 모양을 갖추어야 할 것이고, 정보를 저장하는 공간도 있어야 할 것이다. 그래야 보존할 수가 있으며 이러한 土의 기운이 약하다면 모양도 공간도 빈약하여 보전과 보존이 어렵다고 할 것이다. 때문에 土의 기운은 저장하는 공간을 만들어 주는 것이고 이를 다시 복원할 수 있도록 연결을 하는 것이다. 또한 土의 기운이 너무 강하면 공간이 좁아서 이로움이 없을 것이다.

· 결실 속에서 金의 기운

책임감이 강한 金오행은 또 다른 결실이라는 것을 위하여 金의 기운이 절실히 필요할 것이다. 그리하여야 전하기 위해 무엇인가를 보호한다는 것이다. 외적으로 더욱 단단하여야 보전할 것이며, 내적으로 변함없이 보존하려고 하며, 金의 기운이 약하다면 본래의 의미를 상실할 것이고, 너무 강하다면 전하고자 하는 본성이 틀을 깨지 못하여 오히려 멸(滅)할 수도 있을 것이다. 하지만 金의 기운은 강한 것이 좋다.

· 결실 속에서 水의 기운

水의 기운은 여기서 '멈춤' 이라고 하는 것인데 결실을 위하여 깊은 내면으로 들어가서 때를 기다리는 것이다. 시절인연이란 이럴 때 필요로 하는 이야기일 것이며 水의 기운은 최소한의 에너지이다. 만약 水의 기운이 없다면 기다림이 부족하여 때를 알 수가 없을 것이고 水의 기운이 너무 강하다면 내부에서 새로운 시작을 할 수가 없을 것이다. 외부에 강한 水의 기운도 문제이지만 내부의 강한 水의 기운도 결실에는 도움이 되지 못한다. 여기서 멈춤이라고 하는 것은 또 다른 무엇인가로 탄생하기 위하여 때를 기다리는 기운이라고 생각하여야 할 것이다.

5) 水 이야기

처음으로 오행을 배우면서 맨 마지막에 나오는 것이 水이다. 水라고 하는 오행의 특징은 자신의 모습을 변화하여서는 영원하다는 것이다. 때문에 천지의 주인으로 행세한다는 것이며 다른 오행은 늘어나고 줄어드는 것이 있지만 水라고 하는 것은 항상 일정하게 존재하는데 다만 유형으로 드러남이 있다가 어떠한 환경의 변화에 따라서 사라지며 이렇게 사라진 水의 기운은 기체로 변화한 것이지 완전히 사라진 것은 아니다. 그래서 水는 다른 모습으로 공간을 이동하여 존재를 하여도 흡수는 되지만 소멸은 되지 않는 특성을 가지고 있다.

우주 공간에서 물이라는 것이 어디서 어떻게 생겼는지는 알 수가 없다. 이것을 밝히는 이는 과학자의 몫이라고 할 것이며 개인적으로 생각한다면 우주 공간에는 물을 만들 수 있는 원소로 가득하다고 생각한다. 푸른 행성인 지구는 물이 70%이상이라고 한다. 비록 지구가 아니라고 하여도 우주 공간의 온도는 상당히 낮을 것이며 물이 아닌 얼음으로 이루어진 행성도 많이 있을 것이다. 이러한 얼음 행성이 지구와 충돌한다면 어느 날 지구에는 많은 물이 생겨날 것이다. 푸른 행성인 지구는 이러한 현상을 수없이 겪으면서 지금의 생물들이 살아갈 수 있는 공간이 만들어졌다고 할 것이다.

오행에서 水를 가장 잘 표현하는 것이 '물' 이라고 한다. 즉 물 水자를 사용하는 것은 오행을 전하는데 가장 많은 水의 뜻을 가지고 있는 것이 물이라는 것이다. 물이라는 것은 맑고 차가우면서 끊임없이 흐른다는 것이다. 강물이 되어서 바다로 들어가면 흐름이 멈추는 것 같지만 아니다. 잘 살펴보면 거대한 바다 속에도 흐르는 물길이 있다는 것을 알 수 있다. 또한 깊은 땅속에도 물이 흐르는 길이 있으며 하늘에도 보이지 않는 물길이 있다는 것이다. 이처럼 물이 흐르는 것을 볼 수는 없어도 분명히 흐른다는 것이다. 이러한 물도 오행으로 나누어 본다면 이러할 것이다. 물이라는 것이 木의 종류로 이해를 한다면 내리는 비라고 할 것이며, 火는 안개, 土는 먹구름, 金은 우박, 水는 물이라고 할 수가 있을 것이다. 물에 음의 기운이 강하면 아래로 내려올 것이고 양의 기운이 강하면 위로 증발하여 올라갈 것이다. 그래서 음의 기운을 가진 水는 깊은 땅속으로 스며들고 양의 기운이 강한 水는 하늘로 올라가는 것이다.

물이 자연에서는 중요하게 작용한다. 특히 모든 동식물의 핵(核)이라고 하는 것이 물에서 시작되며 또한 에너지로서 없어서는 안 되는 것이다. 인간의 몸속에서도 정(精)이라고 하는 것을 통하여 임신(姙娠)을 한다는 것이다. 이때의 정액(精液)도 물이라는 것이고 역시 양수(養壽) 속에서 배양(培養)한다는 것이다. 그래서 水오행이 태초의 시작이라고 하며 크게는 우주의 본체라고 하는 것이다. 즉 어둠 속에서 시작하여 무엇인가가 생겨나고 이러한 것이 水를 먹이로 하여 살아날 것이고 이후에 水처럼 흐르다가 치수(治水)를 잘 다스려서 모든 것을 통솔하고 군주(君主)가 되어 곤룡포(袞龍袍)를 입었다가 다시 어둠속으로 사라진다는 것이다. 水라는 것이 물이라는 생각에서 그치지 말고 차가워서 응고되는 것이라고 생각을 하여야 한다. 즉 水라는 것은 온도(溫度)를 이야기하는 것이다.

:: 물

일렁거리는 물 위의 갈매기 떼

자연에서 바라보면 水의 기운을 가진 것을 단순하게 '물'이라고 한다. 때로는 안개로 변화하고 이것이 보이지 않는 수분으로 사라질 때도 있다. 때문에 물의 변화는 알 수가 없다. 하지만 기온의 차이에 따라서 다양한 모습으로 변화하여도 다시 드러내는 것은 역시 물이다. 지금까지의 水라고 하는 것은 물이라고 생각하고 그 이상도 이하도 생각하지 않고 있다. 이는 水오행을 가장 많은 표현을 하는 것이 물이라고 할 것이다. 자연에서 물처럼 중요한 것이 없을 것이다. 불은 없어도 살아날 수 있고 또한 만들어 낼 수도 있다. 하지만 물이 없으면 어떤 방법으로도 살아남지 못할 것이다. 물에서 태어나 물을 이용하여 살아가면서 물을 떠날 수가 없다는 것이다.

환경이라는 것이 알고 보면 물을 어떻게 이용하는 것인가를 이야기하는 것이다. 물이 없다면 좋은 환경이란 있을 수가 없다는 것이다. 자연이 환경이며 환경이 자연인데 이러한 자연 속에서 물이 없다면 그야말로 생명체가 살아갈 수 없는 메마른 황무지인 것이다. 환경 속에 물이 가장 많이 존재하므로 물의 중요성을 잊고 살아가는 것이다. 역시 인간이 살아가는데 물이 없다면 그것은 멸종을 이야기한다고 할 수 있다.

물에 타 오행의 기운이 전해지면 어떻게 변화하는지 생각하여 보자. 木의 기운을 만나면 물은 끊임없이 흘러가려고 할 것이다. 火의 기운이 전해지면 물은 자연적으로 증발하여 아지랑이라고 할 것이며, 土의 기운을 만나면 물은 구름으로 자신을 변화할 것이며, 金의 기운이 전해지면 우박이나 얼음으로 변화할 것이며, 水의 기운을 만나면 정화(淨化)되어서 눈이나 비가 되어 내릴 것이다.

:: 흐르는 것이다

바다를 가로질러 다리를 만들고 차량의 흐름을 원활하게 하였다.

흐름이라고 생각할 것이며 흐르는 것 또한 水라고 할 것이다. 즉 다시 이야기한다면 사람이 많아서 거대한 무리를 지어서 있거나 이동을 한다면 이를 '인산인해(人山人海)'라고 하여 물에 비교하는 것이다. 인해라고 하는 것은 사람이 넓은 바다처럼 보인다고 하여 이르는 이야기일 것이다. 무엇이든 흐르고 있다면 水라고 할 것이며 수없이 많은 무리들이 동시에 움직이는 것을 표현할 때도 흐른다고 표현한다. 즉 꼭 물이 아니라고 하여도 水라고 표현을 할 수 있는 것이 많다는 이야기이다. 예를 들어서 무형으로 아름다운 음율(音律)이 흐른다고 할 수도 있으며 또한 빛이 흐른다고 할 수도 있다. 유형으로 이야기한다면 화산이 폭발하여 용암이 흐른다는 표현도 가능하다.

木의 기운에서는 짐승들이 떼를 지어 물결처럼 몰려간다고 표현할 것이며, 火의 기운에서 바라보면 꿈같은 세월이 흘러간다고 할 것이며, 土의 기운으로 이야기한다면 구름이 바람 따라서 흘러간다고 할 것이며, 金의 기운에서는 쇳물이 흐른다고 할 것이며, 水의 기운으로 이야기한다면 얼음이 녹아 흐른다고 할 것이다.

:: 깊고 얕음

밀물과 썰물의 차이로 깊은 곳에만 물이 있다.

水라고 하는 것은 깊고 얕은 것을 이야기한다. 깊다는 것을 꼭 바다가 깊다고 물에 비교할 필요는 없을 것이다. 다시 이야기한다면 계곡이 깊다거나 또는 사람의 마음이 깊다고 할 수도 있다. 때로는 경륜(經綸)이 깊다는 이야기도 있으며 사연이 깊다는 표현도 한다. 水라고 하는 것을 유형이든 무형이든 깊고 얕음을 水 오행으로 표현한다는 것이다. 또한 깊거나 얕아서 생겨나는 현상도 水에 해당한다고 할 수가 있다. 즉 깊어서 바닥이 보이지 않는다고 하여 검다고 하는 것이며, 얕아서 바닥이 보인다고 하여 맑다고 하는 것이나 모두가 水에 해당하는 표현이라고 할 것이다.

깊음에서 木의 기운으로 표현한다면 사람의 마음이 깊어서라고 할 것이고 얕음에서 木의 기운은 바람이 살짝 지나간다는 표현을 할 수가 있으며, 火의 기운에서는 색(色)이 진하다는 의미로 깊이를 표현할 수가 있으며 얕음을 표현한다면 숨소리가 고요하다고 할 수 있다. 土의 기운에서 표현한다면 가을 하늘이 높고 푸름이 깊다고 할 수 있으며 구름이 얕게 흐르고 있다고 표현을 한다. 金의 기운에서 바라보면 가을이 깊어가고 얕음에서 이야기한다면 얼음이 얕게 얼었나는 표현을 할 것이다. 水의 기운에서 깊음을 이야기한다면 겨울밤이 깊어만 간다고 표현하며 얕음을 이야기한다면 개울물이 얕다고 표현을 한다.

:: 맑고 흐리고 차고 따스하다

(淸) 깊은 계곡에서 흐르는 물은 맑다.

(濁) 비온 뒤의 개천에는 흙탕물이 흐른다.

(冷) 겨울은 물이 맑고 차갑다.

(溫) 고인 물은 따스하다.

맑아서 '청(淸)' 이라고 하며 반대로 흐려서 '탁(濁)' 이라고 할 수도 있다. 또한 따스한 기운을 가진 것이나 차가운 것도 水에 의하여 이야기를 하여야 한다. 우리는 따스한 것을 火의 기운이라고 생각하고 차가운 것을 水의 기운이라고 생각한다. 하지만 차갑거나 따스한 기운은 水라고 하는 표현이 바르며 따스하다는 것은 水의 기운 속에 火의 기운을 이야기하는 것이다. 즉 냉온(冷溫)에서도 水火의 차이를 전하는데 여기서는 水라고 할 것이다.

火오행에서는 밝은 것과 어두운 것으로 표현하여야 하는 것이며 물이 맑고 흐리다는 것은 火의 기운에 밝고 어둠과는 다른 의미이다. 다른 각도에서 이야기한다면 열(熱)이라고 하는 것은 무형적 표현이라서 火에 속하지만 온도를 이야기할 때는 水의 기운으로 표현하여야 되는 것이다. 때문에 열이라고 하는 것은 水의 기운 속에서 火의 기운을 이야기하여야 바른 표현이라고 할 것이다.

기온(氣溫)이라고 하는 것은 유형적인 표현으로 水에 해당한다고 할 것이다. 水의 기운에서 냉온(冷溫)이라고 하는 것은 실질적으로 알아차리는 것이며 감각이나 변화를 이야기하는 것은 아니다. '냉(冷)' 이라고 하는 것은 차갑다는 의미이며 응고되어 활동력이 떨어지고 유형으로 드러나는 경우가 있다. '온(溫)' 이라고 하는 것은 뜨겁다는 의미이며 팽창하여 활동성이 강하므로 무형으로 사라지는 경우가 있다. 냉온(冷溫)에 의하여 고체나 액체 또는 기체로 변화한다는 것이다. 즉 차가워서 보이는 것도 뜨거워져서 보이지 않는 것도 있으므로 水오행을 깊이 파고들면 火오행과 비교되는 부분이 많다.

역시 木오행을 깊이 파고들면 金오행과 비슷한 관계라고 생각하여야 할 것이다. 이는 水火의 상극하는 관계와 木金이 하나라는 이야기와 같은 의미이다. 즉 水火의 오행도 알고 보면 비슷하다는 것이다. 다시 이야기한다면 木의 종점에 金이 자리하고 金의 종점에 木이 자리한다는 것이다. 또한 火의 종점에서 水로 변화하고 水의 종점에서 火로 변화한다는 것이다.

:: 액체(液體)와 기체(氣體)

짙은 기체로 이루어진 안개 때문에 사라진 액체의 수면

차가운 水의 기운에 의하여 변화하는 것을 '액체' 또는 '고체'라고 하며, 뜨거운 火의 기운에 의하여 변화하는 것을 '기체'라고 하는 것이다. 하지만 이들을 표현하는 것은 水라고 할 것이다. 그래서 액체는 액체끼리 모여서 멈추고 있으며 기체는 보이지 않게 흩어져서 흐르고 있다는 것이다. 때문에 높은 곳에는 水의 기운이 머물고 깊은 곳에는 火의 기운이 머문다는 것이다. 하지만 액체는 낮은 곳으로 모여들고 기체는 높은 곳으로 흩어진다고 할 수가 있다. 이를 유형과 무형으로 나눌 수도 있으며 표현은 보이는 것과 보이지 않는 것으로 하여야 할 것이다.

액체가 木의 기운을 받는다면 일정한 형태를 유지하지 못할 것이고, 火의 기운을 받으면 더욱 점성이 연하여 기체로 변화하려고 할 것이고, 土의 기운을 받으면 주변을 흡입하여 형태를 커지게 하려고 할 것이며, 金의 기운을 받으면 액체의 성분을 고체로 변화하려고 노력할 것이고, 水의 기운이 더해지면 천천히 흘러가려고 할 것이다.

기체가 木의 기운을 받으면 하염없이 생겨나고 사라짐을 반복적으로 할 것이며, 火의 기운이 더하여지면 보이지 않고 투명하여 구분할 수 없을 것이며, 土의 기운을 받으면 공간 확인이 어려울 것이고, 金의 기운을 받으면 액체로 변화하려고 할 것이며, 水의 기운을 받으면 더욱 강한 기운으로 많은 것을 감출 것이다.

:: 멈춤이다

추워서 흐름을 멈추고 얼음으로 변화하였다.

결과적으로 水라고 하는 것은 멈춤이고, 멈춤이라는 것은 고요함이며, 고요함에서 무엇인가 감추고 있다고 할 수가 있다. 흔히 감춘다고 한다면 분명히 어두운 곳이라고 생각할 것이며, 이를 검은 색으로 표현하는데, 이는 잘못된 표현이라고 할 것이다.

색(色)이라고 하는 것은 火오행으로 표현하는 것이다. 어둠은 캄캄한 것이지 검은 색은 아니다. 水라는 것을 자연으로 들어가서 물이라고 한다면 맑아서 깊고 깊어서 속이 보이지 않으니 이를 水라고 하며 검다고 하였지만 색이라고 생각하면 안 된다는 것이다. 때문에 어두워서 움직이지 못하기 때문에 水의 결론은 '멈춤' 이라고 이야기할 것이다. 멈춤이라고 하는 것은 줄어들고 늘어남이 없다는 이야기이다. 조금 더 쉽게 이해하기 위하여 水오행 속에서 타 오행의 기운을 이야기하여 보며 어떠한 작용을 하는지 알아보자.

멈춤을 木으로 표현한다면 더 이상의 성장이나 탄생을 하지 않는다는 것이며 火의 표현은 열기나 빛이 사라진 상태이므로 더 이상의 희생은 할 수가 없다는 것이다. 土의 표현은 공간을 더 이상 활용할 수 없어서 서로의 매체를 연결할 수가 없다는 것이다. 金의 표현은 어떠한 결실도 할 수가 없다는 것이며 水의 표현은 모든 것을 동결(凍結)시켜 버린다고 할 것이다.

:: 해설(解說)

水라고 하는 것은 쉽게 물이라고 하면 간단하고 더 이상의 이야기는 할 필요가 없을 것이다. 하지만 오행에서 水가 전하고자 하는 것은 水가 물이라고 하는 것이 아니고 물 같은 水의 다양한 성향을 전하고자 하는 것이다. 일상적으로 가장 가까이 두고 있으면서 가장 필요로 하는 것이 물이라고 한다. 이러한 물은 끊임없이 흐르고 있다는 것이다.

다시 이야기한다면 水가 전하고자 하는 것이 흐른다는 것인데 물이 아니라고 하여도 흐르고 있다고 한다면 水의 기운을 가진 것이다. 즉 무엇이든 흐르면 水의 기운이라고 할 것이다. 물이라고 하는 것이 아래로 흐르고 있다는 것이다. 하지만 실질적으로는 아래로 흐르는 것이 아니고 스며드는 것이다. 그래서 흐르고 스며들면 水의 기운을 가졌다고 할 수가 있다는 것이다. 얼마나 깊이 스며들 것인가가 중요한 것이다.

기운이 강하면 깊이 스며들 것이며 그러하지 못한다면 표면으로 흐른다고 할 수가 있을 것이다. 때문에 깊고 얕음을 水의 기운으로 표현한다는 것이다. 물과는 관계없으며 수치적(數値的)으로 깊고 얕음을 이야기하는 것이다. 그래서 물을 떠난 水의 기운을 이야기하는 것으로 다양하게 水의 기운을 응용한 표현이 많을 것이다.

물이라는 것은 맑아야 할 것이며 때로는 흐린 물도 있다는 것이다. 그래서 물을 떠나서 깨끗하고 더러움을 표현하는 것이다. 그리고 물이라고 하면 우리는 시원한 생각을 하게 된다. 그래서 차가운 표현과 뜨거운 표현을 하는데 이를 온도(溫度)라고 할 수가 있으며 이러한 표현을 물이 아닌 사람이나 일상적인 생활에서 많이 이용하며 다양한 의미로 사용되고 있다.

눈으로 확인되는 경우에 물이라고 하는 것이지 만약 확인이 되지 못하는 경우에는 기체(氣滯)라고 한다. 다시 이야기한다면 물이라고 하는 것이 온도의 변화에 의하여 기체인 수증기가 되었다가 모여서 액체(液體)로 변화하여 물로 드러내었다가 추워서 얼음으로 변화하는 고체(固體) 덩어리가 되는 경우도 있다. 필요에 따라서 스며들어서 모습을 감추는 경우도 있다. 그래서 기체나 액체로 드러내는 것들은 水의 기운에서 전하는 것이다.

물이라는 것이 자신의 모습을 감추고 있는데 이는 보이지 않게 하려는 성질 때문이라고 할 수가 있다. 다시 이야기한다면 자신의 모습을 숨기는 것이라고 생각할 것이며 그로 인하여 水의 기운은 검은 색(色)이라고 한다. 사실은 검은 색이 아니고 어두워서 보이지 않는 것이라고 하여야 바른 표현이다. 물이 깊으면 속이 보이지 않고 생각이 깊은 사람의 마음을 알 수가 없으며 밤이 어두워서 아무것도 보이지 않는 것을 색으로 표현하다 보니 검다는 것이지 水의 기운에서 이야기를 한다면 감추는 것이며 또는 멈추어서 행위(行爲)를 알 수가 없다는 것이다.

● 물을 水라고 한다.

처음으로 오행을 배울 때 水를 가장 늦게 배운다. 그리고 물이라고 듣고 그렇게 기억하여 버린다. 물이라고 하는 것이 水오행의 의미를 가장 많이 가지고 있다고 할 수가 있어서 그렇게 이야기하는 것이며 물의 성질을 알고 이해한다면 水오행을 쉽게 깨달을 수가 있을 것이다.

오행이라는 것이 자연 속에서 이해하고 깨달아야 하는 것이지 지식이나 학문으로 깨달아 보고자 한다면 어렵다. 즉 자연에서 지식이 나오는 것이고 지식을 문자화한 것이 학문이라고 한다. 이렇게 물이라고 하는 것도 다양한 종류가 있을 것이다. 크게는 민물과 바닷물이 있다. 또한 맑은 물이 있는가 하면 탁한 물이 있을 것이며 흐르는 물과 고인 물이 있다. 위에서 내리는 비라는 것과 땅속으로 흐르는 지하수가 있으며 바위틈에서 나는 샘물도 있을 것이다. 이외에도 물이라고 표현하는 것이 헤아릴 수 없이 많이 있을 것이다.

용광로에서 흐르는 쇳물이라는 것도 있을 것이며 산업 발전을 혁명적으로 이루는데 사용하는 기름도 물이라고 한다. 농사를 지을 때 사용하는 농약이나 화공약품도 물로 이루어진 것이 많이 있다. 이러한 것들은 이름을 다르게 사용할 뿐이지 흐르기 때문에 물이라고 하는 것이다. 즉 水라고 하여야 할 것이다. 순수한 물이 아닌 목적이나 용도가 다르므로 생김새는 분명 물이라고 하지만 성질이 변화된 것이다. 하지만 이들도 분명 물이다. 이렇게 다양한 물을 오행으로 분석하여 보자.

· 물에서 木의 기운

끊임없이 샘물처럼 솟아나는 것을 木의 기운이라고 할 수가 있을 것이다. 생명수라고 할 수도 있으며 살아있는 물이라고 하는 것은 영양분이 충분한 것이라고 할 것이다. 즉 미네랄이 많이 함유된 물이라고 생각할 수도 있으며 발원지를 木의 기운으로 표현한 것이다.

· 물에서 火의 기운

안개나 아지랑이 같은 것을 火의 기운으로 생각할 수가 있다는 것이다. 때로는 이슬이나 서리 같은 것도 火의 기운에 의하여 생겨난 것이다. 이러한 것은 기온의 변화에 따라서 이야기를 달리 하는 것인데 火의 기운으로 물이라는 것이 분해되었다는 것이다.

· 물에서 土의 기운

한 곳으로 모이려는 것이 土의 기운이라고 할 것이다. 물이라는 것이 낮은 쪽으로 흘러서 한 곳에 모여든다. 그래서 하나의 덩어리를 이룬다는 것이다. 만약 土의 기운이 없다면 물은 모이지 못하고 흩어져서 자연에서 물이라는 것을 볼 수가 없을 것이다.

· 물에서 金의 기운

단단하게 얼어있는 것은 金의 기운이라고 할 수가 있다. 金의 기운이 없다면 맑고 영양가가 충분한 물은 있을 수가 없다. 즉 金의 기운에 의하여 木의 기운의 물이 생겨난다는 것이다. 다시 이야기한다면 金의 기운 끝자락에 木의 기운이 생겨난다고 하는 것인데 바위틈에서 물이 생겨난다고 이해하면 쉬울 것이다.

· 물에서 水의 기운

끊임없이 흐르는 것은 水의 기운이라고 할 것이다. 水의 기운은 흐르는 것이라서 만약 水의 기운이 없다면 물은 멈출 것이며 그렇게 되면 물은 썩을 것이기 때문에 水의 역할을 하지 못한다고 할 것이다. 그래서 물에는 水의 기운이 가장 강하게 작용하여야 좋은 물이라고 할 것이다.

● 어디로든 흘러가려고 한다면 水라고 할 것이다.

흐름이 곧 水이다. 무엇이든 흘러가는 것을 水의 기운이라고 할 것이며 水의 기운이 없다면 이동할 수가 없다. 이동이라고 하는 것과 움직이는 것은 다른 것인데, 목적을 두고 움직이는 것은 木의 기운이고, 끊임없이 이동하는 것은 水의 기운이다. 이를 알지 못하고 水의 기운과 木의 기운을 혼돈하면 안 될 것이다.

바위가 굴러가는 것도 水의 기운이며 용암이 흐르는 것도 쇳물이 흐르는 것도 역시 水의 기운이라고 한다. 그래서 흐르는 것은 무엇이든 水의 오행에 속하는 것이며 흐름의 표현은 水의 기운에서 이야기를 하여야 할 것이다.

하지만 木의 기운은 목적을 위하여 한쪽으로 움직이는 것이고 水의 기운은 이동하는 것을 표현한다고 할 수가 있다. 타 오행에서는 흐른다는 표현을 하지 못한다. 다만 움직인다는 표현은 할 수가 있을 것이다. 흐르는 것에도 밖으로 보이는 것과 보이지 않는 것으로 나눌 수 있다.

밖으로 흐르는 것은 눈으로 알 수가 있지만 안으로 흐르는 것은 알 수가 없다. 사람의 몸속에 피가 흐르듯이 보이지는 않지만 분명히 흐른다는 것이다. 도로 위의 자동차는 달린다고 한다. 이를 차량의 흐름이라고 표현한다. 이러한 것은 알 수가 있지만 깊은 바다처럼 표면은 멈추고 있는데 속으로는 물이 흐르는 길이 있다는 것이다. 즉 물속에 물이 흐르는 길이 있다는 것이다. 이러한 것은 알 수가 없지만 경험한 사람들에 의하여 밝혀지는 것이다. 또한 표면은 흐르고 있는데 내면에는 흐르지 않는 것도 있을 것이다. 이처럼 다양한 흐름을 이야기하는 것은 水의 기운이라고 한다. 이러한 흐름을 오행으로 분석하여 보자.

· 흐름에서 木의 기운

흐르면서 주변에서 또 다른 것들이 합류하여 흐름이 커지는 것을 이야기한다. 木이라는 것은 자라는 것으로 본래의 것에서 늘어나거나 줄어드는 것은 木의 기운이라고 할 수가 있을 것이다. 때문에 木의 기운은 부피가 늘어나거나 줄어드는 것으로 표현이 가능할 것이다.

· 흐름에서 火의 기운

활동성을 火의 기운으로 이야기할 수가 있을 것이다. 흐름이라는 것이 활동력이며 이러한 힘이 火의 기운이라고 할 것이다. 다시 이야기한다면 흐르는 기운이 바로 火라고 할 것이며 火의 기운이 약하거나 없으면 흐름이 둔하거나 멈추고 말 것이다.

· 흐름에서 土의 기운

흐르는 공간을 만든다는 것이다. 흐르는 공간이 없으면 아무리 흘러가려는 기운이 강하여도 흘러갈 수가 없다는 것이다. 때문에 土라는 공간이 있어야 할 것이며 이러한 공간을 土의 기운으로 이야기할 것이다. 여기서 土의 기운이라는 것은 공간이라고 할 것이다.

· 흐름에서 金의 기운

직선으로 흐르려고 하는 것이 金의 기운이다. 또한 흐름이 약할 때는 유연한 것이 金의 기운이다. 무엇이든 강하면 그 작용이 직선적일 것이다. 강한 사람이 자신의 주장을 펼치듯 흐름도 그러할 것이다. 하지만 약하다고 한다면 유연하여야 할 것이다.

· 흐름에서 水의 기운

끝없이 흘러가려고 하는 기운이 水의 기운이라고 할 것이다. 水의 기운이 가장 적합한 표현은 물이고 그 다음이 흐름이라고 할 것이다. 끝없이 흐름을 이어가야 하는 것이 水이며, 水라는 것은 멈추어야 무엇인가를 이룰 수가 있으므로 멈추고자 하지만 멈출 수가 없다는 것이다.

● 깊음과 얕음을 水라고 한다.

우리가 깊이를 이야기하려고 한다면 水의 기운으로 이야기하여야 할 것이다. 또한 얕은 곳을 이야기하려고 하여도 역시 水의 기운에서 이야기하여야 한다. 水오행이 전하고자 하는 이야기는 물에서 시작하여 수치적으로 깊이와 관련되어 있다는 이야기가 되는 것이다. 이를 연계하여서 이야기한다면 참으로 많은 뜻을 전하고 있다고 생각할 것이다.

깊으면 어둡다. 그래서 깊은 바다는 속이 보이지 않는 것이다.

물론 빛이 들어가지 못하기 때문이기도 하지만 깊어서 빛이 들어가지 못한다고 생각을 하여야 한다. 이와 반대로 얕으면 잘 보인다. 검은 먹물도 얕으면 바닥이 보일 수가 있을 것이다. 비록 탁한 물이라고 하여도 얕으면 바닥이 보인다는 것이다. 때문에 水오행의 형태를 생각하여 본다면 깊고 얕음의 관계를 우리에게 전해 주는 것이라고 생각할 수가 있다.

지금까지의 水라는 고정된 생각을 버리고 글자는 물水자이면서 수없이 많은 것을 전하고자 하며 행위는 흐름이라고 할 것이다. 또한 형태를 살펴보면 심천(深淺)이라고 하여 깊고 얕음을 측정할 수가 있다는 것이다.

그러하다고 꼭 물의 깊이만 표현하는 것이 아니고 마음이나 생각의 깊이도 水의 기운에서 이야기하여야 할 것이다. 우리 주변에는 깊은 곳이 많이 있다. 강물의 깊이, 바다나 호수의 깊이, 또는 우물의 깊이도 있을 것이며, 계곡의 깊이도 있다. 일상적으로는 학문의 깊이도 있으며 맛의 깊이도 있다.

웅덩이나 땅굴 같은 것도 깊이 파고들어 간다고 표현한다. 지평에서 위로는 土의 표현처럼 높고 낮음이라고 하지만 아래로는 깊고 얕음은 水로 표현한다는 것을 생각하여야 한다. 이는 무형적인 水의 기운은 위로 오르지만 유형적인 水의 기운인 액체는 아래로 흐르므로 빈 공간을 채워가는 것이다. 때문에 깊이를 이야기하는 것이며 만약 빈 공간이 없다면 하염없이 흐른다고 할 것이다. 그리고 빈 공간이 존재한다면 분명 깊이를 두고 있다는 것이다. 이처럼 水라는 오행이 전하고자 하는 뜻을 깊이 새겨보면서 깊고 얕음 속에서 또 다른 오행의 작용은 어떻게 표현하는지 알아보자.

· 깊고 얕음 속에서 木의 기운

깊고 얕음에서 木의 기운이라는 것은 깊이의 변화를 이야기하는 것이라고 생각하여야 할 것이다. 이는 얕은 것이 더욱 얕거나 깊어지고, 깊은 것이 더욱 깊어지거나 얕아지는 것이라고 할 것이다. 이렇게 변화하는 것은 木의 기운 때문이라고 할 것이다.

· 깊고 얕음 속에서 火의 기운

깊고 얕음에서 火의 기운은 밝고 어둠이라고 할 것이다. 즉 깊어서 빛이 들어가지 못하면 火의 기운이 약하여 그런 것이며 얕아서 밝으면 火의 기운이 강하여 그런 것이라고 할 것이다. 예를 들어 이야기한다면 동굴이 깊어서 빛이 들어가지 못한다는 것이다.

· 깊고 얕음 속에서 土의 기운

깊은 공간이나 얕은 공간을 이야기하는 것이다. 즉 土의 기운은 공간적으로 이해를 하여야 한다는 것이다. 깊다는 것은 크고 깊은 것이라고 하여 土의 기운이 강하다고 할 것이며 얕음이라는 것은 작고 좁다는 것으로 土의 기운이 약하다는 것이다.

· 깊고 얕음 속에서 金의 기운

지금의 상태로 유지한다면 이는 金의 기운이라고 할 것이다.

즉 깊으면 깊은 대로 보존되어야 할 것이며 조금의 변화도 없이 그대로 보전하는 것이 金의 기운이라는 것이다. 얕음도 변화가 없으며 지금의 상태로 유지한다는 것을 이야기하는 것이다.

· 깊고 얕음 속에서 水의 기운

깊어서 속을 알 수가 없으면 水의 기운이라고 생각하며 얕아서 속을 알 수가 있어도 水의 기운이라고 할 것이다. 다시 이야기한다면 깊어서 보이지 않는다는 것이며 또 너무 얕으면 탁하여도 속이 보인다는 것이다. 때문에 水의 기운은 깊고 보이지 않는 것과 얕아서 탁해져 있어도 보인다는 것이다.

● 맑고 흐리고 차고 따스함도 水라고 한다.

水라고 하는 것을 글자로 표현한다면 "청탁(淸濁)냉온(冷溫)"이라고 할 것이다. 이를 자연적으로 이야기한다면 청(淸)이라고 하는 것은 맑고 깨끗하다는 것을 전하는 것이며, 탁(濁)이라고 하는 것은 흐리고 지저분하다는 것을 전하는 것이며, 냉(冷)이라고 하는 것은 차갑고 시리다는 표현으로 가능할 것이며, 온(溫)이라는 것은 따스하고 포근하다는 것이지 뜨겁다는 것은 아니라는 것을 이해해야 한다.

다양한 오행의 변화하는 과정을 이야기하지만 지금까지 물이라고 알고 있었던 水가 변화하는 과정이나 또는 무엇을 전하려고 하는지를 다양한 방향으로 생각하고 이해하여 보자.

水라는 것이 변화하는 과정을 크게 네 가지로 나눌 수가 있는데 처음은 맑고 차가운 것에서 출발하여 시간이 지나면서 흐려진다는 것이다. 이렇게 흐려진다는 것은 따스한 온기를 품고 있다는 것이며 이는 곧 수분으로 변화하여 증발할 것이라고 한다. 그리하면 대기 중으로 높이 올라갈수록 더욱 차가운 기운으로 변화하고 이렇게 변화한 수분이 하나의 덩어리로 모여서 구름이라는 것을 만들어 내는 것이다.

이렇게 물이라는 것이 변화를 하는데 水라는 오행을 비교하는데 있어서 꼭 물이라는 것으로 할 필요는 없다. 다만 물이라고 하는 것이 水의 특성을 가장 강하게 지니고 있다는 것이다. 그래서 水오행이 전하고자 하는 깊은 뜻을 물에서 찾아보는 것이 가장 쉽게 이해할 수가 있다는 것이다.

이를 자연적으로 이야기한다면 맑고 깨끗한 것은 水의 기운으로 가능한 것이다. 맑다는 이야기는 깨끗하다는 것이며 이슬처럼 영롱하고 투명한 것을 水의 기운이라고 할 것이며 우리가 영롱한 어린아이의 눈을 맑은 이슬방울에 비교하듯이 순수한 것은 바로 水의 기운이라고 하는 것이다.

맑다는 것은 기울임이 없다는 것으로 모든 것이 투명하고 공정하여 항상 균형을 유지한다는 것이다. 때문에 너무 맑아서 속을 알지 못한다는 것이다. 하늘이 너무 맑고 높아서 끝이 어디인지 알 수가 없으며 바다가 너무 맑고 깊어서 그 바닥을 알 수가 없다는 것이다. 그래서 너무 맑으면 오히려 다른 오행과의 혼합을 싫어하므로 파괴당할 수가 있을 것이다.

흐리고 오염된 기운도 水의 기운이라고 할 수가 있다. 이는 맑다는 것의 부정적인 표현이라고 생각을 하여야 할 것이다. 때문에 흐려지면 차갑지 못하여 내부가 따스해지고 외부의 열기와 바람에 의하여 증발할 것이다. 또한 흐려서 얕아도 바닥이 보이지 않을 것 같지만 너무 얇으면 바닥이 보인다고 할 것이다. 모든 것이 흐리고 혼탁하여지면 변화할 때가 되었다는 것이다. 자연이든 인간이든 사회관계에서도 같은 이치다. 대자연도 극심한 파괴를 당하면 대지진으로 변화를 하듯이 무엇이든 탁하면 안 되는 것이다.

水오행의 따스함이라고 하는 것은 밖으로 표현하는 열기가 아니고 안으로 스며드는 열기라고 할 것이다. 만약 밖으로 표현하는 열기라면 火의 기운이라고 할 수가 있다. 내적으로 가지고 있는 열기 가운데 가장 강한 것은 아무래도 용암이라고 할 수가 있다.

지식적으로 용암이라고 하는 것은 화산에서 마그마가 솟구쳐 뿜어 나와 흐르는 것이나 그것이 식여 굳어서 생긴 암석이라고 할 것이다. 하면 이러한 용암이 어느 오행에 속할 것인가를 한번 생각하여 보자.

안으로 열을 가지고 있으니 水의 기운이며, 흐르고 있으니 역시 水의 기운이다. 하지만 근본은 암석이 녹은 것이라서 金의 기운이라고 할 수도 있다. 또한 높은 열을 가지고 있으니 火의 기운이라고 할 수도 있으며, 외적으로 높은 열기를 식혀서 흐름을 멈추려고 할 것이니 이 또한 水의 기운이다.

무엇이든 하나의 자연에는 다른 오행이 안과 밖으로 작용한다는 것이다. 때문에 환경에 따라서 항상 변화할 수가 있다는 것이다. 만약 용암을 가지고 이야기한다면 본성은 분명 金오행이다. 金이라는 오행 속에서 火의 강력한 기운에 의하여 녹은 것이며 이것이 액체로 흐르므로 水의 기운도 작용한다는 것이다.

마지막으로 변화하는 것은 역시 차고 냉한 水의 기운으로 돌아갈 것이다. 열이라는 것이 지금까지 火오행으로 통일하여 이해하고 응용하였다. 하지만 이제는 이를 정확하게 구분하여 응용하여야 할 것이다. 외적으로 火오행으로 이야기하고 내적으로는 水오행으로 이야기하여야 할 것이다. 즉 외부의 기운에 의하여 뜨거워진다면 양의 기운이 강하므로 火의 기운이라고 생각하고 내부에서 밖으로 나오는 열은 음의 기운이 강하므로 水의 기운으로 이해하여서 응용하자.

水오행이 물이라는 것에서 흐름으로 이야기를 할 수가 있으며 이들이 맑고 흐린 것과 따스함과 차가움을 이야기할 수가 있다는 것이다. 맑음이라고 하는 것을 다양하게 생각하여 보고 흐린 것도 폭넓게 생각하여 응용하여야 할 것이다. 이는 水오행이 전하고자 하는 깊은 뜻을 알아야 한다. 또한 따스함이 포근함으로 대신할 수도 있으며 차가움은 냉정하다는 것으로 표현할 수가 있다. 이렇게 언어의 표현을 다양하게 이해하고 적용할 줄 알아야 할 것이다. 기온이라는 것이 꼭 물에서만 적용되는 것이 아니기 때문이다. 그러면 조금 더 깊이 들어가서 맑음 속에서 타 오행의 기운이 어떻게 작용하는지도 이해하여 보자. 이외의 탁함이나 따스함 그리고 차가움 속에서 타 오행은 어떠한 작용으로 드러나는지를 생각하여 보자.

· 맑음 속의 木의 기운

木의 기운으로 맑음이 지속적으로 유지하고 있으려고 할 것이며 만약 木의 기운이 약하다면 혼탁한 기운을 막지 못할 것이다. 때문에 맑은 것은 더욱 맑게 하려고 할 것이며 혼탁하다면 더욱 혼탁하게 할 것이다. 이렇게 끊임없이 木의 기운이 작용할 것이다.

· 맑음 속의 火의 기운

火의 기운은 맑은 것은 위로 흐르게 하고 탁한 것은 아래로 흐르도록 하는 것이다. 때문에 맑은 것과 탁한 것이 하나로 뭉쳐지는 것이 어렵고 이는 서로의 기운이 다르기 때문이라고 할 것이다. 즉 火의 기운 속에 水의 기운이 어느 정도 강한가에 따라서 다르다는 것이다. 지금의 일기예보에서 저기압과 고기압의 차이를 생각하여 이해할 것이다.

· 맑음 속의 土의 기운

맑음은 맑음대로 모이고 흐린 것은 흐린 것끼리 모이게 되는 것은 바로 土의 기운으로 그렇게 되는 것이다. 이를 우리는 유유상종(類類相從)이라고 한다. 만약 土의 기운이 없다면 완전히 혼돈의 상태로 들어가서 아무것도 이루어지는 것이 없을 것이다.

· 맑음 속의 金의 기운

맑은 것은 지금의 상태로 계속 이어지려고 할 것이고 또한 한없이 맑고 부드러워지려고 할 것이다. 하지만 탁한 것은 맑은 것을 거부하고 끊임없이 지금의 상태로 더욱 흐려지려고 할 것이다. 이러한 것은 金의 기운으로 결정되는 것이라고 할 수가 있다.

· 맑음 속의 水의 기운

맑은 것은 더욱 깊어지고 자신의 모습을 감추고자 하는 것이 水의 기운이다. 하지만 이는 자신의 모습을 감추는 것으로 맑고 차가운 것은 더욱 깊이 들어간다는 것이다. 하지만 탁한 것은 火의 기운을 가지고 있으므로 인하여 위로 오르고자 할 것이다.

· 따스함에서 木의 기운

따스한 기운이 식지 않고 지속적으로 온도를 유지할 수 있다는 것은 바로 木의 기운이 살아있기 때문이라고 할 것이다. 만약 木의 기운이 살아있지 않다면 시간이 지나면서 차갑게 변화하고 말 것이다. 따스한 기운은 외부로부터 유지한다고 할 수가 있을 것이다.

· 따스함에서 火의 기운

따스함이 바로 火의 기운일 것이다. 이렇게 따스한 것을 무형으로 변화하려고 아지랑이나 안개처럼 증발도 할 것이다. 水의 변화는 火의 기운을 많이 받는다고 할 것이다. 火의 기운이 없으면 水라는 것은 정화(淨化)하지 못할 것이다.

· 따스함에서 土의 기운

어느 한 부분에서 따스함이 전체로 전하여 지는 것이 土의 기운이라고 할 수가 있을 것이다. 만약 土의 기운이 약하다면 전체가 아닌 일부분만 온기를 전해질 것이다. 이렇게 온기를 전하는 것과 전하지 못하는 것도 있으며 때로는 온기를 흡수하여 냉기로 변화하는 곳도 있을 것이다.

· 따스함에서 金의 기운

온기 속에서 자신의 본성을 잃지 않고 그대로 간직하려는 것이 金의 기운일 것이다. 水의 본성을 온기에서 변함없이 유지하는 것이 金의 기운 때문이다. 만약 金의 기운이 없다고 한다면 차고 맑으며 냉정한 水의 본성은 찾을 수가 없을 것이다.

· 따스함에서 水의 기운

차가운 기운으로 변화시키려고 하는 것이 水의 기운이라고 할 수가 있다. 따스한 온기를 지속하지 못하게 하는 것이 水의 기운이다. 때문에 혼탁한 것을 새롭게 정리하고 변화하게 되는 것이다. 만약 水의 기운이 없다면 맑은 것으로 새롭게 변화하지 못할 것이다.

● 액체(液體)나 기체(氣體)로 水는 영원하다.

水의 목적이 물이라고 하지 않고 액체인지 기체인지를 고민하여야 할 것이다. 물론 물이라는 것이 액체로 흐르고 있으며 환경의 지배를 받아서 기체로 승화하는 경우도 많다는 것이다. 때로는 차가운 기온으로 고체로 변화하여 영원히 얼음으로 남아있을 수도 있을 것이다. 이처럼 물이라고 하는 것이 기온의 변화에 따라서 또는 환경의 변화에 따라서 자신의 모습을 다양하게 변화하여 사라지지 않고 영원히 존재한다는 것이다.

다시 이야기한다면 木이 가장 필요로 하는 순수한 물이 있으며 이러한 물도 용도에 따라서 다양할 것이다. 또한 산업이 왕성하게 돌아가도록 하는 기름이라고 하는 것도 물처럼 액체로 이루어져 있다. 이것 뿐만은 아니다. 특수한 목적으로 사용하는 화공약품이라고 하는 특수한 물도 액체로 이루어져 있다는 것이다. 흔히 우리 가정에 사용하는 식용유도 물이지만 진한 액체로 이루어져 있다.

수없이 많은 종류의 물이 있는데 이들이 사용하는 목적에 따라서 이름이 다르듯이 水라는 오행도 다양한 뜻을 전하고자 하는 것이다. 이를 이해하고 표현에 따라서 水기운의 이야기를 할 수 있어야 한다. 즉 水라는 것도 환경의 영향에 따라서 유형으로 드러내는 것을 액체라고 한다. 액체 속의 타 오행의 기운은 어떤 것인지 알아보자.

· 액체 속에서 木의 기운

동적인 목적으로 끊임없이 흐르는 것은 木의 기운이라고 할 것이다. 그러하지 못한다면 변질되어서 다른 것으로 변화되고 말 것이다. 또한 木의 기운으로 인하여 어떠한 곳이라도 적응하며 모양을 다양하게 변화할 것이다. 木의 기운이 약하거나 없다고 한다면 액체는 사라질 것이다.

· 액체 속에서 火의 기운

火의 기운이 강하면 액체의 점성(粘性)이 높을 것이며 흐름은 둔하고 고체처럼 변화하던지 증발하여 없어질 것이다. 火의 기운이 약하면 점성이 낮아서 흐름이 원활할 것이다. 액체의 점성은 火의 기운에 의하여 조절되는 것이라고 할 수가 있으며 火의 기운이 없다면 순수한 水의 기운으로 흐른다고 할 것이다.

· 액체 속에서 土의 기운

주변의 기운을 더 많이 불러들여서 액체로 변화시키려고 할 것이다. 土의 기운이 없으면 다른 오행과의 융화가 어렵고 액체로 이루지 못할 것이다. 또한 어떠한 곳이라도 원활하게 스며들 것이며 土의 다양한 성질을 발휘하여 다목적으로 화합을 주도하는 것이 土의 기운이라고 할 것이다.

· 액체 속에서 金의 기운

金의 기운은 고체로 변화하려고 할 것이다. 또한 水의 기운을 정화하려는 것이라고 생각하여야 할 것 같다. 맑고 깨끗한 액체 속의 혼탁한 기운을 정화하려는 것이 金의 기운이라고 할 수가 있을 것이다. 만약 金의 기운이 약하거나 없다고 한다면 액체 그대로 유지한다는 것은 어렵다고 할 것이다.

· 액체 속에서 水의 기운

水의 기운을 가장 강하게 가진 것으로서 하염없이 투명하고 水기운의 특성을 가장 많이 유지하려고 하는 것이다. 水의 기운이 부족하다면 액체의 본성은 사라지고 아주 혼탁하여 자연 속에서 이로움을 줄 수가 없는 이물질로 변화하고 말 것이다.

기체(氣體)로 이루어진 水오행을 이야기하여 보자. 물이라는 것이 기화(氣化)하면 기체로 변화하는데 이렇게 기화한 것이 적당한 환경의 영향으로 다시 물이 된다는 것이다. 허공에는 수분이 가득하고 우리가 숨 쉬고 있는 공기 속에도 수분이 가득하다. 자연의 주인은 水의 기운으로 조절된다고 할 만큼 중요하다. 특히 보이지 않는 水기운의 기체는 자연에 미치는 영향력이 대단하다. 기체로 이루어진 것이란 어떠한 물체가 기화된 것이라고 할 것이다. 물이 기온의 차이에서 생겨나는 수증기나 안개, 이슬, 또는 서리 같은 것이 있으며 기름에서 발생하면 유증이나 가스라고 할 것이다. 즉 水라는 것도 환경의 영향에 따라서 무형으로 변화하는 것이 기체이다. 기체 속에서도 타 오행의 기운이 작용한다. 이러한 작용을 한번 생각하여 보자.

· 기체 속에서 木의 기운

정적인 목적은 기체로 변화하고자 고요히 기다리는 것이라고 할 수가 있을 것이다. 잠시도 머물지 못하고 미세하게 움직이는 것은 木의 기운으로 인하여 그러하다고 할 것이다. 또한 기화한 것은 뭉쳐서 다른 모습으로 변화해 가고 이렇게 끊임없이 윤회하는 것이 木의 기운이라고 할 것이다.

· 기체 속에서 火의 기운

아주 미세하게 분해되는 것이 火의 기운이다. 水기운 속에서 가장 火의 기운이 강한 것이 기체라고 할 수가 있다. 무형으로 火氣에 의하여 기화(氣化)하고 폭발하듯이 확산되는 것은 火의 기운이 강하기 때문이라고 할 것이다. 火의 기운이 없다고 한다면 기체라는 것은 있을 수가 없다고 할 것이다.

· 기체 속에서 土의 기운

넓게 확장하려고 하는 것이 土의 기운이라고 할 것이다. 기화한 水기운이 주변으로 확장하여 하나의 영역을 만들어 버린다. 土의 기운이 없으면 아지랑이처럼 확인을 할 수가 없을 것이고 土의 기운은 火의 기운에 의하여 사라질 것이다.

· 기체 속에서 金의 기운

비록 작지만 알알이 가벼운 알갱이로 이루어진 것이다 이는 金의 기운으로 인하여 습한 기운으로 화(化)한 것이라고 할 수가 있다. 金의 기운이 없다고 한다면 흔적 없이 사라질 것이다. 그리고 기체라고 하지 못하고 사라졌다고 하여야 한다.

· 기체 속에서 水의 기운

본성이 水의 기운이지만 가장 水의 기운이 약하다고 할 수가 있는 것이 기체이다. 이는 타 오행의 도움으로 水의 기운이 정화하거나 원래의 본성을 회복하려 하기 때문이다. 기체로 화(化)하지 못하고 본성을 회복한다는 것은 어렵고 힘이 들 것이다.

● 모든 것을 감추고자 하는 것이 水이다.

어느 경전에 보면 이러한 글귀가 있다. '불생불멸' 하고 '불구부정' 하며 '부증불감' 이라고 하는 귀한 말씀이 나온다. 이는 생겨남도 사라짐도 없으며 맑은 것도 흐린 것도 없으며 늘어남도 줄어듦도 없다는 이야기이다.

水오행의 결과는 '멈춤' 이라고 하는데 水를 멋들어지게 표현한 것 같다. 즉 멈추고 있다는 것은 원래 그대로 있다는 것이다. 물이라고 하였는데 물은 넓은 바다에 있으나, 증발하여 하늘에 있으나, 비가 되어 저수지에 있으나, 식수로 우리 몸속에 있으나, 다만 가는 곳이 다를 뿐이지 그대로 있다는 것이다.

어디로 흘러가도 맑아도 흐려도 또는 뜨거워도 차가워도 액체로 드러내어도 아니면 기체로 사라져도 그대로 있다. 다만 모양만 다를 뿐이다. 그래서 멈춤이라고 하는 것이다. 또한 감춘다고 할 수도 있다. 이는 깊어서 빛이 통과할 수가 없으니 알 수가 없다는 뜻으로 무엇인가가 숨겨져 있다는 것으로 느껴지는 것이다.

水의 기운이 많이 모이면 속을 알 수도 없으며 언제나 중심을 잡으려고 하는데 만약 중심이 무너지면 그 영향이 엄청날 것이다.

· 멈추고자 하는 기운 속에서 木의 기운

정적인 표현으로 木의 기운을 이야기하여야 할 것이다. 하지만 水의 기운이 정적이지만 끊임없이 변화를 거듭하는 것은 木의 기운이 있으므로 가능하다는 것이다. 만약 木의 기운이 없다고 한다면 새로운 생명의 시작은 없다고 하여야 한다.

· 멈추고자 하는 기운 속에서 火의 기운

멈춤으로 火의 기운이 사라진다고 할 수가 있다. 하지만 천년의 어둠도 순간에 밝아진다고 하듯이 비록 火의 기운이 미약하여 아무리 오랫동안 멈추고 있다고 하여도 순간에 깨어나려고 하는 것이 火의 기운이라고 할 수가 있다. 때문에 가장 연약한 火의 기운이 가장 깊은 곳에서 꿈틀거리고 있을 것이다.

· 멈추고자 하는 기운 속에서 土의 기운

멈춤으로서 土의 기운이 확장된다고 할 수가 있다. 土의 기운이 가장 강하게 작용한다고 생각하여야 할 것이다. 이는 멈춤으로서 하나의 덩어리가 형성된다는 것이다. 만약 土의 기운이 없다고 한다면 멈춤이라는 표현을 할 수가 없을 것이다.

· 멈추고자 하는 기운 속에서 金의 기운

가장 부드러운 金의 기운으로 자신을 정화하려고 할 것이다. 멈추어 고요한 가운데 무엇인가를 감추고 있으며 이 본성을 그대로 전하려고 하는 것이 金의 기운이라고 할 것이다. 만약 金의 기운이 없다고 한다면 본성을 회복하지 못하고 끝없이 기체로 남아있어야 할 것이다.

· 멈추고자 하는 기운 속에서 水의 기운

水의 기운은 멈추고자 하는 것보다는 감추고자 하는 기운으로 이야기를 하여야 할 것이다. 이는 수없이 많은 것이 水에서 시작하여 水로 끝이 나므로 그렇게 생각하는 것이다. 그래서 水의 기운 속에는 무엇이 있는지 알기가 어렵다는 것이다.

13

相生
상생

13
상생相生

● 木 이야기

· 木이 木을 生하는 관계

木의 기운이 木을 바라보고 상생할 수 있는 것은 무리를 이루고 서로가 서로의 이익을 생각하며 도와가면서 또는 경쟁하며 진화를 거듭할 것이다. 동적(動的)인 것은 서로 어우러져서 상부상조하는 방법으로 살아갈 것이며 서로의 일정한 경계를 두지 않고 있을 것이다. 하지만 정적(靜的)인 것은 일정한 거리를 두고 자신의 경계를 넘어오는 것을 철저하게 응징하려고 할 것이다. 때문에 동적인 木은 같은 오행끼리 집단적이라고 할 수가 있으며, 정적인 木은 같은 오행이라고 하여도 독단적이라고 할 수가 있지만 일정한 저리를 두면 집단적이라고 할 수가 있다. 만약 木生木을 한다면 집단적으로 군락을 이룰 것이다. 이는 木의 특성상 서로 극심한 경쟁을 하면서도 또 다른 한편으로는 집단적으로 화합하려고 하는 것이며 강력한 공격성을 가지고 있으므로 상위에 군립하려고 한다는 것이다.

자연적으로 이야기한다면 짐승들의 입장에서 생각을 하여야 할 것이다. 먹이 사슬의 상위에 자리한 것들은 철저히 홀로 활동할 것이며 먹이 사슬의 하위에 속하는 짐승들은 무리를 지어서 집단적으로 생활한다는 것이다. 사람들 속에서도 이러한 습관을 가지고 살아간다고 할 수 있을 것이다. 즉 기업을 경영하는 경영자와 근로자의 관계를 생각하여 보아도 木의 특성을 알 수가 있다. 이처럼 木이라는 오행이 타 오행을 生하는 관계를 이야기하여 보자. 生한다는 이야기는 새로운 모습으로 만들어 내거나 생겨나는 것이라고 이야기할 수가 있다.

인간으로 이야기한다면 끊임없이 자라나는 체모(體毛)나 손발톱 같은 것과 체내의 독성분을 제거하는 간(肝)이라는 장기도 木과 관련되어 있다고 할 것이며 우리 몸 부분 사이에 필요한 정보를 살아서 전달하는 신경계(神經系)도 역시 木으로 드러낸다고 할 것이다. 木의 기운이 강하면 신장(腎臟)에 문제가 생기나며 그로 인하여 火의 기운을 관장하는 심장(心臟)도 문제를 일으킨다고 할 것이다.

사회적으로 이야기한다면 인문(人文)이나 교육적인 분야를 木으로 이해하여야 할 것이다. 학문의 발전이나 인문의 발전은 쉬지 않고 계승하고 발전한다는 의미에서 그렇게 이야기를 하는 것이다.

· **木生火**

가장 잘 표현하는 것이 나무가 불을 살리는 것이 아니고 나무에 꽃이 핀다는 것이다. 즉 나무에 꽃이 피어야 열매를 맺을 수가 있을 것이며 자신의 존재를 알리고 불멸을 꿈꾸며 치열한 경쟁 속에서 다양한 방법으로 木의 존재를 알리기 위하여 火를 생하여 주는 것이다. 흔히 火를 이롭게 하려고 木生火한다는 생각보다는 자신을 위하여 木生火한다고 생각하는 것이 좋을 듯하다. 또한 나무에 불이 잘 탄다고 하여 木生火라고 이해하는 경우도 많이 있으나 틀린 이야기는 아니다. 이러한 경우에는 나무가 건조하여야 할 것이며 살아있는 나무는 잘 타지 않을 것이다.

火가 무엇인가에 따라서 木生火의 전하는 뜻이 다르다고 할 것이다. 만약 아궁이에 불을 생각한다고 하면 木이라는 것이 땔감으로 생각하여야 할 것이며 이때의 땔감은 조건을 갖추고 있어야 한다는 것이다.

불이 아니고 열이나 빛이라고 한다면 木生火의 관계를 이야기하기가 난감할 것이다. 이럴 때는 발열이나 발광하는 물체를 木이라고 생각하여야 할 것이다. 火라는 것을 꽃이라고 한다면 木이 생하여 주어야 하지만 향기라고 한다면 木은 향을 담은 본체를 두고 이야기를 하거나 향기가 멀리까지 퍼져 나가는 것이라고 할 것이다. 火의 다양한 변화에 따라서 木生火하는 것이지만 반대로 木克火하는 경우도 분명히 있을 것이다.

· **자연**

다양한 종류의 살아있는 것들이 자신의 종자(種子)를 생산하려고 수없이 많은 꽃과 향기를 품어내는 것이라고 할 수가 있다.

· **행위**

살아있는 것은 본능적으로 자신의 종족(種族)을 보전하려고 꽃을 피우고 끼리끼리 화합을 할 것이다.

· **음양**

외적(外的)으로는 활동하여야 할 것이고 내적(內的)으로는 신경과 정신을 활발하게 움직여야 할 것이다.

· **사상**

살아있으면 의식(意識)이 있다고 할 것이며 생을 하지 않는다면 육식(六識)은 사라질 것이다. 때문에 생을 유지하려면 의욕(意慾)을 가져야 할 것이다.

· **목적**

윤회(輪回)하기 위하여 양신(養神)으로 열심히 노력하다가 생을 다하면 음신(陰神)으로 살아가면서 새로운 생을 기다린다고 할 것이다.

· **결론**

태어나서 자신을 희생하면서 또 다른 무엇인가를 위하여 최선을 다한다고 할 것이다.

· 木生土

분명 木은 土를 극한다고 생각을 하였으며 그렇게 학습으로 익혀 왔다. 하지만 이러한 경우에는 분명 木生土를 한다고 생각을 하여야 할 것이다. 나무의 잎은 땅에 떨어져서 흙으로 돌아가고 뿌리는 흙을 움켜지고 무너지는 것을 방지하는 것처럼 때로는 상생을 하여야 할 것이다.

· 木生金

어떠한 목적에 의하여 분명히 木은 金을 생하여 주고 있다는 것이다. 단순하게 '나무가 무슨 돌을 생을 하는가?' 하고 생각하지 말고 나무에 열매가 생겨난다고 이야기를 한다면 확실한 木生金이 되는 것이다. 지금까지의 金은 木을 극하는 관계라고 생각하고 배우고 익혀왔지만 때로는 이렇게 상생을 하여야 서로가 이롭다는 것이다.

· 木生水

지금까지의 학습에 혼란이 일어날 것이다. 하지만 좀 더 깊이 생각을 하여 보면 바위가 물을 생하여 주는 것이 아니고 보관(保管)이나 여과(濾過)하여 주는 과정이라고 할 것이다. 역시 나무도 그러한 일을 한다고 할 것이다. 즉 낮에는 물을 흡수하여 자신의 이로움을 해결하고 밤이 되면 뿌리를 통하여 배출해서 水가 마르지 않도록 하는 것이다.

● 火 이야기

· 火가 火를 生하는 관계

火의 기운이 火를 바라보고 상생을 하려고 한다고 생각을 하여 보자. 즉 불이 불을 생하여 준다는 이야기이다. 이를 열이나 빛으로 바꾸어서 생각을 한다면 강력한 불을 더욱 강하게 하여 엄청난 열이 발생할 것이고 또한 엄청난 빛으로 주변을 밝게 할 것이다. 火가 열을 生하여 준다고 한다면 이는 집중적이지 못하고 중간에 흩어질 것이다. 또는 불이 위로 올라가면서 갈라지고 열은 위로 오르면서 火의 기운을 가진 공간을 형성하면서 소멸된다. 하지만 빛이라는 것은 집중적이라야 할 것이며 火의 기운이 빛에 生을 더하여 준다면 빛의 줄기가 공간을 먼 곳까지 갈 수가 있을 것이다.

火가 火를 生하여 주는 것은 당연하다. 이는 火의 특성상 순간적으로 강력하게 화합은 하지만 오래 가지 못하고 끝에는 흐지부지 사라진다는 것이다. 때문에 火生火를 한다면 폭발적이라서 상당히 위험하고 극(極)에 달하는 경우에는 모든 것이 멸(滅)하고 말 것이다.

자연 속에서 이야기한다면 화려함이 오래 가지 못하고 시들어 버린다는 것이다. 때문에 火의 기운을 오랫동안 유지한다면 득보다는 실이 많다고 할 것이다. 만약 꽃이 오랫동안 피어있고 수정되지 못하거나 더위가 지속적으로 이어진다고 생각하여 보자.

인간의 입장에서 생각하여 본다면 정상적인 체온에 과격한 운동으로 열을 올린다고 한다면 건강에 문제가 있을 수가 있을 것이다. 하지만 아무런 움직임이 없으면 火의 生을 받지 못할 것이고 그로 인하여 건강에 문제가 있을 수 있다. 火에서 火를 생하여 주고자 한다면 참으로 많은 문제가 발생할 수가 있다는 것이다. 때문에 사람의 신체 속에서 열이 나는 부분은 모두 火에 속한다고 할 수가 있으며 정신적(精神的)인 부분과 감각적(感覺的)인 부분도 역시 火에서 이야기해야 할 것이다.

예술적인 면에서 이야기하여 본다면 이러할 것이다. 사진을 찍으려고 하는데 빛을 너무 많이 노출한다면 사진이 잘 나오지 않을 것이다. 또한 그림을 그릴 때 색(色)을 너무 진하게 사용할 경우 그림이 너무 강하여 값어치가 떨어질 것이다. 火에 火를 生하여 준다고 한다면 이득보다는 실(失)이 더욱 많을 것이기에 무엇이든 적당한 것이 최상으로 취급을 받을 수가 있다는 것이다. 火의 오행이 타 오행을 生하여 줄 경우를 한번 생각하여 보자.

· 火生土

가장 잘 표현하는 것은 타고 남은 재가 흙이라고 하는 것이며 지금의 시대에는 나무가 아니고 가스라서 불이 타고 나면 아무것도 없다. 하지만 가스나 기름 같은 것을 태우면 주변이 건조하여 수분이 증발하게 되고 이것이 높이 올라가서 구름으로 뭉쳐진다는 것이다. 이를 火生土의 관계에서 이루어지는 것이다. 火生土의 관계를 이루려면 나무가 불에 타야할 것이며 타고 남은 재가 火生土한다고 생각하여야 하는데 쉽게 이해는 하지만 꼭 그러한 환경이 펼쳐지지 않는다는 것이다.

때문에 火生土의 관계를 불과 흙을 떠나서 생각하여 보자. 즉 어떠한 열기구를 상상하여 보자. 열기구의 빈 공간을 土라고 하며 여기에 火生하여 열을 가한다면 높이 올라갈 수가 있다는 것이다. 또한 어떠한 공간을 화려하게 채색하는 것도 火生土의 관계라고 할 수가 있다. 이처럼 다양한 상황에서 火生土하는 관계를 이야기로 꾸며 보자.

· 자연

불이 타고 나면 재가 생기는 것을 이야기할 수가 있다. 뿐만 아니라 공간을 채우는데 火의 생을 받지 못한다면 어려운 이야기가 되는 것이다.

· 행위

火의 영향으로 무엇이든 받아들일 수밖에 없다는 것이다. 허공의 구름도 火의 도움이며 火의 기운이 사라지면 어떠한 것이라도 土가 받아들인다고 할 것이다.

· 음양

양(陽)의 기운이 강할 때 열은 위로 높이 올라갈 것이고 음(陰)의 기운이 강할 때 빛은 깊은 곳까지 도달한다는 것이다.

· **사상**

火의 도움이 적당하여 습할 수도 건조할 수도 있으며, 너무 많은 생을 받으면 뜨거워서 폭발할 것 같으며 반대로 火의 생이 적으면 얼어버릴 수도 있다는 것이다.

· **목적**

火生하면 밝아서 존재를 알 수가 있으며 火生을 받지 못한다면 어두워서 존재하는 것을 알 수가 없을 것이다.

· **결론**

火生土의 관계는 희생하여야 또 다른 것으로 이어져서 뜻을 전하고 그로 인하여 새로운 무엇인가를 마무리할 것이다.

· **火生金**

火生木보다 더욱 이해하기 어렵다고 할 수가 있을 것이다. 어떻게 火生金을 이해하여야 할 것인지 궁금하다. 하지만 간단하게 생각하여 본다면 나무에 꽃이 피어야 열매를 맺을 수가 있다는 것이다. 또한 용광로에서 쇠가 새롭게 태어나는 것도 火生金의 관계가 성립되는 것이다.

· **火生水**

火라는 것이 분명히 水를 생하여 준다는 이론을 찾아보자. 여기서 火와 水라는 오행을 과연 무엇으로 볼 것인가가 중요하다. 웅덩이에 흙탕물이 고여 있다고 생각하여 보자. 火라는 열에 의하여 물기는 증발하여 비가 되어 내릴 것이다. 이는 분명 火生水이다. 하지만 다르게 표현을 주장한다면 水火의 沖으로 인하여 증발하였다고 할 것이다.

· 火生木

木生火라고 하여야 바른 이야기가 되는 것인데 어떻게 역으로 火生木이 가능한지 생각하여 보자. 즉 태양이 만물을 성장하게 하듯이 火가 木을 생하여 주는 것이다. 어떠한 상황에 관계없이 무조건 木生火한다는 주장은 잘못된 이야기일 것이다.

● 土 이야기

· 土가 土를 생하는 관계

土의 기운을 흙이라고 이해를 한다면 간단할 것 같으나 사실은 土라는 오행이 드러내고자 하는 것이 흙이라는 것으로 한정된 것이 아니다. 수만 가지의 뜻을 하나로 표현한 것을 오행이라고 한다. 이토록 많은 뜻을 알아가기란 참으로 어려울 것이다. 특히 타 오행보다 더욱 난해한 오행이 土라는 것인데 이는 음양이 생겨나면서 동시에 발생된 오행이라서 그러한 것이다. 즉 오행 이전에 음양으로 나누어질 때부터 존재한 것이라고 할 수가 있다.

土의 특성상 겹겹이 싸여있을 것인데 土가 土를 生하고 있다면 어떨까? 예를 들어서 산과 들에 가면 밤이라는 열매를 보면 쉽게 이해할 수가 있을 것이다. 가시로 이루어진 외피와 이를 벗겨 내고 보면 단단한 내피(內皮)가 있다는 것이다. 내피 속에 부드러운 속 피가 또 감싸고 있다는 것이다. 속 피 안에 영양가 높은 밤이 들어있고, 이를 반으로 나누어 보면 가장 깊은 곳에 핵(核)을 감추고 있다는 것이다. 이렇게 겹겹이 감싸고 있는 껍질이 土라고 하는 것이다. 이러하기 때문에 土가 土를 생하는 모습이다.

자연 속에서 이야기한다면 흙이라는 것을 떠나서 무엇이든 받아들이는 것으로 또는 일상에서 이야기하는 높고 낮음과 넓고 좁음이 土라는 것으로 표현하였다는 것이다. 또는 공간적으로 있고 없음을 이야기하는 것도 土의 권한이라고 할 수가 있을 것이다. 이를 사회적으로 하나의 국가관이나 가정적인 것으로 이해하면 된다.

사람으로 이야기한다면 피부(皮膚)처럼 무엇인가를 감싸고 있는 것이라고 할 것이다. 어떠한 단위에서는 부피를 이야기할 수도 있으며 입을 통하여 들어가는 음식물을 받아들이는 위장(胃腸)도 역시 土의 권한이라고 할 수밖에 없다.

우리가 알고 있는 상식은 土라는 것이 기록을 하는 것이나 기록된 것을 한곳으로 뭉쳐지는 것을 土라고 할 것이다. 즉 책이나 무엇인가를 문자화한 것을 土生金하여 보관하려고 하는 문서 같은 것을 土에서 이야기하여야 할 것이다. 또는 오래된 역사 속의 전해 오는 이야기들도 역시 土의 권한이라고 할 것이다.

· 土生金

흙 속에서 지열에 의하여 광물이 이루어진다고 하는 것이다. 土라는 것을 흙으로만 생각하지 말고 공간적인 것으로 생각하여 보면 土生金하는 것을 이해할 것이다. 흙에서 金이 생겨나는 것은 오랜 시간을 두고 흙 속에서 열이 발생하고 이 열에 의하여 흙속의 어떠한 성분이 녹아서 처음으로 이루어진 덩어리를 돌 또는 바위라고 한다. 하지만 흙이라는 것을 떠나서 한 번 생각하여 본다고 하면 이러할 것이다. 열매의 껍질이 土에 해당한다는 것이다. 즉 껍질 속에 씨앗이 생겨나는 것이다. 이를 土生金이라고 이해하는 것이 더욱 좋을 것 같다.

土라는 것은 흙이 아니고 무엇이든 받아들이고 흡수하고 보관을 하거나 담아두기 위하여 만들어진 공간이라는 것이다. 때문에 土의 성분을 가장 잘 드러낸 것이라고 이해하고 응용하여야 할 것이다. 우리 주변에 土라고 할 수 있는 것은 무엇이든 받아주는 흙에서는 돌이 생겨나고 집에서는 사람들의 주거지로 이용하고 상자 속에는 내용물이 담겨져 있으며 주머니 속에는 개인이 필요로 하는 물건을 넣어 두고 있는데 이러한 내용물은 金에 해당한다.

· 자연

깊은 땅속에서 지열이 발생하는데 온도의 차이에 따라서 같은 성분들이 서로 덩어리지는 것을 이야기한다. 흐드러진 초목이 처음에 꽃을 피우는 과정이 火라고 할 것이며 다음에 수정하는 것을 土라고 할 것이며 이후에 열매가 맺어지는 것이 金이다.

· 행위

담을 수 있도록 조건이 만들어진 속에 무엇인가가 생겨나는 것이라고 할 수가 있다. 외적인 변화가 없는 것 같아도 알게 모르게 변화한다는 것이다.

· 음양

넓고 높음이 양적으로 이야기할 것이며 좁고 깊음을 음적으로 표현하여야 할 것이다. 따라서 때로는 강하게 드러낼 것이고 또는 부드럽거나 연약하게 드러낸다고 할 것이다.

· 사상

土의 조건에 따라서 때로는 습하여서 유연하게 또는 건조하여 단단하게 때로는 강한 열기로 가루처럼 가볍게 생겨난 것도 있으며 차가워서 생겨나지 못하고 하염없이 기다리는 것도 있다.

· 목적

土의 기운에 의하여 존재를 확인할 수 있는 것과 확인할 수 없는 것으로 나누어질 것이다. 보존을 위하여 공개적인 것이 있으며 조건에 의하여 보이지 않게 보존하는 것이다.

· 결론

무엇이든 안전하게 보호하면서 또 다른 오행을 위하여 土는 스스로 희생을 하면서 충분한 공간을 만들어 주려고 하는 것이다. 때문에 土에 의지하여 결실(結實)을 잠시 머물면서 새로운 것으로 진화하려고 한다.

· 土生水

土克水라고 하여야 하는데 때로는 土生水하는 경우가 수없이 이루어지고 있다. 土라는 것을 흙이 아닌 허공이라고 생각하여 보자. 물이 증발하여 허공으로 모여들 것이고 이들이 모여서 무리를 이루면 이를 '구름'이라고 한다. 즉 이는 허공이라는 土에서 이루어지는 이야기가 되는 것이다. 다만 우리가 생각하는 土의 한계를 허공이라고 생각하여 보지 못하기 때문이 土生水를 이해하지 못하는 것이다. 生을 하여 준다는 이야기가 없는 것을 만들어 내는 것만 생하는 관계는 아니다. 하늘에 뭉게구름이 때가 지나면서 검은 먹구름이 되어 비를 내리게 하는 것이라고 생각하여 보자. 다시 이야기한다면 土의 공간을 벗어나지 못하고 보호받고 있다는 의미를 土生水로 표현한다.

· 土生木

지금까지는 土가 木으로부터 극을 받는 것으로 배우고 이해를 하였다. 하지만 때로는 土가 木을 생하여 준다는 것이다. 즉 土에 의지하여 木이라는 것이 생겨난다는 것이다. 이를 극단적인 표현으로 극한다고 할 수도 있지만 이는 잘못된 생각일 것이다.

모든 木은 어떠한 공간 속에서 생겨나는 것이지 공간이 없는 곳에서 木이라는 것이 생겨날 수가 없다는 것이다. 그래서 어떠한 상황에서 바라보면 분명히 土生木을 하는 경우가 확실하다는 것이다. 쉽게 이해하려면 땅에서 나무가 자라는 것을 생각하여 보면 된다. 여기서 土가 木을 생하여 준다는 의미는 충분한 土의 공간을 만들어 주는 것이다.

· 土生火

土生火가 아니라 火生土라야 한다는 법칙은 없다. 土라고 하여 무조건 火의 기운을 받는다는 것은 잘못된 생각일 수도 있다. 이는 흙 즉 땅속 깊은 곳에는 어마어마한 지열이 발생한다는 것이다. 이렇게 생겨난 火에 의하여 화산이 폭발하고 지각(地殼)의 변화로 지진이 발생할 수도 있다는 것이다. 일상적 자연에서 생각하여 본다면 시골에서 거름을 장시간 묻어 두면 자연적으로 열이 발생하는데 이는 분명 土生火로 변화하였다가 다시 火生土하는 경우라고 할 수가 있다. 火의 기운을 土가 보관하는 의미에서 土生火라고 표현한다.

● 金 이야기

· 金이 金을 生하는 관계

金이라는 오행을 바위 또는 돌이나 쇠로 이해한다면 곤란할 것이다. 이는 자연의 한 부분일 뿐이고 오행을 이해하는데 가장 쉽게 접근하기 위한 방편에 불과한 것이다. 바위나 쇠는 단단하다고 할 것이며 이렇게 단단하기 때문에 오랫동안 전할 수가 있다는 것이다. 그래서 열매나 씨앗에 비교를 하는 것이고 씨라는 것이 종자(種子)이며 종자는 열매가 아닌 다양한 방법으로 전해진다는 것이다. 다시 이야기한다면 단단한 것도 있지만 바람에 휘날리는 것도 있으며 때로는 물보다 더 유연하여 물속을 유영(遊泳)하는 것도 있다는 것이다. 이처럼 강한 것이 있는가 하면 한없이 부드러운 것도 있다. 그런데 이러한 것들이 어떻게 水를 生하여 주는지 알 수가 없을 것이다. 하지만 이럴 때의 水라는 것을 물이라고 생각하지 말고 멈춤이라고 생각하여 보자. 金이 生하여 水가 멈추어야 한다. 그래야 金이 원하는 것을 이룰 수가 있다.

뿐만 아니라 타 오행의 상극관계까지도 生하여 준다는 것이다. 이를 어떻게 이해하여야 하는지 조건을 이야기하면서 깊이 있게 생각하여 보자.

金이란 자신의 존재를 영원히 전하려고 하는 본성을 가지고 있으며 이러한 본성이 金이 아닌 타성의 본성이라는 것이다. 1차적인 목적이 무엇인지 모르지만 2차적인 金의 기운으로 보존하려고 한다는 것이다. 이렇게 보전하려고 한다면 다양한 오행의 도움이 필요로 할 것이며 특정한 관계의 金生水만 가능하다고 할 수가 없다.

金이 金을 생하여 주는 것은 드물게 있을 수가 있다. 金이라는 것의 특성상 화합을 거부하는 경우가 많다는 것 때문이다. 그래서 金이 金을 生하는 경우는 모든 살아 있는 것은 번식을 위하여 종자를 생산하는 것을 생각하여 보자. 또한 단단한 金의 기운이 보호하는 것은 핵(核)을 위한 것이라고 생각하여 보면 이를 金生金이라고 할 것이다.

자연적으로 이야기한다면 모든 종자는 자신의 고유한 본성(本性)이나 수없이 오랜 시간을 두고 고유의 습관(習慣)이나 유전적인 인자(因子)를 전해 주기 위하여 다양한 방법을 선택하여야 할 것이다. 이렇게 보전하고 보존하여 재생되는 종자는 닮은꼴을 할 것이고 성격이나 행동까지 비슷한 경우가 있을 것이다. 때로는 돌연변이가 발생할 수도 있지만 이는 어울리는 환경과 적당한 때를 맞추지 못하여 일어나는 현상이라고 할 수가 있다.

인간의 입장에서 생각하여 보면 후손이라고 할 수가 있으며, 육체 속에서 金은 오장(五臟)으로 폐(肺) 기운과 동일하고 대장(大腸)의 기운과 잘 통하므로 金의 기운이 강하면 木의 기운이 극을 받아서 극도의 신경불안과 간(肝) 기능에 문제가 있어서 허약할 것이고, 金의 특성상 화합을 거부하니 金에 관련된 호흡기나 이비인후계통에 강한 金의 기운이 작용하여 균형을 이루지 못하고 온도조절에 심각한 장애가 발생할 것이며, 강한 金生水로 인하여 대장의 수분조절이 어려워 일상적인 생활에 고통 받을 것이다.

사회적으로 이야기한다면 위계질서(位階秩序)를 지키기 위하여 과도한 법규(法規)를 정하여 자유스런 활동에 많은 제재를 받을 것이다. 또한 金의 기운이 강하면 정확한 인간관계가 성립되기 어려울 것이다. 때문에 조금의 양보나 따스한 정(情)이 없어서 동료나 이웃과의 화합이 잘 안될 것이다. 강제성이 동원된 억압(抑壓) 같은 사회구조로 인하여 상부상조가 안 되고 철저한 개인주의적이라고 할 것이다. 흔히 나라를 지키기 위한 강력한 군대나 무리의 질서를 유지하기 위한 경찰 같은 무리로서 계급사회로 이루어졌다고 볼 수가 있다.

· 金生水

일반적인 생각은 이러할 것이다. 金이 水를 낳는다고 하지만 사실은 그러하지 않다. 바위에 미세한 공간을 두고 있는데 이곳에 수분(水分)이 저장되어 있다는 것이다. 외부의 온도에 따라서 수분이 들고 나는 것이라고 할 것이다. 쉽게 이해를 하려고 한다면 정수기(淨水器)를 생각하면 좋을듯하다. 지금의 정수기는 자연에서 생산된 거름망을 가공하여 바위나 숯보다 더 미세하게 만들어서 사용하지만 예전에는 돌이나 숯을 이용하였던 것이다. 이러한 것은 속에 아주 미세한 공간이 있는데 여기로 물이 통과하면서 이물질과 냄새를 걸러낸다는 것이다. 다시 이야기한다면 金生水라는 것은 金이 水를 生한다는 의미이며 이를 생산(生産)한다고 생각하면 안 된다.

우주 공간에는 수분으로 가득하다. 특히 우주 공간 속의 지구는 물이 많아서 푸른 행성이라고 한다. 다만 본래의 물을 金이 정화한다고 생각을 해야지 만약 金이라고 하는 것을 철(鐵)이라는 것으로 본다면 물이 절대로 생겨 날 수가 없을 것이다. 하지만 철이라는 것이 변화를 하려면 우선적으로 온도에 의하여 녹아서 물처럼 액체(液體)로 변화하여야 한다는 것이다. 이렇게 생각을 하여야지 쇠에서 물이 생겨난다고 이해하려고 하면 정말 난감할 것이다. 우리가 온도(溫度)라는 것을 火의 기운이라고 생각할 수가 있지만 사실은 온도라는 것이 水오행 속에 火의 기운일 뿐이다.

때문에 金生水의 관계는 金이라는 것이 무엇인가에 따라서 생겨나는 水라는 것도 다르게 이해를 하여야 한다. 때로는 원래 존재하던 水인데 金을 통하여 변화(變化)되어 다시 재생의 관계가 이루어진다고 생각할 필요가 있을 것이다. 金生水를 위해서는 타 오행의 도움이 절대적이라고 할 수가 있으며 특히 火의 기운을 가장 많이 받는다고 생각하여야 할 것이다.

· 자연

자연 속으로 들어가면 지천(支川)으로 물이 흔하게 있다. 일반적으로 물이라고 생각하며 바위틈에서 흘러나온다고 생각한다. 하지만 그러하지 않다. 나무에서도 흘러나온다. 나무는 낮에는 물을 들이마셨다가 밤에 토해낸다고 한다. 역시 바위도 주변의 온도변화에 따라서 수분이 들고 나는 것이다. 특히 암반수(巖盤水)라고 우리는 자주 들어온 이야기가 있다. 하지만 金이라는 암반을 통과하여 맑고 깨끗한 것이 모여 있는 것이 바로 암반수인 것이다. 무더운 여름날 바위틈에서 물이 흘러나오는데 시원하고 맛이 좋다. 그래서 金生水라고 하는 것이다.

· 건강

사람의 입장에서 이야기한다면 무리지어 흐른다고 할 것이다. 또는 사람의 고정관념이라고 할 수가 있으며 그 마음의 깊이도 水의 기운으로 이야기가 가능하다. 육체 속에서 水는 신장에 속하고 기운은 방광과 통한다. 그러므로 金이 水를 생하여 주면 金은 허약할 것이고 水는 더 강하여 질 것이다. 그러면 체온이 떨어질 것이고 그로 인하여 맥박은 더 열심히 뛰어야 할 것이다. 그래서 저혈압으로 고생도 할 것이며 또한 金이 水를 生하여 주면 木의 기운이 왕성할 것 같지만 그러하지 못한다. 즉 뚱뚱하고 힘은 많이 쓰지 못하는 것과 같은 현상이라고 이해하여 보자. 그리고 인체에 진액이 흐르는 계통에 문제가 많을 것이다. 金生水로 뼈가 약할 수가 있으며 신체가 발육하는데 도움이 안 될 것이다.

· 사회

모양으로는 강력한 위계질서가 확립되어 있으며 의무적으로 교육을 시키고 인재를 양성하여 새로운 것을 창출하려고 할 것이다. 항상 새로운 것을 위하여 억압적이고 강제적인 사회구조를 보다 진보적으로 발전하려고 안으로는 모든 힘을 모으려고 할 것이다. 고정된 金의 기운이 水를 생하여 주면서 金은 느긋하여지고 水의 기운은 용기를 가질 것이며 그로 인하여 새로운 사회가 성립될 것이다.

· 자연

2차적으로 진행하는 오행이라서 타 오행이 전하고자 할 때는 분명히 金의 기운을 필요로 한다는 것이다. 1차로 木이 열매를 맺는 것이 2차 金의 기운 때문이다.

· **행위**

끝없이 흐른다고 하여야 할 것이며 실질적으로 씨앗은 돌고 돌아 원래의 모습으로 돌아오는 것도 흐름이라고 할 것이다.

· **음양**

깊으면 흐름은 빠르지만 유연하고 맑아서 속을 알 수가 없지만 오히려 얕으면 흐름은 느리고 혼탁하며 요란하여 속이 환하게 보이는 경우가 있다.

· **사상**

다양한 모양으로 자신의 모든 것을 적당한 환경을 찾아서 전하려고 할 것이다. 이렇게 생하여 주지 않는다면 자연은 무너질 것이다.

· **목적**

전하려고 보이지 않게 깊이 감춘다고 할 것이며 때로는 또 다른 모양을 만들어서 밖으로 보이게 하고 본성은 깊이 숨겨서 보존하려고 할 것이다.

· **결론**

자신이 전하고자 하는 목적을 위하여 조용히 기다리고 있을 것이다. 그러하지 못한다면 때를 알지 못하고 때를 맞추지 못하여 뜻을 이룰 수가 없을 것이다.

· **金生木**

金이 木을 생한다고 이야기한다면 이해하기 어렵다. 하지만 이렇게 생각을 바꾸어 보자. 나무에 열매가 맺고 열매에서 새로운 싹이 튼다고 하면 쉽게 이해할 수가 있을 것이다. 여기서 金生木을 하는데 생이라는 것은 새롭게 싹이 트는 이야기이다. 만약 쇠가 나무를 생한다고 하면 이야기가 안 된다. 하지만 고철을 수집하여 새로운 용도로 사용하려고 용광로에 녹이는 것을 金生木이라고 생각하면 쉽게 이해할 것이다. 물론 여기서 생이라는 것은 재생(再生)을 의미한다.

일반적으로 金剋木의 관계를 뒤집은 이야기 같지만 오행이라는 것이 서로의 필요에 의하여 상생 상극하는 것이며 절대적 생극의 관계가 성립되지 못한다고 할 것이다. 나만 쇠기 나무를 극한다고 할 경우 가능할 것 같지만 무리나 수량을 생각한다면 이것 역시 불가능한 이야기이다. 金오행이 木오행을 생하여 준다는 이야기는 재생을 한다거나 부활(復活)하는 이야기로 이해하면 좋을 듯하다.

나무에 열매가 가득 달려 있지만 모두가 씨앗으로 싹이 트는 것은 아니다. 이럴 때의 열매는 金이 되는 것이고 이를 역(易)으로 생각하여 열매가 땅에 떨어져서 수분이 많은 것은 썩어 없어지고 나면 씨앗만이 남아있는데 이것이 조건(條件)과 때가 일치한다면 싹이 틀 것이다. 이럴 때를 金生木이라고 하는 것이다.

또한 열매는 분명 金이라고 할 것이며 열매가 떨어질 때 씨방을 보호하기 위하여 외부가 깨어지면서 희생을 하는 것을 역시 金生木이라고 하는 것이다. 이유는 씨방 속에 생명이 살아있다는 것이다. 다시 이야기한다면 단단한 金이 木을 위하여 희생하는 것을 生한다고 표현한 것이라고 이해하여야 할 것이다.

金이 보전과 보존을 목적으로 하는 것도 역시 金生木을 위하는 것이며 이는 木의 윤회(輪回)를 돕고 새로운 새 생명이 탄생할 때까지 金으로 木을 보호하는 것이다. 만약 金生木을 하지 못하고 金剋木하는 방향으로 생각을 가지고 있다면 지금부터 고정관념을 버리고 金生木이라는 관계가 성립된다는 것을 이해하기 바란다. 하지만 필요에 의하여 분명히 金剋木하는 경우도 많이 있다. 이는 金이 木을 생극하는 과정에서 어떠한 조건이 이루어질 경우에 가능하다는 것이다.

· 金生火

金이라는 것이 火를 생하는 것을 金生火라고 하는 것이다. 지금까지는 火가 金을 절대적으로 극하는 관계로 알고 있다. 사실적으로 이야기한다면 金이라는 오행이 가장 필요로 하는 것이 火이다. 하지만 어떠한 조건에 의하여 분명히 金이 火를 생하는 관계가 성립된다는 것이다. 즉 석탄(石炭)이라는 돌을 채취하여 연료로 사용한다면 가능한 이야기이다. 이때의 생은 화력을 내는 것이라고 생각하여야 할 것이며 이뿐만 아니라 여자들이 가장 가지고 싶어 하는 보석에서 아름다운 빛이 나는 것도 金生火에 속할 것이다. 역시 이때의 생은 자연적으로 빛을 발산한다는 것이다.

金을 통하여 전류가 흐르는 것도 金生火이며 여기서 생이라는 것은 金을 이용하여 전기를 전달한다는 의미이다. 金이라는 것이 무엇인가를 알고 여기서 火의 기운을 가지고 있는 것이 전달되거나 자연적으로 발산된다면 이는 金生火를 하는 것이다. 일상적으로 많이 사용하고 있는 기계나 전기 제품 같은 것도 직접적이지는 않지만 간접적으로 金生火하는 관계가 상당히 많이 있을 것이다. 특히 컴퓨터나 텔레비전 화면 같은 것을 예로 할 수가 있다. 지금까지의 火剋金이라는 고정관념에서 벗어나면 수도 없이 많은 것들이 金生火의 관계를 유지하면서 상생의 관계를 유지하는 것이 많다.

직접적이든 간접적이든 金오행이 火오행을 생하여 주는 것이 극하는 관계만큼이나 다양하고 많이 일어나고 있는데 무관심으로 또는 고정관념 때문에 이러한 것을 무시하고 지나가 버리는 것이다. 과일의 화려한 색감도 金生火이므로 지금부터는 金生火의 관계와 火剋金의 관계가 동일하게 일어나고 있다고 생각하여 보자.

· 金生土

土에서 金이 생하는 관계는 당연하고 이치에 어긋남이 없다고 생각할 것이다. 하지만 金이 土를 생하여 준다고 한다면 과연 그럴 수는 없다고 할 것이다. 金이라는 오행과 土라는 오행은 떨어질 수가 없는 관계를 유지하고 있는 것은 사실이다. 다시 이야기 한다면 이러할 것이다. 처음에는 부모님이 자식을 낳고 기르지만 부모님이 늙고 기력이 없으면 오히려 자식이 부모님을 봉양(奉養)하는 관계로 바뀌듯이 金이라는 것이 때를 다하고 나면 土로 변화한다는 것이다. 즉 金生土를 하는 것이다. 이럴 때의 생이라는 것은 변화하여 더하여 진다는 의미이다. 어떠한 관계가 다하여 뒤바뀌면 생이 극으로 변화하고 이것이 또 다하면 역시 극이 생으로 뒤바뀌는 것이다.

사람이나 동물들이 살아있으면 木이라고 할 수가 있지만 죽으면 木이 아닌 金으로 변화하는 것이다. 다시 이야기한다면 생명도 없고 움직임도 없이 굳어버린 것을 金이라고 하는 것이다. 이렇게 변화한 것을 태우거나 아니면 땅에 묻어버린다. 이럴 때도 金生土로 이야기할 수 있을 것이며 여기서도 생이란 더해진다는 의미일 것이다. 또한 어떠한 공간을 이루는데 꼭 필요로 하는 것이 테두리라고 할 수가 있는데 무엇보다도 테두리가 단단하거나 부드럽지 못하면 깨어질 것이다. 여기서 테두리가 金生土하여 깨어지지 않도록 하는 것이다.

자연으로 들어가 보면 어마어마한 바위가 깨어지고 또 깨어져서 오랜 시간이 흐른 뒤에 흙으로 변화하는 것도 역시 金生土라고 할 수밖에 없다. 이뿐만 아니다. 자연에서 생명을 다하면 金이라고 할 것이며 이들은 무엇이든 土에 흡수된다는 것이다. 흙에서 생겨난 바위가 흙으로 돌아가는데 이는 오랜 시간이 지나야 가능하다는 것이다.

● 水 이야기

· 水가 水를 생하는 관계

음양오행을 알고 있는 많은 사람들이 水라고 하는 것을 물이라고 생각하고 있을 것이다. 이는 자연에서 이야기하는 것이며 水라는 것을 가장 잘 표현한 것이 물이라는 것이지 水의 전부는 아니라는 이야기이다. 물이라는 것의 특징은 하염없이 흐른다는 것이다. 허공이나 지하에서도 잘 흐르고 땅 위에서도 낮은 곳으로 하염없이 흘러가려고 할 것이다. 하지만 수많은 장애가 발생하여도 스스로 알아서 이리저리 피하여 흘러간다는 것이다. 하지만 水가 전하고자 하는 것이 물만이 아니고 또 다른 것이 많다는 것이다.

水가 水를 生하여 준다면 이러할 것이다. 억수 같은 장마로 홍수(洪水)가 일어났는데 계속적으로 비가 내린다고 생각하여 보자. 水의 특성은 비록 약하지만 뭉쳐지면 어마어마한 힘이 발생한다는 것이다.

자연적으로 이야기하여 보면 깊이를 이야기할 수도 있으며 깨끗한 것과 더러운 것도 水에서 표현이 가능하다. 하지만 水를 가장 필요로 하는 것이 木이라고 하여서 水生木이라고 하는데 어떠한 조건에 의하면 타 오행도 생하여 준다는 것이다. 이렇게 타 오행을 생하는 水오행은 자신의 모습을 다양하게 변화한다는 것이다.

사람으로 이야기를 한다면 몸속에 흐르는 진액(津液)이 水라고 할 수가 있으며 水가 많으면 몸이 차고 무거울 것이다. 또한 水가 많으면 火의 기운을 가진 것을 진화(鎭火)하기 때문에 심장(心臟)이나 혈압(血壓)에 문제가 생길 것이며 水의 기운이 강하면 모든 기능이 떨어진다고 볼 수가 있다.

사회적으로 이야기를 한다면 무엇이든 균형을 유지하려고 할 것이며 이를 바르게 잡으려고 냉정하고 지혜로운 법(法)이라는 것을 필요로 한다는 것이다. 만약 균형을 유지하지 못하고 지혜롭지 못한 법이 존재한다면 춥고 어두운 곳이 많을 것이다.

· 水生木

나무는 절대적으로 물이 필요하다는 것이다. 만약 나무가 물을 떠난다고 한다면 생명을 잃어버리고 목재로서 새로운 용도로 사용할 수밖에 없다는 것이다. 물을 떠난 나무는 건조하기 때문에 불에 잘 탄다고 할 것이며 이를 木生火라고 하는 것이다. 타고 남은 재가 火生土라고 하여 흙이 되는 것이고 이렇게 만들어진 흙이라는 것이 오랜 시간이 흐르고 온도에 의하여 단단한 덩어리가 되는 것인데 이를 土生金이라고 한다. 이렇게 土生金으로 이루어진 것이 바위라고 하며 바위가 형성될 때 속에는 미세한 공간이 있을 수가 있으며 이 틈에는 공기가 들어간다. 즉 공기 속에는 수분(水分)이 가장 많이 있다는 것이다. 그래서 金生水하는 것이며 이렇게 생겨난 물이라는 것이 나무를 키우는데 절대적이라고 하여 水生木이라고 하는 것이다.

이러한 조건이 모든 곳에 적용되지 않는다는 것이다. 때로는 水克木을 하는 경우도 있다는 것을 자연에서 배워야 할 것이다. 다시 이야기한다면 물이 많아서 木을 克하는 경우가 아니고 물이 세력을 모아서 강할 때 木을 극한다는 것이다.

· **자연**

나무라고 하며 절대적으로 물을 필요로 하는 것이다. 만약 물이 없다면 나무는 멸종(滅種)하고 말 것이다. 다양한 나무들이 물을 떠나서 살아남는다는 것은 있을 수가 없다. 하지만 물을 떠나서 존재할 수 있다는 것은 나무가 말라서 생을 다하였을 경우다. 이럴 때 물을 가까이 한다면 오히려 나무는 썩어 버린다.

· **행위**

살아가기 위하여 끊임없이 생명의 에너지 水를 필요로 하는데 이것이 물이라고 할 수가 있다. 하지만 자연 속에서 살아있는 것이라고 한다면 여하한 경우라고 하여도 물을 가까이 하여야 할 것이다.

· **음양**

크고 깊으며 흐름이 고요하다면 양(陽)이라고 할 것이며 보이는 것이 정적이지만 속으로는 엄청난 움직임이 있을 것이다. 하지만 흐름이 얕고 작으며 요란한 것은 음(陰)이라고 할 수가 있으며 동적으로 보이지만 속으로 흐름이 미약할 것이다.

· **사상**

시작은 맑고 순수하게 흘러가면서 木이 절실히 필요로 할 것이지만 흐름이 지속되면서 水의 기운이 흐려지고 따스하게 변화하면서 오히려 木을 괴롭히는 것으로 변하고 말 것이다.

· **목적**

영원히 사라지지 않는 물처럼 끊임없이 돌고 돌아 자신의 모습이 영원하길 바라는 것이다. 水의 기운이 사라지지 않고 윤회를 거듭한다는 것은 타의 기운에 의하여 형체를 변화하면서 스스로 水의 본성을 회복하여 새로운 木을 탄생시킨다는 것이다.

· **결론**

새로운 탄생(誕生)을 하는 것이다. 이는 水의 도움이 없으면 불가능하다는 것이다. 물론 타 오행의 도움도 절실하지만 특히 水의 生을 받지 못한다면 불가능한 이야기이다. 木의 입장에서 水의 기운은 절대적이라고 할 수가 있을 것이다. 비록 水의 기운에 의하여 썩는다고 하여도 또 다른 木이 생겨난다고 할 수가 있을 것이다.

· **水生火**

어설픈 느낌이 든다. 지금까지의 학설에 의하면 水克火의 이론만 존재하였을 뿐이라고 생각한다. 하지만 화공약품이나 석유화학 같은 것은 水生火에 의하여 일어나는 산업의 기적 같은 혁명이다. 분명 水라는 원유(原油)를 가지고 火를 일으키는 것이다. 특히 자동차 연료로 사용되는 휘발유나 가스는 水生火를 완벽하게 표현한 것이다.

· 水生土

水가 土를 生한다고 하면 아마도 믿으려고 하지 않을 것이다. 하지만 土라고 하는 것이 흙이 아닌 얼음이라고 생각하여 보자. 水의 기운에 의하여 추워지고 얼음으로 넓은 공간을 덮어버린다면 이는 水生土에 의하여 생겨나는 것이다. 즉 남극이나 북극의 빙하(氷河)를 생각하여 보자. 水生土의 완벽하게 이루어진 공간이다.

· 水生金

물에서 대부분의 씨앗들이 싹을 틔울 것이라고 생각한다. 이는 水生金의 이치를 충분하게 설명한다고 할 것이다. 이처럼 生하여 준다는 의미를 어떻게 해석하는가에 따라 이해를 다르게 할 것이다. 木의 종점(終點)에는 金으로 변화하고 金의 종점에는 木으로 변화하는 이론으로 水生木이 아닌 水生金이 되는 것이다.

14

相剋
상극

14
상극相剋

● 木 이야기

· 木이 木을 극하는 관계

木이 木을 극하는 경우에는 치열한 경쟁으로 인하여 발생하는 경우라고 할 수가 있을 것이다. 만약 산이나 들에 나무들이 좁은 공간에 많이 살아간다면 서로에게 위협적일 것이다. 서로의 가지를 뻗어 나가게 하려고 좁은 공간에서 치열한 경쟁을 하는 과정에 과열되어 열이 발생하고 이것이 불씨가 되어 전멸(全滅)하는 경우가 많이 있을 것이다.

사람도 자신의 이익을 우선으로 생각하여 치열한 싸움을 벌이고 있으며 이러한 행위가 극에 달하면 전쟁이 발생할 것이며 극단적으로 전멸의 위기를 초래하고 말 것이다. 적당한 극은 오히려 다수를 위하여 희생시키는 것이 좋다고 할 것이다. 사람과 사람이 서로 자기주장을 펼치고 자기주장이 통하지 않으면 고성으로 상대방을 윽박지르고 극단적인 행동으로 위협을 가하고 종말에는 살인도 저지르곤 한다. 하지만 이해하고 양보하는 것도 좋으며 더 좋은 방법은 적당한 타협이라고 할 수가 있다. 상황에 따라서는 타 오행을 극하는 경우가 많이 있다는 것이다.

극이라는 관계가 항상 성립되는 것이 아니고 어떠한 조건이 성립될 경우에는 상호간의 생극(生剋)이 이루어진다고 생각하여야 할 것이다.

자연으로 이야기한다면 나무와 나무의 상호 극하는 관계를 주변에서 흔히 볼 수 있을 것이다. 이는 서로의 영역을 확장하려는 것에서 시작되는 것이다. 강한 것과 부드러운 것이 서로 공생(共生)을 하는 것 같으나 부드러운 덩굴나무가 강력한 힘을 발휘한다고 할 수가 있다.

인간에서 이야기한다면 크게는 인종(人種)적 이념(理念)과 종교(宗敎)와 사상(思想)이 다른 나라끼리 치열하고 강력한 극을 하려고 할 것이다. 작게는 형제와 친구 또는 이웃과 극심한 경쟁을 하게 된다.

사회적으로 이야기한다면 어떠한 목적을 두고 다양한 관계의 무리들이 각각의 이익을 위하여 목숨을 담보(擔保)로 하여 서로 극을 하려고 할 것이다. 긍정적으로 이해한다면 서로의 발전을 위하는 것이고 부정적으로 생각한다면 선택의 여지가 없기 때문이라고 할 것이다.

· **木克土**

나무가 흙을 파고 들어가서 자신의 뿌리를 내리고 있다는 이야기일 것이다. 하지만 木이라는 것이 꼭 土만 극하는 것은 아니다. 하지만 타 오행에 비교하여 유달리 土를 강하게 극을 한다고 할 것이다. 이는 잡으려는 쪽과 잡히지 않으려는 관계에서 더욱 강하게 극을 한다고 할 수가 있을 것이다. 다만 자신을 위하여 가장 일방적으로 극하는 관계라고 할 수가 있다는 것이다. 때문에 가장 화합을 잘하는 관계에서 가장 강력한 극이 일어난다고 할 수가 있다. 결과적으로 木은 자신의 이익을 위하여 土를 극하는 것이다.

· **자연**

나무는 분명히 흙에 의지하여 살아가는데 이를 극한다고 표현한다는 것이 무리다. 자식이 부모님을 극하는 관계라고 이야기를 한다면 이해하기 어려울 것이다. 서로 의지하며 공생하는 관계를 극이라는 단어를 선택하였지만 필요에 의하여 맺어지는 극의 관계인 것이다.

· **행위**

모든 것은 살아가기 위하여 땅에 의지하고 이를 이용하여 자신의 삶을 채워간다는 것이다. 특히 살아있는 것은 땅이라는 것이 없다면 존재할 수가 없을 것이다. 하지만 生을 다하면 결과적으로 흙으로 돌아갈 수밖에 없을 것이다.

· 음양

고정된 것을 끊임없이 변화하려고 하는 것이며 높은 것은 낮게 하려고 할 것이며 낮은 곳은 매워서 평편하게 하려고 할 것이다. 여기서 木이라는 것은 바람(風)이다. 보이지 않은 것으로 보이는 것을 극한다는 것이다.

· 사상

정착(定着)하고 먹거리를 위하여 좋은 환경을 훼손할 것이며 연료(燃料)와 다양한 삶의 질을 위하여 화기(火氣)로 이루어진 땅을 찾아야 할 것이다. 또한 오랫동안 저장(貯藏)하려고 건조(乾燥)한 곳이나 차가운 공간을 이용하여야 할 것이다.

· 목적

돌고 돌아 흔적을 남기려고 할 것이고 또한 자신의 존재(存在)와 가치(價値)를 끊임없이 전하려고 할 것이다. 그렇게 하려고 서로에게 고통을 주고 받는 것이다.

· 결론

土를 이용하여 木은 하염없이 이어가려고 하는 것이라고 할 것이다. 그리하려면 木은 土를 극하는 관계로 표현할 수밖에 없을 것이다. 다시 이야기를 한다면 木이라는 것이 새롭게 탄생하려고 土를 희생시킨다고 하는 것이다.

· 木克火

木의 기운이 강하여 火를 生하는 것이 아니고 오히려 克을 한다는 것이다. 이는 부모가 자식을 돌보지 않고 심하게 구속하는 것을 생각하여보자. 때로는 귀하여 지극한 보살핌이 독(毒)이 되는 것과 같은 이치일 것이다.

· 木克金

탄생하기 위하여 金을 파괴하지 않을 수가 없다는 것이다. 나무가 바위틈 속을 파고들며 오래가지 못하여 바위는 갈라지고 말 것이다. 또한 씨앗을 깨고 새로운 싹을 트는 과정을 생각하여 보자.

· 木克水

상대성에 의하여 이루어지는 것이라고 할 수가 있다. 다시 이야기를 한다면 나무가 살아가기 위하여 물을 흡수한다는 것이다. 이를 水의 입장에서 바라보면 生하여 주는 관계라고 할 수 있지만 木의 입장에서는 자신이 살아가기 위하여 水를 극하는 것이다. 이렇게 극을 받은 水는 사라지지 않고 끊임없이 흐르고 있을 뿐이다.

이해를 돕기 위하여 일상적 생활에서 이야기를 하여 보자. 인간이 물을 섭취하지만 이는 물속의 영양분을 취하려고 하는 것이다. 이렇게 입을 통하여 들어간 만큼의 물은 이뇨작용으로 다시금 밖으로 나간다는 것이다. 그래서 水는 영원한 것이다.

● 火 이야기

· 火가 火를 克하는 관계

火가 火를 극하는 경우에는 엄청난 피해를 볼 수가 있을 것이다. 때로는 전멸할 수도 있다고 할 수가 있을 것이며 지금의 얽힌 국제관계를 본다면 전쟁으로 인하여 서로의 국가에게 피할 수 없는 상처를 주는 것도 火克火라고 할 수가 있다.

사람도 자신을 돋보이기 위하여 상대방보다 더욱 아름답게 꾸미려고 할 것이다. 이는 상대성에 의하여 火克火를 한다고 할 수가 있으며 불이 났다고 한다면 맞불로 끄는 것이 좋으며 빛은 밝음에 극을 받으며 진한 향기도 화려함에 극을 받는다고 할 수가 있다.

자연에서 이야기한다면 그윽한 향기도 화려함을 이길 수가 없으며 화려한 꽃이라고 하여도 강한 태양열에 의하여 시들어 버릴 것이며 한없이 밝은 태양도 시간이 지나면 어둠속으로 사라진다는 것이다.

인간으로 이야기한다면 적당한 체온을 유지하여야 하는데 외부로부터 강한 火의 기운을 받는다면 신체적 흐름이 무너질 것이고 또한 강한 열이 위로 올라서 뇌에 도달한다면 정신적으로 통제가 불가능하여 극도의 흥분한 상태에서 문제를 많이 일으킬 것이다.

사회성으로 이야기한다면 모든 것을 노출하여 투명한 사회를 만들고자 할 것이다. 결과적으로 본다면 너무 투명하기 때문에 화합을 할 수가 없을 것이고 금기야 아무것도 할 수가 없어서 스스로 어둠의 그림자 속으로 숨어 버릴 것이다.

· 火克土

火生土의 관계를 뒤집은 이야기이다. 하지만 어떠한 상황이 만들어질 경우 火克土가 가능할 것이다. 즉 깊은 땅속의 지열로 인하여 흙이 녹아 용암으로 변화하고, 열이 극에 달하여 폭발하는 경우와 국가가 국민을 극심하게 억압하면 민중붕괴(民衆崩壞)가 일어난다. 이는 분명 火克土라고 할 것이다.

· 火克金

극을 받는 오행은 타의 도움을 받아도 공격성이 약하므로 인하여 일방적으로 당한다고 할 것이다. 이렇게 일방적인 관계를 극하는 관계라고 할 수가 있는데 이러한 관계에서 가장 강하게 작용하는 것이 火克金이라고 할 수밖에 없을 것이다. 하지만 金이라는 오행이 火의 도움을 가장 필요로 한다고 이야기하는 것이 좋을 듯하다. 만약 火克金의 관계를 원하지 않는다고 한다면 金의 변화(變化)나 진화(進化)가 어렵다고 할 수가 있을 것이다.

· 자연

열매는 열과 빛으로부터 극을 받지 못한다면 처음부터 생겨나는 것이 어려울 것이다. 즉 火生金을 극으로 표현하는 것은 金의 변화를 위하는 것이지 해로움을 주기 위한 극이 아니다.

· 행위

보이지 않는 빛과 열로 열매뿐만 아니고 많은 것들을 더욱 단단하게 한다는 것이다. 즉 열에 의하여 쇠는 다양하게 변신을 할 것이며 더욱 강해진다고 하는 것이다.

· 음양

극하는 관계는 강하고 부드러운 것은 火의 조율에서 생겨나는 형상이다. 어떻게 火의 극을 받는가에 따라서 강하고 부드러움이 결정되는 것이라고 생각한다. 이처럼 火克金에 의하여 다양한 음양의 변화를 일으킨다.

· 사상

대란습회는 火로부터 극을 받는다. 즉 火의 극이라고 하는 것은 적당한 열기에 의하여 부화할 수가 있다는 것이다. 만약 이러한 따스한 기운으로 극을 받지 않는다고 한다면 새로운 탄생은 있을 수가 없을 것이며 이런 火의 희생을 극이라고 표현한 것이다.

· 목적

극을 하여야 보전 또는 보존을 할 수가 있으며 이는 火의 명(明)에서 보전이라고 하여 온전하게 보호하여 유지하려면 공개하여 합리적으로 하여야 할 것이며 火의 암(暗)에서는 보존이라고 하여 보호 간수하여 오랫동안 남기려고 감추어 두는 것이라고 할 것이다.

· 결론

극을 원하는 경우는 火의 희생에 의하여 결실이 가능하다는 것이다. 火의 희생이라고 하는 것은 金의 오행에서 바라보면 극이라고 표현하는 것이지만 사실적으로 상대성의 입장에서 이야기를 한다면 金이 火의 克을 요구한다고 할 수가 있을 것이다. 그래야 金의 무한한 변화로 자신의 뜻을 이룰 수가 있다.

· 火克水

지금까지의 水克火라고 하였지만 水와 火는 서로 克하는 관계라고 할 수가 있으며 수면(水面)위로 피어오르는 안개나 아지랑이도 火克水의 관계에서 水의 기운이 증발하면서 일어나는 현상이며 이러한 관계가 없다면 생명의 근원인 물은 여과되기 어렵고 지상에는 물이 넘쳐날 것이다.

· 火克木

자연적으로 火克木은 이해하기 쉽다. 나무의 가지가 서로 스치면서 열이 발생하고 그로 인하여 자연발화가 일어나는 것이며 강한 태양의 열 기운에 의하여 자연 속에 살아가는 생물들이 멸종을 할 수도 있을 것이다. 사람의 체온이 급격하게 상승하면 생명은 체온조절을 하지 못하고 죽음을 맞이하게 되는 것은 火가 木을 克하는 관계이다.

● 土 이야기

· 土가 土를 극하는 관계

土가 土를 극한다고 생각하여 보자. 과연 그러한 관계가 이루어질 수가 있을까하고 생각하여 보면 충분히 가능한 이야기일 것이다. 예를 들어서 지진이 일어난다고 생각하여 보자. 이는 분명히 土가 土를 극하여 일어나는 어마어마한 상극(相克)일 것이다. 이뿐만 아니다. 하늘에서 구름과 구름이 부딪치어 엄청난 전류를 방출하는 것도 역시 土克土의 관계일 것이다.

土라는 특성상 겹겹이 감싸고 있다는 것인데 지속적으로 이어진다면 가장 깊은 곳에는 과중한 억압에 의하여 폭발 또는 변화를 일으키는 것을 土克土라고 하는 것이다.

자연에는 열매들이 그러한 현상을 많이 일으키고 있다. 즉 밤 같은 것은 처음에는 외피로 감싸고 있으면서 속에서 또 다른 열매가 생겨나면서 팽창하여 외피를 터트리고 말 것이다. 자연은 스스로 살아가기 위하여 벌어지는 현상을 土가 土를 克하여야 한다는 것이다.

사람으로 이야기한다면 외부로 피부를 가지고 있으면서 속으로는 내장을 두고 있다. 외부로부터 유입된 에너지를 배출하지 못하여 쌓여 있다고 한다면 엄청난 비만(肥滿)으로 피부에 무리가 있을 것이다. 다시 이야기한다면 입으로 통하여 들어간 음식물이 위장에서 분해되어 에너지는 살을 찌우게 하고 찌꺼기를 원만하게 배설을 하지 못하면 2차 발효하여 생겨나는 독성으로 피부를 손상하는 것이다.

사회성으로 이야기한다면 어떠한 무리나 단체가 커지면서 서로의 권력을 다투는 것을 극하는 관계라고 할 것이다. 또한 이러한 무리나 단체가 서로의 세력을 견제하려고 극심한 관계를 유지할 것이다. 그리고 강한 세력은 약한 세력을 흡수 통합하여 세력이 비슷한 것과 강한 물리적 충돌이 일어나는 것을 土克土라고 한다.

· **土克水**

물이라는 것이 자연스럽게 흘러가고자 하는데 흙이라는 것이 앞을 가로 막고 있다는 것이다. 크게 이야기한다면 바다라는 거대한 물이라고 하여도 土라고 하는 지구의 한 부분이며 이는 물 밑에는 흙이라는 것으로 물을 받치고 있으므로 흐름을 막고 있다는 것이다. 주변의 호수나 저수지를 연상하여 보자.

댐이라고 하는 것으로 물을 가두어 두고 있으므로 土克水라고 하는 것이다. 이는 흙이라는 것에서 바라보면 물을 그렇게 막을 수가 있다는 것이지 일방적으로 그러하다는 것은 아니다. 때로는 水克土하는 경우도 있다. 즉 물의 세력이 너무 강하여 댐을 밀고 나간다는 것이다. 또한 흙 속에 작은 틈만 있어도 물이라는 것이 흐르기 시작하면 土를 무너뜨린다고 할 수가 있다.

· 자연

물이라고 하는 거대한 무리가 세력을 이루어 흘러간다면 홍수라고 하는 것이다. 이를 억제할 수 있는 것은 물을 가득 담고 있는 댐이나 바다일 것이다. 水가 土를 극하는 경우는 일시적이며 영원하지 못하다. 하지만 土가 水를 克하는 관계는 영원하다.

· 행위

세력이 아무리 강하다고 하여도 土는 그 많고 강한 세력을 조건 없이 받아들이는 곳이 바다라고 할 것이며 때로는 허공(虛空)이라고 할 수도 있다. 오행 중에 가장 강한 세력이 土라고 할 수가 있다. 그리고 水의 기운이라고 할 것이며 다음에 火의 기운이라고 한다. 木과 金의 기운은 생멸(生滅)을 거듭하는 것이지 세력이 강한 것은 아니다.

· 음양

양적으로 水를 克하는 것은 보이지 않는 것을 드러내게 하는 것이며 음적으로 克하는 관계는 보이는 것을 보이지 않게 하여 담아 두는 것이라고 할 것이다. 이렇게 하려면 분명히 火生土하여 주고 土克水하는 것이다.

· 사상

겨울에는 정화(淨化)를 하여서 차가운 丑土로 克을 할 것이며 봄에는 만물을 이롭게 하려고 辰土로 克할 것이다. 여름에는 未土를 이용하여 강력하게 克하여 증발(蒸發)하게 할 것이며 가을에는 오랫동안 흐르면서 다양한 것으로부터 혼탁(混濁)한 水의 기운이라서 戊土를 이용하여 여과(濾過)할 것이다.

· 목적

水의 기운이 유형으로 확인된다면 거대한 바다나 호수가 받아들여서 관리할 것이고 그러하지 못하고 무형의 기체(氣體)로 보이지 않는다면 허공에 머물게 하여 다스릴 것이다.

· 결론

土가 水를 克하는 이유는 조건에 맞도록 水의 기능을 조절하려고 하는 것이다. 필요에 따라서 모아 두기도 하고 기체로 변화시켜서 구름이라는 것으로 뭉쳐 여러 곳에 내리게 하는 것이 土가 水를 극하는 목적이다. 이것이 자연이라는 것이다.

· 土克木

木克土의 관계가 오히려 역(易)현상이 일어난다고 생각할 수 있는 것은 살아있는 모든 것은 土에 의하여 生을 유지하다가 마지막에는 土에 의하여 소멸한다는 것이다. 다시 이야기한다면 목이라는 것이 마지막에는 土에 의하여 사라진다는 의미를 克으로 표현한 것이다. 木의 기운은 土의 기운에서 생멸(生滅)하고 윤회(輪回)한다는 것이다.

· 土克火

土가 火를 生하여 주는 관계에서 克을 당하는 경우가 있다. 이는 강력한 불길은 흙으로 덮어서 진화(鎭火)한다는 것이다. 물을 이용하여 진화(鎭火)를 하지 못하는 경우의 이야기가 된다. 그리고 火의 열기를 土의 기운으로 흡수하여 깊은 곳으로 압축(壓縮)하는 것도 土克火에 해당하는 것이다.

· 土克金

土生金의 관계에서 土克金을 하는 경우는 수없이 많이 있을 것이다. 광물들이 흙 속에 묻혀있다는 것이다. 열매도 金克土를 하지 못한다면 土克金이 되어 金이 전하고자 하는 뜻을 이룰 수가 없을 것이다. 土는 강력한 火의 도움으로 金을 극하여 녹여버린다. 또는 土의 공간 속에서 金이 벗어나지 못하는 경우에 土克金을 당하는 것이다.

● 金 이야기

· 金이 金을 극하는 관계

金이 金을 극하는 경우는 주변에서 많이 일어나고 있다. 즉 강한 것을 더욱 강한 것으로 파괴하는 것을 많이 보고 있다. 특히 철(鐵)을 다스리는 곳에서 이러한 경우가 흔하게 있으며 자연 속에서도 흔하다고 할 수가 있다. 이는 金의 특성상 화합이 잘 안 되는 관계에서 발생하는 형상들이다. 金이라는 것은 분리되면 원래의 모습으로 돌아가는 것을 싫어하고 철저하게 독립적인 것이라고 할 것이다.

金이라는 것은 처음에는 서로 의지하는 것 같지만 후에는 강력한 경쟁으로 서로를 극하는 것이라고 할 것이고 그래야 살아남을 수가 있다는 것이다. 金이라는 것이 보존의 기본적인 성향이 강하기 때문이라고 할 수도 있으며 이렇게 보존된 것이라고 하여도 결과적으로 깨뜨려야 한다는 것이다. 金克金을 하지 못한다면 멸종하고 말 것이다.

자연에서 金克金을 하는 경우는 드물다고 할 것이다. 이는 金이라는 것이 타에 의하여 움직이는 것이고 특히 화합을 하지 못하기 때문에 환경적으로 극하는 것이 어렵고 짐승들이 열매를 도구를 이용하여 깨트리는 경우와 바위와 바위가 부딪쳐서 깨어지는 경우일 것이다.

사람으로 이야기한다면 화합이 안되고 독불장군처럼 고집과 자기주장이 강하고 철저히 명령적이라고 할 수가 있으며 金의 기운이 강하면 폐나 대장이 약할 것이고 특히 이비인후계통으로 문제를 많이 일으킬 것이다. 특히 기관지계통으로 많은 고통을 당할 수가 있다.

사회성으로 이야기한다면 철저한 개인주의나 명령계통에 잘 어울리며 서로 협력적인 구조는 떨어지고 상호 극을 하여야 자신의 자리를 확고히 할 수가 있다는 것이다. 때문에 강력한 무리속에서 잘 견디며 그러하지 못한다면 철저하게 독자적으로 나가야 할 것이다.

· **金克木**

이는 水克火처럼 일방적이라고 할 수가 없다. 바위가 나무들이 자라는데 많은 장애를 주는 것은 사실이고 金이라는 것이 절단을 목적으로 할 때 金克木이 가능한 것이지 사실적으로 이야기를 한다면 높은 산의 큰 바위는 나무의 뿌리가 바위틈을 파고들어 깨트린다고 한다. 때문에 바위와 나무의 관계는 서로 상충(相沖)하는 관계이며 단시간에는 金이 木을 극할 수가 있다고 하지만 장시간으로는 오히려 나무가 바위를 깨는 꼴이 발생한다는 것이다. 하지만 金과 木의 관계를 자연에서 살펴보면 나무의 열매가 金에 해당하고 金의 씨앗에서 새싹이 돋아나는 것이라서 木으로 생각할 것이다. 그러므로 긍정적으로 金克木은 상호 극하여 끝없이 돌고 돌아간다고 할 수가 있을 것이다. 이를 부정적인 관계에서 이야기를 한다면 도끼로 나무를 찍는 것으로 생각하고 나무의 뿌리가 오랜 시간을 두고 바위를 깨뜨리는 것으로 표현하는 것이다.

· **자연**

돌이라는 것이 나무한테는 절대적으로 피해를 준다고 할 것이며 가을에는 서리로 수많은 식물들을 거두어 버리는 것이다.

· **행위**

살아있는 것은 종족번식을 하여야 하듯이 나무에 수많은 열매로 인하여 나무를 힘들게 할 것이며 동물들도 새끼를 키우기 위하여 목숨 걸고 먹이 사냥을 한다는 것이다.

· **음양**

부드러워서 멈출 수가 없듯이 강하여서 자유롭게 움직일 수가 없다. 즉 단단한 나무는 빠르게 성장할 수가 없고 부드러운 것은 단단하게 성장할 수가 없을 것이다.

· **사상**

생로병사를 통하여 생멸을 거듭하는 것이라고 할 것이며 이는 태란습화가 이루어지는 과정이 생로를 극하고 이루어지는 것이라고 할 것이다. 즉 木의 종점은 金이라고 할 수가 있다는 것이다.

· **목적**

윤회하는 것을 억제 또는 조종하는 것인데 윤회라는 것이 자연적으로 부드럽게 이루어지는 것과 강력한 힘에 의하여 이루어지는 것으로 이야기할 수 있다.

· **결론**

새로운 탄생을 위하여 어떠한 결실을 맺어야 한다는 것이다. 즉 탄생을 극한다는 것은 결실을 이야기하는 것이라고 할 수가 있을 것이다. 만약 탄생이라는 것은 존재하는데 결실이라는 것이 없다고 한다면 이는 金克木을 받지 못한 결과로 인하여 멸하고 말 것이다.

· **金克火**

일방적으로 극을 받는 金의 입장에서 火를 극하는 경우가 드물다고 할 것이다. 하지만 꽃이라는 火에서 金이라는 씨앗으로 진화하는 과정은 분명히 金이 火를 극하는 것이라고 할 것이다. 이를 다르게 표현한다면 금화교역(金花交易)이라고 할 수가 있다.

· 金克土

생을 받는다는 고정관념에서 극하는 관계는 자왕모쇠(子旺母衰)한다는 것이다. 즉 자식이 많으면 부모가 힘이 드는 격이라고 할 수가 있을 것이다. 작은 배에 많은 사람이 타고 있다면 金克土하는 이야기가 되는 것이다.

· 金克水

생하여 주는 관계를 포기하고 극하는 경우를 이야기하는 것이다. 즉 씨앗이라는 것은 오랫동안 보전을 위하여 水를 극하고 최대한 건조(乾燥)하여야 할 것이다. 만약 火의 도움으로 金克水를 완전하게 하지 못하고 조금이라도 부족히다면 씨앗은 썩어버린다. 이를 金克水라고 할 것이다.

● 水 이야기

· 水가 水를 극하는 관계

水가 水를 극하는 것은 이렇게 생각하여 보자. 우리 속담에 '눈에는 눈 이에는 이' 라고 하는 이야기가 있듯이 거대한 水는 결국 水로 맞이하여 극을 하는 것이 최상의 방법일 것이다. 엄청난 홍수도 넓은 대지를 메우고 지나가도 바다라는 거대한 물길을 만나면 잠잠할 수밖에 없다는 것이다.

또한 水의 특성상 아무리 혼탁(混濁)하고 경랑(鯨浪)한 상태라고 하여도 바다를 만나면 머지않아 맑아지고 잠잠해진다는 것이다. 이는 水克水이며 水의 결론이 멈춤이라서 그러하다고 할 수가 있다. 액체로 바다에서 극을 받을 것이고 기체로 허공에서 극을 받을 것이다. 과유불급(過猶不及)하면 이로움이 없고 서로 극을 당한다.

자연에서 극하는 과정은 아무리 많아도 낮은 곳을 따라 흘러가야 하고 이 흐름의 종점(終點)은 물이 가장 많은 바다나 허공이라고 할 것이다. 즉 허공 속의 구름이 온도의 극을 받아서 비나 눈으로 내린다는 것이다.

사람으로 이야기한다면 외부의 차가운 기운이 몸속으로 들어가면 성장을 억제할 것이고 수기(水氣)가 왕성하여 결국 신장(腎臟)과 방광(膀胱)에도 문제를 일으킨다고 할 것이다. 또한 에너지와 심장의 활동을 억제하여 항상 음(陰)기운이 접근하기 쉬워서 정신적인 문제와 육신이 마비되는 수도 있을 것이다.

사회성으로 이야기한다면 노출되는 것이 두려워서 모든 것을 감추고 숨기려고 할 것이다. 이렇게 사회가 비협조적이고 타협이 안된다면 마비되고 말 것이다. 水는 화합이 가장 잘되는 것으로 지혜롭다고 할 수가 있는데 서로가 극을 한다면 불협화음으로 발전이 어렵다고 할 것이다.

· 水克火

자연의 흐름에서 지극히 정상적인 관계라고 할 수가 있을 것이다. 하지만 이는 일방적이지 못하고 상방(相妨)간이라고 할 수가 있으며 극이라고 하는 것보다 상충(相沖)하는 관계라고 할 수가 있다. 극이라고 하는 것이 비록 작지만 일방적이라고 할 수가 있는 것인데 물이라는 것이 불을 일방적으로 진화(鎭火)한다는 생각은 잘못된 것이라고 할 것이다. 물이 불을 극한다면 물은 증발할 수가 없다는 이야기가 되는 것이다.

다만 불이라는 것이 유독 물이라는 것에 순간적으로 약하다는 것이지 일방적으로 극을 당한다고 이야기할 수가 없으며 상호의 균형을 이루고 있는데 어느 쪽이든 세력이 강한 오행이 극할 수도 있다는 것이다. 장기적으로 이야기한다면 오히려 火가 水를 극하여 증발시키는 것이 되는 것이다. 극이라고 표현을 하는 것은 세력이 강한 것이 약한 것을 다스린다고 하여 극하는 관계라고 하는 것이다. 때문에 장기적으로는 火가 水를 극하는 것이며 단기적으로는 水克火를 하는 것이라고 할 수가 있다.

사람으로 이야기한다면 水기운이 강하여 火의 기운을 극한다고 할 것이다. 즉 신장이나 방광의 기운이 왕성하면 火의 기운이 약해질 것이다. 즉 심장이나 몸에 필요한 영양분을 만들어내는 소장이 원활하게 활동할 수가 없으니 빈혈(貧血) 등 영양실조가 있을 것이다.

· 자연

물과 불의 관계는 영원한 천적이라고 할 수가 있을 것이다. 때문에 水火의 사이는 절대적인 극을 이용하여 상호 生하는 것이라고 생각하여 보자. 밤이 깊으면 낮이 찾아들게 되고 낮이 깊으면 밤이 찾아드는 것도 상호 극(剋)하는 관계에서 이야기하는 것이다.

· 행위

산불이 나면 헬기가 물주머니에 물을 담아서 공중에서 뿌리고 이러한 행위를 반복적으로 하여 진화하는 것이다. 밝음이 어둠 속으로 사라지는 현상도 水克火에 속할 것이다. 계절의 변화도 水火의 극하는 관계에서 이루어지는 행위라고 할 것이다.

· 음양

물이 깊으면 열전도가 느리고 빛이 통과하는 것을 거부한다는 것이다. 때문에 물을 검은 색으로 표현하는 것이다. 즉 깊은 물은 바닥이 보이지 않을 것이고 빛이 통과하지 못한다는 이야기이다. 이는 水가 火를 극하기 때문이다.

· 사상

마음이 물처럼 맑고 차가우면서 고요하다면 생각이 불처럼 일어나는 것이 사라질 것이다. 바꿔서 이야기한다면 마음이 따듯하고 인정이 많은 사람은 냉정한 결정을 내리기 어렵다고 할 것이다.

· 목적

火의 밝고 어둠을 안개 같은 기체나 액체로 인하여 장애를 일으키는 것이다. 이를 水克火라고 할 것이다. 구름이 태양을 가려서 어두워지고 여기에 짙은 안개로 시야를 흐리게 하는 것은 水克火에서 일어나는 현상이며 밝음의 끝에는 어둠이 시작되고 어둠의 끝에는 밝음이 시작된다는 이야기이다.

· 결론

火는 자신의 열과 빛으로 많은 것에 이로움을 주려고 하는데 차가운 기운으로 이를 극한다고 할 것이다. 즉 水는 火를 극하여 자신의 변화를 요구한다고 할 수가 있다. 水가 火를 극하지 못한다면 열기(熱氣)로 모든 것이 타버릴 것이다. 그래서 적당한 극으로 서로의 이익을 생각할 것이며 이는 극하는 관계가 조금 미약한 경우이다. 즉 상충(相沖)이라고 할 수가 있다.

· **水克木**

살아있는 것은 차가운 겨울이 찾아들면 활동을 중지하고 땅속 깊이 들어가서 겨울잠을 자면서 추위를 견디어 낸다. 이는 水生木이 아닌 水克木의 관계라고 할 것이다. 물로 나무를 키운다는 생각에서 벗어나면 水克木이 이루어지는 것을 알 수가 있다. 때문에 木의 생명은 水로부터 극하는 관계를 견디어 내어야 水生木을 받을 수가 있다.

사람으로 이야기한다면 체온이 차가우면 木의 기운으로 이루어진 간에 이상이 생겨서 혈액 생산이 잘 안 되고 신경계가 활동을 하지 못하여 근육을 움직이지 못하므로 문제를 일으킨다고 하여야 할 것이다. 또한 신장과 방광계통에 기운이 강하여 火의 기운이 돌지 못하도록 하므로 혈압이 떨어져 신체의 영양공급이 원활하지 못하여 빈혈이 발생할 것이다.

· 水克土

土가 水를 克한다고 알고 있을 것이다. 하지만 홍수가 발생한다면 상황은 완전히 다를 것이다. 높은 산은 산사태로 무너질 것이며 둑 또한 무너져 내릴 것이다. 이때를 水克土의 관계가 일어난다고 생각할 수가 있을 것이다.

사람으로 이야기한다면 위(胃)에 水의 기운이 많다고 하는 것은 위산(胃酸)이 많이 생겨난다는 것이다. 그로 인하여 속이 쓰리거나 위 역류(逆流)성으로 병이 발생할 것이다. 또한 水의 기운이 강하면 피부에 해당하므로 土가 검을 수도 있을 것이다.

· 水克金

어떻게 水가 金을 克할 수 있는지 의심이 생길 것이다. 하지만 쇠라는 것이 수분에 의하여 녹이 슬 것이고 그로 인하여 부식되어서 소멸될 것이다. 이를 水克金으로 생각하여 보자. 또한 극심한 추위에 노출된 씨앗은 얼어서 발아(發芽)하지 못한다. 그리고 어두운 밤에 망망대해를 항해하는 유람선이 빙산(氷山)과 충돌하여 침몰한다면 이를 水克金이라고 하여야 한다.

사람으로 이야기한다면 水의 기운이 강하여 金기운이 강한 폐에 냉기가 서리고 그로 인하여 폐렴 등으로 고생할 것이다. 즉 호흡을 통해 몸속으로 들어온 공기 중에 수분이 많으면 폐가 힘이 든다는 것이다. 또한 水기운이 강하여 기온이 떨어진다고 하면 기관지에 문제가 발생하여 감기나 천식, 호흡기 계통에 문제를 일으켜서 고생을 많이 할 것이다. 또한 水의 기운이 강하면 뼈가 약하여 잘 부러질 수도 있다.

15

金火交易
금화교역 이야기

15
금화교역金火交易 이야기

火의 꽃 속에 金의 씨앗을 품고 있다.

음양오행 이야기를 하면서 가장 의문스러운 것이 火에서 金으로 넘어가는 것이다. 다시 이야기한다면 木生火하여 봄에서 여름으로 가는 것을 이해하고 金生水하여 가을에서 겨울로 이어지는 것을 쉽게 알 수가 있다. 하지만 여름에서 가을로 이어지는 것은 火生金이 아니고 火剋金으로 이루어지는데 이를 어떻게 이해하여야 하며 어떠한 원리나 이론으로 이야기하여야 할 것인가이다. 金火교역이란 단어는 어순에 따라서 그렇게 부르는 것이라고 생각한다. 진실은 火가 金으로 변화한다는 것이다. 生하는 조건으로 이야기를 하지 못하고 교역이라고 표현하는 것이다. 많은 이들이 지축의 기울기로 인하여 생겨난 것이라고 주장하지만 음양오행의 탄생이 지축의 경사(傾斜)로 생겨난 것이라고 하여도 틀린 이야기는 아니다. 만약 지축의 기울임이 없다고 한다면 푸른 행성의 지구는 양파모양으로 이루어져 있을 것이며 작은 위성인 달이 없어서 중력을 잃고 푸른 물은 허공으로 흩어지고 말 것이다.

우주변화의 원리는 알 수가 없고 진공묘유(眞空妙有)하다. 하지만 많은 사람들은 우주변화의 원리가 음양오행과 어떠한 관련이 있다고 생각한다. 어느 학자는 그렇게 글을 발표하여 후학들이 읽고 이것이 진리라고 생각하는 이도 있을 것이다. 하지만 이는 잘못된 이야기 같다. 우주 공간 속에 미세한 먼지 같은 아주 작은 푸른 행성인 지구라는 곳에서 살고 있는 인간들은 알 수가 없다. 우주는 참으로 맑고 깨끗하며 고요한 가운데 많은 것들이 일어난다고 할 수가 있는데 이는 아주 작은 양의 미세먼지가 고요하게 공기 속에서 휘날린다고 자연이 변화하는 것이 아니라는 이야기이다. 그래서 우주변화가 음양오행과는 아무런 관계가 없다는 것이다. 이는 대우주 속에는 수많은 은하계로 이루어져 있으며 은하계는 음양의 원리에 의하여 변화한다는 것이다.

은하계의 변화원리는 음양에 의하여 일어난다고 할 수가 있다. 우주 공간 속에 양(陽)이라는 화이트홀과 음(陰)이라는 블랙홀이 존재한다고 생각한다. 어떠한 운동으로 서로 부딪쳐서 부서져 흩어지고 이러한 파편들은 같은 성분끼리 모여서 또 다른 행성을 만들어 낸다는 것이다. 때문에 생겨나는 것과 흩어지는 것으로 나누어지므로 음양이 존재한다고 하는 것이다. 오행이라는 성분으로 이루어지는 것은 행성에서 이루어지는 자연계에서 가능한 이야기이다.

자연계는 오행의 원리에 의하여 변화하며 오행 속에 또 다른 음양이 존재한다는 것이다. 같은 오행끼리 결합하는 것 같지만 순수한 오행을 가지고 있지 않으므로 어떠한 기후 또는 환경에 의하여 오행 속의 음양이 각각의 기운에 따라서 변화하여 수없이 많은 것들이 생겨나고 소멸하여 가는 것이다. 때로는 서로 다른 오행끼리 결합하여 돌연변이가 생겨나는 수도 있으며 火의 오행이 金으로 변화하는 과정도 자연계에서 가능한 이야기라고 할 것이다.

인간은 오장육부(五臟六腑)에 의하여 변화하는 것이라고 생각한다. 자연 속에 만물의 영장(靈長)이라고 자부하는 인간도 오행의 기운을 벗어나지 못하고 따라가야 한다. 만약 오행의 기운을 거역(拒逆)한다면 종말(終末)이라고 할 수가 있으며 오로지 오행에 의존하여 살아가는 것만이 아닌 보조적 기운도 필요하다. 이를 육부라는 것으로 자연에서는 이를 육기(六氣)라고 하여 음(陰) 풍(風) 우(雨) 회(晦) 명(明) 양(陽)이 있으며, 기후(氣候)는 한(寒) 서(暑) 조(燥) 습(濕) 풍(風) 화(火)가 있으며, 인간은 육감(六感)이라고 하여 호(好) 악(惡) 희(喜) 노(怒) 애(愛) 락(樂)으로 이루어져 있다. 육신도 오장육부의 활동으로 에너지가 발생하여 움직이는 것이다.

금화교역은 우주 공간에서 일어나는 것도 아니고 은하계에서 일어나는 현상도 아니다. 금화교역의 이론이나 원리가 모든 것에 통하는 것은 더더욱 아니다. 그냥 자연계에서 계절이 변화하는 과정에서 일어나는 것으로 생각한다. 火의 기운이 왕성한 여름에 피어나는 꽃들은 가을의 金의 기운으로 변화하여 결실을 맺는다는 이야기이다.

금화교역을 자연으로 이야기하여 본다면 이러할 것이다. 봄의 木 기운에 생동하여 만화방창(萬化方暢)하고 여름의 火 기운을 기다리고 있을 것이다. 때를 만난 만물은 火의 기운으로 만발(滿發)하고 이때를 기다려 金의 기운이 생하는 것이다. 그래서 巳火의 지장간 속에 庚金이 장생(長生)하는 까닭이며 그로 인하여 火의 기운을 金의 기운으로 바꾸는 것이다.

木의 기운으로 푸른 싹이 트고 바람에 의하여 왕성하게 꽃이 피어나면 분명히 火는 수정을 위하여 金의 기운을 불러들이는 것이다. 교역이라는 의미는 서로 다른 것끼리 동일한 조건으로 교환한다는 뜻으로 火의 꽃을 金의 열매로 변화한다는 이야기를 교역이라고 표현한 것이다. 불 속에 쇠가 잉태하는 것이 아니고 열(熱)에 의하여 쇠가 변화된다는 의미의 교역이다. 木火의 양적 기운이 金水의 음적 기운으로 교역이 이루어지지 않는다면 결실은 없을 것이고 오로지 성장만 있을 것이다. 金水의 음적 기운이 木

火의 양적 기운으로 도움을 받지 못한다면 영원히 보존(保存)하는 것으로 만족할 것이다. 이 역시 교역이라고 할 수가 있다. 금화교역이라는 의미는 서로의 기운을 동일한 조건으로 바꾼다는 의미이며 오행이 존재하는 곳에서만 이루어진다고 할 수 있다.